MODERNE WIRTSCHAFTSBÜCHER

Herausgegeben von Prof. Dr. Eduard Mändle

Werner · Betriebswirtschaftliche Datenverarbeitung

Moderne Wirtschaftsbücher

Herausgegeben von Prof. Dr. Eduard Mändle

Jürgen S. Werner

Betriebswirtschaftliche Datenverarbeitung

Systeme, Strukturen, Methoden, Verfahren, Entscheidungshilfen

Springer Fachmedien Wiesbaden GmbH

CIP-Kurztitelaufnahme der Deutschen Bibliothek

Werner, Jürgen S.:
Betriebswirtschaftliche Datenverarbeitung : Systeme,
Strukturen, Methoden, Verfahren, Entscheidungshilfen/
Jürgen S. Werner. – Wiesbaden : Gabler, 1979.
(Moderne Wirtschaftsbücher : 1, Betriebswirtschaftl.
Grundlagen; 08)

ISBN 978-3-409-31631-6   ISBN 978-3-322-85430-8 (eBook)
DOI 10.1007/978-3-322-85430-8

Vorwort

Die Praxisrelevanz der Datenverarbeitung (DV) in den Unternehmen der Wirtschaft (Betriebswirtschaften) ist so erheblich, daß die Betriebswirte diesem Fachgebiet ihre besondere Aufmerksamkeit schenken müssen. Die betriebswirtschaftlichen Abteilungen der Fachhochschulen, an die wir uns speziell richten, aber auch universitäre betriebswirtschaftliche Lehrstühle und andere Lehrinstitutionen (Fachschulen, Akademien usw.), welche für die kaufmännische Praxis ausbilden, haben diesen Sachverhalt längst erkannt. In den Lehrinhalten ist dem Fachgebiet „Datenverarbeitung" (Wirtschaftsinformatik) jedoch bis heute noch nicht der Stellenwert eingeräumt worden, der ihm auf Grund seiner allgemeinen Bedeutung zustehen müßte.

Es wird z. B. eine allgemeine Einführung in die Datenverarbeitung („EDV Grundlagen" oder ähnliche Vorlesungsbezeichnungen) für alle Fachhochschul-Studenten während der ersten Semester geboten — ein wünschenswertes (und notwendiges) tieferes Eindringen in die vielfältigen betriebswirtschaftlichen EDV-Bezüge ist jedoch nur jenen Studenten möglich (und das auch nur bedingt), welche das Vertiefungsstudium (Schwerpunktfach) „Organisation und Datenverarbeitung" gewählt haben.

Andererseits ist es vordringliche Aufgabe der hier speziell ins Auge gefaßten Fachrichtung, in erster Linie das notwendige betriebswirtschaftlich-theoretische Wissen zu vermitteln. Betriebswirtschaftliche Lehrinhalte dürfen daher nicht zurücktreten. Wegen der begrenzten zur Verfügung stehenden Unterrichtsstundenzahl sollten die betriebswirtschaftlichen EDV-Anwendungen — obgleich vielfach recht kompliziert — in den Fachunterricht (z. B. Rechnungswesen, Fertigungssteuerung, Revisions- und Wirtschaftsprüfungswesen, Personalwirtschaft — um nur einige Fächer anzuführen) mit aufgenommen werden.

Der zukünftige betriebswirtschaftliche Fachhochschullehrer muß vor allem für die Datenverarbeitung offen sein, so wie der Wirtschaftspraktiker die EDV kennen und verstehen lernen muß, um sie als wirkungsvolle Hilfe einsetzen zu können.

Hier wie dort den Weg zu einem vertieften Verständnis der betriebswirtschaftlichen Datenverarbeitung zu erschließen, sehen wir als vordringliches Anliegen unserer Arbeit an.

Noch einige Hinweise zur Anlage dieses Lehrbuchs:

Jedes der 6 Kapitel beginnt mit einer Aufstellung der (operationalen) Lehr- und Lernziele und endet mit einer Zusammenfassung der wichtigsten Lerninhalte des Kapitels und mit Fragen, durch deren Beantwortung der Lernende sich Gewißheit darüber verschaffen kann, ob er den Lehrstoff verstanden hat. Hierbei kann das Stichwort-Register am Ende unseres Buches hilfreich sein. Wir haben dort Begriffe, Namen und Abkürzungen aufgeführt, die im Text behandelt worden sind, sowie auch englische Fachausdrücke. Da sie vielfach in den einschl. Fachwörterbüchern nicht auffindbar sind, wurde — soweit als nützlich erachtet — auch die deutsche Wortbedeutung angegeben.

Es bedarf keiner näheren Erläuterung, wie wichtig es ist, die Datenverarbeitung in den betriebswirtschaftlich-sozialen Wirkungszusammenhang sinnvoll zu integrieren. Dieses Lehrbuch soll helfen, dafür in Lehre und Praxis grundlegende Voraussetzungen zu schaffen.

J. S. Werner

Inhalt

Einführung

Dieses Buch ist fachhochschulseitig angeregt worden. Für betriebswirtschaftliche Fachhochschulstudenten und auch für Fachhochschullehrer des Wirtschaftsbereiches, die — gerade wenn sie *nicht* das Fach „EDV" vertreten — sich auf diesem Gebiet weiterbilden möchten, ist es zunächst bestimmt. Darüber hinaus wird es auch für den Universitäts-Studenten der Betriebswirtschaftslehre als Ergänzungsinformation und vor allem für den Wirtschafts*praktiker,* der bemüht ist, sich in das Wirkungsfeld der EDV zu vertiefen, interessant sein.

Ziel dieser Arbeit ist es, die Urteilsfähigkeit des Betriebswirts in der Praxis zu verbessern. Der Betriebswirt soll die EDV-Probleme verstehen lernen, um sie besser beurteilen zu können. Er soll also weder *nur* als Anwender mit den EDV-Einrichtungen umgehen können (dafür bedarf es keiner so umfangreichen Belehrung!), noch ist es unsere Absicht, ihn zum EDV-Spezialisten heranzubilden (dies — z. B. die Ausbildung zum Systemanalytiker — ginge über die Zielsetzung dieses Buches hinaus). Wir wollen vielmehr erreichen, daß der DV-Fachmann in ihm einen verständigen Partner findet — eine wichtige Voraussetzung, um die Qualität einschlägiger betriebswirtschaftlicher *Entscheidungen* zu verbessern.

Bei der Komplexität des Fachgebiets wird es selbst einem „all round"-Fachmann der EDV kaum gelingen, alle (internen) Zusammenhänge, geschweige denn die Datenflüsse in den einzelnen Phasen zu verfolgen. Daher haben sich Berufsspezialisierungen herausgebildet, wie z. B. der Bediener ("operator"), Wartungsspezialist, Programmierer usw. Jeder dieser EDV-Spezialisten kennt sein eigenes Fachgebiet genau und kann die von ihm wahrgenommenen Funktionen zu ausgereiften Lösungen entwickeln. Der Betriebswirt dagegen kann nicht an allen Einzelheiten der EDV interessiert sein, sondern nur an solchen Funktionen, die wirtschaftliche Auswirkungen zeigen und an diesen auch nur insoweit, als sie zum Verständnis der Zusammenhänge erforderlich sind. Um nicht verständnislos den Vorschlägen der EVD-Spezialisten gegenüber zu stehen, sondern im Interesse eines fruchtbaren Dialogs, in den der Betriebswirt auch relevante Kenntnisse wirtschaftlicher Zusammenhänge einbringt, sollte die Entscheidung über anstehende EDV-Fragen von den Beteiligten gemeinsam getroffen werden.

Ausgangspunkt dieses Buches ist daher die Frage: In welchem Maße *muß* den praxisorientierten Betriebswirt die elektronische Datenverarbeitung (EDV) interessieren? In der Sprache der zeitgenössischen Betriebswirtschaftslehre ausgedrückt, ist dies der Standpunkt einer *entscheidungsorientierten* betriebswirtschaftlichen EDV. Befragt man den in der Praxis tätigen (oder für die Praxis auszubildenden) Betriebswirt, was er über die EDV erfahren möchte, damit er im Sinne dieses Standpunktes vernünftige Entscheidungen treffen kann, so wird er viele Informationen wissen wollen. Denn mit dem Umfang der zur Verfügung stehenden relevanten Informationen verbessert sich die Qualität der Entscheidungen. Wir brauchen nicht den Nachweis anzutreten, daß hier Grenzen gezogen sind — dennoch (oder gerade wegen der begrenzten Lehr- und Lernmöglichkeiten) besteht oft das Verlangen, wenn man sich vor ein praktisches Problem gestellt sieht, mehr über die Zusammenhänge zu erfahren.

Um Wissen aufzunehmen, braucht man bekanntlich Zeit, die dem in der Praxis Tätigen nicht in genügendem Umfange zur Verfügung steht. Er muß sich notgedrungen beschränken — ein Künstler der Entscheidungsfindung sein —, um mit wenigen zur Verfügung stehenden Informationen doch noch brauchbare Entscheidungen treffen zu können.

Vor diesem Hintergrund steht die Absicht dieser Arbeit, dem Betriebswirt einige nützliche Informationen zu vermitteln, die es ihm erleichtern sollen, sich in dem umfangreichen Gebiet der EDV zurechtzufinden. Überflüssig darauf hinzuweisen, daß der Wirtschaftler in Zukunft noch mehr als heute mit EDV-Problemen konfrontiert wird!

Die Frage stellt sich allerdings, wie tief der praxisorientierte Betriebswirt in die Probleme der EDV eindringt. Es kann gar keinem Zweifel unterliegen, daß er sich in den Grundlagen der EDV auskennt — hierüber insbes. die Programmierte Unterweisung: „Computer-Grundlagen-PU" (IBM Deutschland — 1972) und das Buch: „Datenverarbeitungssysteme" (von Mader, C./Hagin, R. — 1976). Darüber hinaus wäre es wertvoll, wenn er eine Programmiersprache (wie PL/1 — s. die PL/1-PU der IBM Deutschland — 1975) näher kennen gelernt hätte.

Praxisentscheidungen beziehen sich allerdings meistens auf komplexere Zusammenhänge, die zu verstehen anspruchsvollere Kenntnisse voraussetzen. Auch wenn der Betriebswirt nicht die EDV-technischen Zusammenhänge, die vielen bestehenden Möglichkeiten, übersieht (das bleibt nach wie vor Aufgabe der kompetenten EDV-Spezialisten), so muß er doch ein gewisses Maß von Verständnis für diese Fragen aufbringen können. Sie berühren ihn insbesondere

- bei der *Lösung* betriebswirtschaftlicher Probleme mit Hilfe der EDV, aber auch

- wenn es um die *Wirtschaftlichkeit* bzw. die *Beurteilung* der EDV selbst geht.

Wenn dieses Buch von den Grundlagen, Methoden und Verfahren der *betriebswirtschaftlichen* EDV handelt, so müssen wir Beschränkungen des zu vermittelnden Wissensstoffs notgedrungen in Kauf nehmen: Wir treffen eine bestimmte Auswahl, nicht nur weil wir erkannte Prioritäten setzen müssen, sondern auch weil uns der Umfang dieses Buches einen textlichen und zeitlichen Rahmen setzt.

Die EDV, insbes. die Hardware und eng damit verknüpft die Software, wird laufend verbessert — die Innovationsrate ist bekanntlich auf diesem Gebiet besonders hoch. Daher muß jede Darstellung — will sie den Anspruch auf Allgemeingültigkeit ihrer Erkenntnisse aufrecht erhalten — notwendig von den sich stets ändernden Fakten abrücken, zugunsten von zeitlos als „wahr" anerkannten Aussagen. Wegen der relativen Kurzlebigkeit vieler EDV-Einrichtungen und Anwendungen, die sich in der

Praxis durchaus als sinnvoll und zweckmäßig erwiesen haben, aber durch noch bessere Innovationen ersetzt werden, ergeben sich für Wissenschaft und Lehre Schwierigkeiten, die restlos nicht im einen oder anderen Sinne entschieden oder gelöst werden können.

Soll man diese Möglichkeiten der EDV mit einbeziehen — dann muß man in Kauf nehmen, daß sie schnell veralten und neuere Entwicklungen an die Stelle der bisherigen (und durchaus als nützlich anerkannten) Erkenntnisse treten. Verzichtet man aber darauf, so bleiben wichtige Ergebnisse unerwähnt. Die EDV ist jedoch nicht nur eine technische Einrichtung, die der Befriedigung nur *eines* Bedürfnisses (man denke etwa an ein KFZ und das Elementarbedürfnis Transport bzw. Weiterbewegung) dienen kann — nein, die EDV kann für eine nicht übersehbare Fülle der verschiedensten Einsatzzwecke als *Problemlösungshilfe* genutzt werden. Daher steht zu erwarten, daß *jede* neue Anwendungsmöglichkeit und Verbesserung auf ein viel breiteres Interesse stößt — in unserem speziellen Falle: der *Wirtschaftswelt* — als es bei anderen technischen Entwicklungen angenommen werden kann. Wegen der Häufigkeit technischer Änderungen auf dem Gebiete der EDV und insbes. auch der Software-Entwicklungen einerseits sowie der weitreichenden Bedeutung der EDV andererseits, sollten (möglichst) alle in Frage kommenden Neuerungen verfolgt werden, um dieses wichtige Hilfsmittel sinn- und zweckvoll nutzen zu können.

Es besteht nun allerdings eine reichlich bunte Vielfalt von Maschinen und Einrichtungen, Anwendungen und Einsatzmöglichkeiten (was man kurz mit den Worten „Hardware" und „Software" belegt — treffendere deutsche Bezeichnungen gibt es leider nicht), die sich uns zur Auswahl stellt. So haben wir nur einige wichtige Strukturen und Methoden herausgegriffen und in dieser Arbeit behandelt, wobei wir uns bewußt bleiben, daß es noch sehr viel mehr an wichtigen Tatsachen darzustellen gäbe.

Dabei sind wir in die Details gegangen, um dem Leser — vor allem auch dem Studenten — einen „Blick hinter die Kulissen" zu gewähren — eine Vorgehensweise, die als Lehrmethode nur exemplarischen Charakter haben kann. Der (FHS-)Student vor allem soll auch verstehen, wie die Dinge im einzelnen ablaufen und nicht *nur* die großen Zusammenhänge sehen, die der Betriebswirt allerdings entscheidend vom wirtschaftlichen Aspekt her beurteilen muß.

Man mag sich wundern, daß in einem Buch über die betriebswirtschaftliche Datenverarbeitung auch das betriebswirtschaftliche *Sozialsystem* behandelt wird. Dieses Erfordernis ergibt sich aber u. E. aus der praxisorientierten Sicht unserer Arbeit: Der Praktiker hat es nämlich mit Menschen zu tun, die man sich in der Mehrzahl als im Rahmen des Sozialsystems zusammengehörig vorstellen kann — Menschen (Personen) sowohl als Benutzer der EDV-unterstützten Informationssysteme als auch in Gestalt der Mitarbeiter, die an der Entwicklung und Einführung dieser Informationssysteme beteiligt sind. Die besondere Thematik dieser Arbeit erfordert es allerdings auch, daß wir keine soziologisch-fachwissenschaftliche Abhandlung über das betriebswirtschaftliche Sozialsystem bringen (wir empfehlen jedoch das Studium des in Frage kommenden industriesoziologischen Schrifttums, z. B. Dahrendorf, R. — 1967 und Wiedemann, H. — 1971). Der Leser wird bald feststellen, daß wir eine Reihe von „Anleihen" bei den soziologischen Wissenschaften gemacht haben, indem wir eine Reihe Begriffe übernahmen und erklärten, die für das Verständnis der sozialen Zusammenhänge unerläßlich sind. Auch hier ist es unser Bestreben — wie auf anderen Wissensgebieten — wissenschaftliche Erkenntnisse für den Praktiker zugänglich und damit nutzbar zu machen. Allerdings möchten wir darauf hinweisen, daß wir wegen der besonderen Thematik unserer Arbeit uns auf die Darstellung einiger für die Praxis wichtiger soziologischer Tatbestände beschränkt haben, die — soziologisch-werturteilsfrei betrachtet — nur ein unvollständiges Bild des Sozialsystems abgeben. Eine umfassende Darstellung würde aber — wie schon angedeutet — nicht Sinn und Zweck dieser Arbeit entsprechen.

Jede Darstellung eines Sachverhalts bedient sich der *Begriffe*, mit denen einige wesentliche Merkmale festgehalten werden. Auch wir müssen uns an klar und eindeutig definierte Begriffe halten und dafür ganz bestimmte (deutsche) Worte wählen, wobei wir allerdings abgegriffene Ausdrücke und Phrasen möglichst vermeiden wollen. Es ist weiterhin unser Bestreben, die kennzeichnenden Begriffsmerkmale unmittelbar von der Wirklichkeit herzuleiten. Wir wollen über tatsächlich existierende EDV-Systeme, Methoden, Verfahren und Vorgehensweisen berichten und nicht gedankliche Abstraktionen aufbauen, die mit der Wirklichkeit wenig zu tun haben — auch wenn wir dabei den schon oben festgestellten Nachteil in Kauf nehmen müssen, daß die eine oder die andere Einrichtung usw. im zukünftigen Verlauf durch etwas Neues ersetzt wird.

Die begrifflich saubere Darstellung empfiehlt sich auch aus lehr- und lernmethodischen Gründen. Wenn man bei der Wissensvermittlung an (sogen. „kognitive") geistige Erkenntnis-Strukturen und Prozesse anknüpfen möchte, so kann das u. E. am besten durch eine logisch-klare Darlegung des Sachverhalts erreicht werden. Das setzt aber sauber abgegrenzte Begriffe voraus. Der Begriffsinhalt wird der Zielsetzung dieses Buches entsprechend hauptsächlich durch praktisch relevante Merkmale angereichert. Dafür sind möglichst verständliche Worte zu wählen — theoretische Ausdrücke sind nur dann angebracht, wenn sie dem besseren Verständnis eines praktischen Tatbestands dienen. Die Verwendung von Fremdwörtern beschränkt sich auf eingebürgerte Bezeichnungen, für die sich kein passendes deutsches Gegenstück findet.

Nachdem es nicht möglich ist, alle in der Wirklichkeit der betriebswirtschaftlichen Praxis vorgefundenen EDV-Anlagen und Einrichtungen (im weitesten Sinne) mit ihren Besonderheiten und Einsatzmöglichkeiten zu erwähnen geschweige denn darzustellen, hielten wir es für sinnvoll, aus einer Vielzahl einige wichtige Grundbegriffe, Sachverhalte und Abläufe sowie Methoden und Verfahren zu behandeln.

Dies sollte nicht als ein Werturteil mißverstanden werden: Wir möchten damit *nicht* zum Ausdruck bringen, daß die in diesem Buch behandelten EDV-Bezüge (im weitesten Sinne) wichtiger sind als andere, auf die wir nicht eingehen. Vielmehr ist es unsere Absicht (nicht mehr und nicht weniger), dem *praxisorientierten* Betriebswirt den Einstieg in die ihn angehenden und interessierenden Probleme der EDV zu erleichtern.

Einführende Literatur

Brender, W.: Datenverarbeitung SRA, 1976.

Hansen, H. R.: Wirtschaftsinformatik I, 1978.

IBM Deutschland (Hrsg.): Computer-Grundlagen, Programmierte Unterweisung (PU) Teile 1 u. 2 nebst Arbeitsmitteln 1972 (IBM Form R 12-1771).

PL/1 Grundlagen, Programmierte Unterweisung (PL/1-PU) Teile 1 u. 2, Arbeitsmittel: Übungen, Lösungen, Merkblätter 1975 (IBM Form R 12-1745-1).

Knapp, O.: EDV (Elektronische Datenverarbeitung), Schaeffers Grundriß des Rechts und der Wirtschaft, Bd. 106, 1975.

Mader, C./Hagin, R.: Datenverarbeitungssysteme, SRA 1976.

Schudrowitz, G.: Datenverarbeitung — Grundlagen und Grundbegriffe der automatisierten Datenverarbeitung, 1975.

Jamin, K./Brenneis, F. J.: „Praktisches Lehrbuch der Datenverarbeitung", 1975.

Weitere Literatur zum Abschnitt „Einführung":

Dahrendorf, R.: Industrie- und Betriebssoziologie, Sammlung Göschen Nr. 103, 1967, 4. Aufl.

Wiedemann, H.: Das Unternehmen in der Evolution, 1971.

Erstes Kapitel:
Das Umfeld — Die Betriebswirtschaft als System

Lehr- und Lernziele

Im ersten Kapitel wird — ausgehend vom allgemeinen Systembegriff — das betriebswirtschaftliche System und seine Teilsysteme, insbes. das betriebswirtschaftliche Sozialsystem, behandelt.

Der Leser soll

- die Begriffe „System" und „Systemvarietät" als Voraussetzung für das Verständnis des Systems „Betriebswirtschaft" und seiner Teilsysteme, wie insbesondere auch der EDV-gestützten betriebswirtschaftlichen Organisation,
- das betriebswirtschaftliche Sozialsystem und vor allem die Gruppe als wichtige Funktionseinheit,

näher kennen lernen.

So wird das Umfeld für die Einführung EDV-gestützter Informationssysteme (geistig-wissensmäßig) erschlossen:

Die Betriebswirtschaft, innerhalb der diese Informationssysteme entwickelt werden, so daß sie in diesem Einsatzfeld Wirkungsmöglichkeiten entfalten können.

I. Das System

A. Der Systembegriff

Ein wissenschaftliches (Begriffs-)System, z. B. das Linnésche Pflanzensystem, ist weithin bekannt. In einem allgemeineren Sinne besteht ein System aus *Elementen* — kleinsten Einheiten —, die (in irgendeiner Form) miteinander *verbunden* sind (s. Abbildung 1).

Diese allgemeine Definition können wir auch für EDV-Systeme, Hardware- und Software-Systeme, Programmsysteme usw. gelten lassen. Dabei interessieren uns allerdings die *Elemente* und ihre *Beziehungen* zueinander, z. B. die Klemmkontakte, mit denen die Schaltkarten innerhalb einer Hauptspeichereinheit über Leiterzüge verbunden sind oder die Folge von Programminstruktionen — sie alle stellen ebenso miteinander verbundene Elemente von Systemen dar, wie die Menschen, maschinellen Einheiten, die Software usw. eines Informationssystems.

Was ein System ist, insbesondere welche Bestandteile (Einheiten) als Elemente angesehen werden, ist im Einzelfall *Standpunktsache* (Lindemann, P. — 1970, S. 25 f.) und von den *Erkenntniszielen* her zu definieren. Uns interessieren Systeme unter dem *wirtschaftlichen* Aspekt, soweit sie auch von wirtschaftlicher Bedeutung sind, vor allem das *Informationssystem*, das auf dem *Sozialsystem* und dem *technischen System* aufbaut (s. Abbildung: Aufbau des Systems „Betriebswirtschaft").

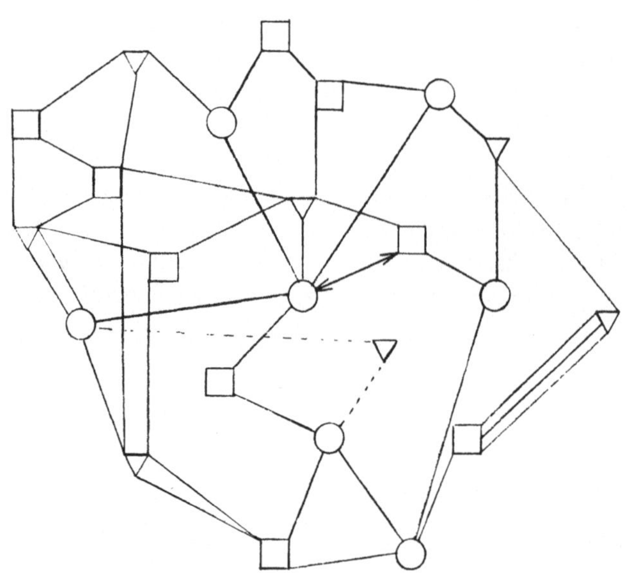

Abb. 1:   *Struktur eines (beliebigen) Systems:*
Ein System besteht aus Elementen (hier: Geometrische Figuren), zwischen denen Beziehungen (Verbindungslinien) bestehen. Die Elemente können gleichartig sein oder sich voneinander unterscheiden. Es können einseitige oder wechselseitige, mehrfache, starke, schwache, sichtbare (konkrete) oder nur gedankliche (abstrakte) u. ä. m. Beziehungen bestehen.

B. Komplexität von Systemen

Systeme können mehr oder weniger *komplex* sein, was in der sogen. *Varietät* zum Ausdruck kommt (Ulrich, H. – 1970, S. 116):

$$V = m \cdot \frac{n \cdot (n - 1)}{2}$$

V = Varietät
m = Anzahl verschiedener Beziehungen zwischen den Elementen
n = Anzahl der Elemente

Die Formel – sie leitet sich aus der Graphentheorie her – mißt einmal die *Vielfalt* der Beziehungen (m), zum andern die Anzahl *möglicher* Verbindungen zwischen den Elementen, wobei es sich versteht, daß *alle* Elemente *direkt* miteinander verbunden sind. Tatsächlich können in einem System aber solche Verbindungen nur teilweise vorhanden sein. Auch wird nicht unterschieden, ob die Verbindungen zwischen einzelnen Elementen stark ausgeprägt oder nur unbedeutend sind. Dennoch scheint es uns aufschlußreich zu sein, der zugrunde liegenden Struktur dieser einfachen und durchsichtigen Rechenregel nachzugehen.

C. Die Systemstruktur

So kann man sich eine Gruppe von 4 Personen (n = 4) um einen runden Tisch gesetzt vorstellen, die sich alle miteinander unterhalten (mündlich „kommunizieren"):

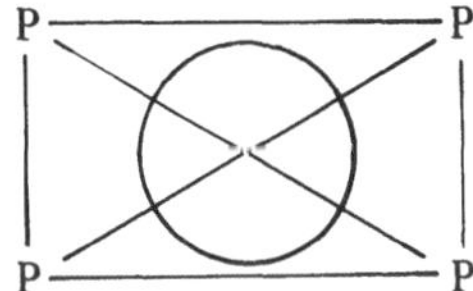

$$V = 1 \cdot \frac{4 \cdot (4 - 1)}{2} = \underline{\underline{6}}$$

Es sind also insgesamt 6 Möglichkeiten gegeben, daß sich je 2 Personen miteinander unterhalten.

Würden sie nun schriftlich (– – –) *und* mündlich (––––) miteinander kommunizieren (Informationen austauschen), so wäre eine *doppelte* Verbindung (m = 2) zwischen den Personen (Elementen) gegeben:

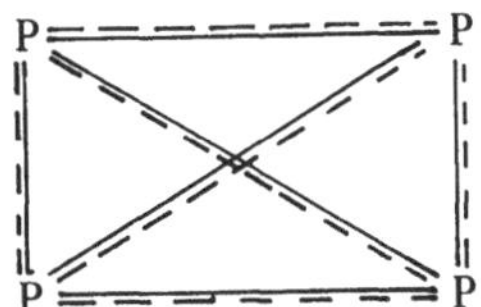

In die Formel eingesetzt ergäbe sich eine Varietät von

$$V = 2 \cdot \frac{4 \cdot (4 - 1)}{2} = \underline{\underline{12}}$$

Die erwähnte Formel für die Varietät ist also sehr *pauschal,* denn man kann sich vorstellen, daß sich einige Personen nicht unterhalten, sondern nur schriftlich miteinander verkehren, andere nur gelegentlich mündliche oder schriftliche Kontakte mit den übrigen Gruppenmitgliedern pflegen usw. (vor allem, wenn sie nicht um einen Tisch herum sitzen, sondern räumlich voneinander getrennt in verschiedenen Büros untergebracht sind).

Andererseits wird deutlich, daß bei dieser Kommunikationsstruktur einer Gruppe die Varietät schnell hohe Werte annehmen kann, wenn die Zahl der Gruppenmitglieder größer ist, z. B. bei 10 Personen:

$$V = 2 \cdot \frac{10 \cdot (10 - 1)}{2} = \underline{\underline{90}},$$

was — da jeder Kommunikationsvorgang (die Äußerung oder die Entgegennahme von Informationen) Zeit in Anspruch nimmt — durchaus unpraktisch ist.

Möglicherweise wäre dann eine *Sternstruktur* zweckgerechter (was im konkreten Einzelfall genau untersucht werden muß):

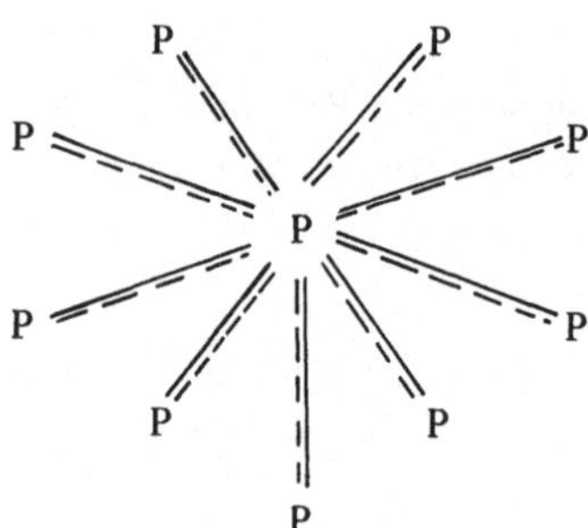

Man würde nur noch 18 Verbindungswege haben — der im Mittelpunkt stehende Gruppenleiter fungiert auch als „Informationszentrale" und gibt nur die in Frage kommenden Informationen an die betreffenden Gruppenmitglieder weiter, die nun ihrer Arbeit ungestört nachgehen können.

In die gleiche Richtung weisen auch die Ausführungen von Lindemann (Lindemann, P. – 1970, S. 41 f. und S. 95 f.), der die „Vernichtung unerwünschter Varietät" (S. 96) als Aufgabe der Führungsinstanzen eines wirtschaftlichen Unternehmens ansieht.

Die Varietät ist somit nicht nur ein (theoretisches) Maß für die Komplexität eines Systems, sondern als solche durchaus ein Problem, das sich in der betriebswirtschaftlichen und organisatorischen Praxis stellt.

II. Das System „Betriebswirtschaft"

A. Die Produktivkräfte

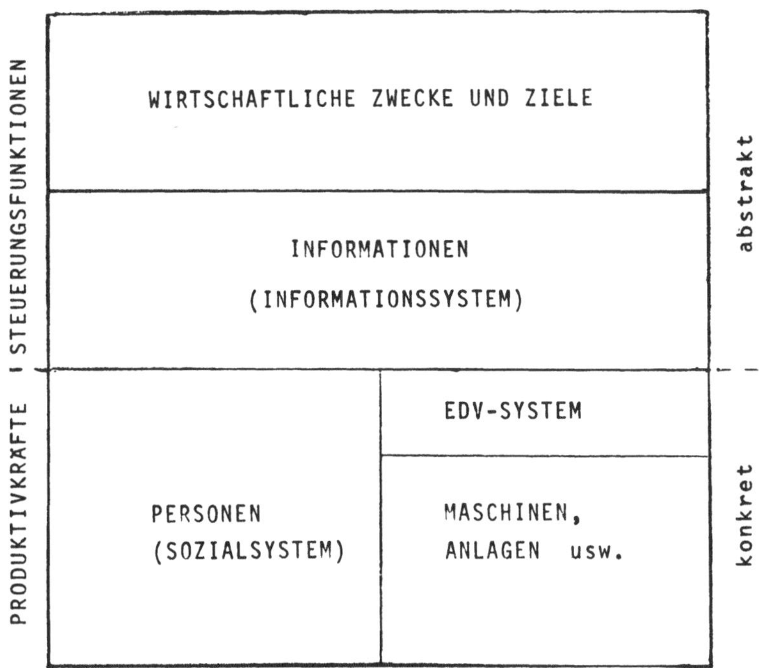

Abb. 2: Aufbau des Systems „Betriebswirtschaft"

Die Produktivkräfte (s. Abbildung 2) sind konkret wahrnehmbar: Personen, Maschinen, Gebäude usw. Enge, lockere, vielfältige, wechselseitige, einseitige, direkte, indirekte u. a. m. Beziehungen können sowohl zwischen Personen als auch zwischen Personen und Sachen bestehen. Wir können daher im ersten Falle (nur Personen) vom betriebswirtschaftlichen *Sozialsystem* sprechen, wegen des Zusammenhangs zwischen Personen und Sachen auch vom *Sozio-technischen System*, worin gerade der technische Einfluß — er ist wirtschaftlich von erheblicher Bedeutung — zum Ausdruck kommt.

Die Maschinen, Anlagen usw. können für sich gesehen als Elemente eines „technischen Systems" aufgefaßt werden, wenn irgendwelche Beziehungen zwischen ihnen bestehen. Diese Verbindungen können u. a. auch durch ein *technisches Informationssystem* hergestellt werden, das uns hier aber nur am Rande interessiert.

Ein Sonderfall unter den sachlichen Produktivmitteln stellt das EDV-System dar, insofern als es nicht für die Güterproduktion, sondern ausschließlich für die Informationserschließung eingesetzt wird.

Menschen — besser „Personen" — bilden Sozialsysteme, mit denen wir uns nachfolgend noch näher befassen werden. Der Ausdruck „Sozio-technisches-System" kennzeichnet — wie schon angedeutet (s. o.) — den Sachverhalt, daß Menschen mit sachlichen Produktionsmitteln stets zusammenwirken. Jeder Mitarbeiter einer Betriebswirtschaft bedient sich eines solchen „Werkzeugs" (im weitesten Sinne) zur Leistungserstellung und sei es auch nur ein Büroschreibtisch, der seinen Arbeitsplatz bildet.

B. Steuerungsfunktionen

Vor allem mittels (abstrakter) *Informationen* werden die Elemente der persönlichen und sachlichen Produktivkräfte verbunden. Informationen sind nur insoweit für die Betriebswirtschaft von Bedeutung, als sie für die Verwirklichung *wirtschaftlicher Ziele* von Nutzen sein können — daher sind sie ihnen *untergeordnet*. So können die Informationen, die letztlich immer für Personen bestimmt sind, ihre *Steuerungsfunktion* für die Betriebswirtschaft erfüllen.

Die gezeigte Abbildung 2 ist so aufzufassen, daß „unten" und „oben" keine Wertabstufung, sondern lediglich ein funktionaler Aufbau bedeutet: Die idealen (gedanklichen) Systeme bauen auf den real vorhandenen Produktivkräften auf — Menschen und Maschinen („Werkzeuge") sind *wirklich*, ohne sie wäre weder das Informationssystem denkbar noch hätten wirtschaftliche Zwecke und Zielsetzungen einen Sinn.

III. Das betriebswirtschaftliche Sozialsystem

A. Die Person innerhalb des betriebswirtschaftlichen Sozialsystems

Die Menschen in einer Betriebswirtschaft, einem wirtschaftlichen Unternehmen, sind die wichtigsten Entscheidungs- und Handlungsträger. Endzweck allen Wirtschaftens ist der Mensch: Das gilt nicht nur für die Gesamtwirtschaft, vor allem in einer freiheitlichen Wirtschafts- und Gesellschaftsordnung, sondern im wohlverstandenen Sinne auch für die Einzelwirtschaft, in der Menschen zum Zwecke des Wirtschaftens zusammenwirken.

Es ist jedoch nicht der Mensch schlechthin, sondern die nach *Selbstverwirklichung strebende Person*[1] , von der das Wirtschaftsleben getragen wird. So sind die in der

---

1 Zur Frage der *Selbstverwirklichung*, auf die wir an späterer Stelle noch zurückkommen werden (S. 5. Kapitel, Abschnitt I. C.) hier nur der Hinweis, daß die entsprechenden englischen Ausdrücke "self-fulfillment" und "self-actualization" von dem amerikanischen Sozialpsychologen *A. H. Maslow* ("Motivation and Personality", New York-Evanston-London 1954 — zitiert nach Wiedemann, H. — 1971, S. 307) geprägt wurden, der auch den Satz formulierte: "What a man can be he must be" (Wiedemann, H. — 1971, S. 283) — was ein Mensch sein kann, muß er sein. — Zum Ausdruck „Person" ein Wort von *I. Kant:* „Daß der Mensch nicht allein denkt, sondern auch zu sich selbst sagen kann: ich denke, macht ihn zu einer Person." (Gesammelte Schriften, hrsg. Preußische Akademie der Wissenschaften, Berlin 1902—1941, Opus Postumus, Bd. XXI, S. 103.)

Betriebswirtschaft tätigen Menschen als eigenwertige Personen anzusehen — das sollten weder die Anordnenden oder Berichterstatter übersehen, noch die in Frage stehenden Personen selbst vergessen!

Andererseits kann der einzelne niemals als isolierte Person, sondern immer nur als Teil einer menschlichen Gemeinschaft seine Wirksamkeit entfalten. Zwischen der Person und der Gesellschaft, der sie sich zugehörig fühlt, besteht ein *polares* Spannungsverhältnis (Vershofen, W. — 1950, S. 7 ff., von Wiese, L. — 1964, S. 5 ff.), d. h. das Streben nach Entfaltung der Eigenpersönlichkeit einerseits *und* der Gegensatz oder aber auch der Widerhall, die Unterstützung seitens der Mitmenschen gehören untrennbar zusammen und bilden eine Einheit, wie die beiden elektrischen (magnetischen) Pole. Dieses polare Spannungsverhältnis, das nie restlos gelöst werden kann, gilt es im Interesse des betriebswirtschaftlichen Ganzen fruchtbar zu gestalten, damit die wirtschaftlichen Ziele verwirklicht werden können. Diese Erkenntnis bietet eine Erklärung für viele Vorgänge, die sich innerhalb des betriebswirtschaftlichen Sozialsystems tatsächlich abspielen.

Da wir vielfach Verhaltens- und Handlungsweisen der Menschen (Personen) im praktischen Wirtschaftsleben, z. B. auch bei der Durchführung von EDV-organisatorischen Umstellungen, beobachten können, die rein von der Sache her gesehen nicht logisch begründet erscheinen, kann uns der Blick auf die sozialen Zusammenhänge oft zum Verständnis verhelfen.

B. Die soziale Rolle

Welche Welt- und Lebenserfahrungen sprechen aus Shakespeares berühmten Versen (”As You like it“ — „Wie es Euch gefällt” — II. Akt, 7. Auftritt)! Wir möchten sie hier weniger poesievoll und frei übersetzt in deutscher Sprache wiedergeben, weil es uns hauptsächlich auf den zeitlos gültigen gedanklichen Inhalt dieser „geflügelten“ Worte ankommt:

„Die ganze Welt — eine Schaubühne. Und alle, Männer und Frauen, sind nichts anderes als Schauspieler: Sie treten auf und ab, und — wie seine Zeit kommt — kann ein einzelner viele Rollen spielen . . .”

Wie auch aus diesen Aussagen Shakespeares[2] geschlossen werden kann, zeigen Menschen in unterschiedlichen Situationen andere „Gesichter“, je nach der *Rolle*, die eine Person (zu spielen) übernommen hat. Manche Menschen spielen ihre Rolle so ausgezeichnet, daß man ihnen schon allein für diese Leistung höchste Anerkennung zollen kann.

Die *soziale Rolle* ist uns auferlegt, sobald wir mit anderen Menschen in Berührung kommen. Im Beruf, in der Familie, als Staatsbürger, als Mitglied einer gesellschaft-

---

2 Das Zitat lautet in der englischen Urfassung, die wir — obgleich so präzise formuliert, doch nicht leicht sinngemäß in die deutsche Sprache übertragbar — dem Leser nicht vorenthalten möchten:
”All the world’s a stage,
And all the men and women merely players:
They have their exits and their entrances,
And a man in his time plays many parts, . . .“

lichen Organisation haben wir die angemessene Rolle zu übernehmen. Das ist nicht mehr und nicht weniger als eine entsprechende Verhaltensweise (in Worten und in Taten), die unsere Mitmenschen in jeder Situation, die uns mit ihnen zusammenführt, von uns erwarten. Der Begriff „soziale Rolle" ist also etwas anderes, Allgemeineres, als eine Schauspieler-Rolle.

Im betriebswirtschaftlichen Sozialsystem, das durch seine Organisationsstruktur ziel- und zweckgerecht ausgerichtet ist, spielt die Rollenfunktion eine besonders wichtige „Rolle" (Dahrendorf, R. − 1956, S. 57 ff.). Jeder Mitarbeiter ist Träger einer Rolle, die er auszuführen hat, um am Gelingen des Ganzen mitzuwirken. Je besser er seine Rolle beherrscht, umso besser auch für das betriebswirtschaftliche Ganze. Das gilt für den Inhaber einer Führungsposition ebenso wie für den Arbeiter, Sachbearbeiter, Spezialisten oder Verkäufer − sie alle haben ihre ganz spezifischen Rollen auszuüben (es ist ja kein Spiel mehr, wie im Theater, sondern *Arbeit* − also *nicht* hauptsächlich *Selbstzweck*, sondern *Mittel zum Zweck* der Verfolgung betriebswirtschaftlicher Ziele).

Je nach Talent, Neigung, Vorbildung, Erfahrung wird die Rolle vom einen oder dem anderen Rollenträger besser oder schlechter beherrscht und ausgeübt. Dieses Buch soll z. B. dem Betriebswirt zu einer bessseren Rollenbeherrschung verhelfen, indem wichtiges EDV-Wissen vermittelt wird, das die Einsicht in die Zusammenhänge der Datenverarbeitung ermöglicht.

Es dürfte aus diesen kurz gehaltenen Ausführungen deutlich geworden sein (eine soziologische Abhandlung würde den Rahmen dieses Buches sprengen − wir verweisen vielmehr auf die weiterführende Literatur, insbesondere auch auf Wiedemann, H. − 1971), welche Bedeutung der sozialen Rolle für das Funktionieren des Sozialsystems einer Betriebswirtschaft zukommt.

Mit der Rolle verbunden ist der *Rang* (sozialer Status − Dahrendorf, R. − 1956, S. 71), den eine Person innerhalb eines Sozialsystems einnimmt. Bekanntlich wirkt der Rang über das Sozialsystem hinaus in die betriebswirtschaftliche Umwelt. Der Rang ist neben der Bezahlung wichtig für die *Motivation* der Mitarbeiter. Gerade im EDV-Bereich waren die Programmierer, Systemanalytiker usw. in früheren Jahren besonders hoch eingestuft, weil sie besondere Qualifikationen mitbrachten. Infolge des zeitweisen Überschusses an EDV-Fachkräften und der Verbreitung des EDV-Fachwissens (man denke z. B. auch an die Verlagerung des EDV-Fachwissens in die Fachabteilungen) vollzieht sich allmählich eine Angleichung der rangmäßigen Einstufung an das allgemeine Niveau gleichhoher, aber andersartiger Qualifikationen.

Abschließend noch der Hinweis, daß das Verständnis sozialen Ranges und sozialer Rolle bei systemanalytischen Untersuchungen, vor allem auch für den Erfolg EDV-organisatorischer Umstellungen, große praktische Bedeutung haben kann.

C. Das Sozialsystem: Überblick

Die schon von Aristoteles festgestellte Tatsache, wonach der Mensch ein *geselliges Wesen* sei, gewinnt innerhalb des betriebswirtschaftlichen Sozialsystems eine besondere Bedeutung. Der Mensch kann zwar als Einzelperson seinen Beitrag zum Arbeits- und Entscheidungsprozeß liefern, aber erst die Gesamtleistung Vieler bewirkt den betriebswirtschaftlichen Erfolg. Dabei wird das schon von der *Gestaltpsychologie* (Chr. v. Ehrenfels) her bekannte Phänomen deutlich, wonach das Ganze *mehr* als die Summe seiner Teile ist.

Das betriebswirtschaftliche *Sozialsystem* ist das *Ganze* aller durch eine Betriebswirtschaft verbundenen Menschen (Personen). Es ist durch die Betriebs- und Unternehmensorganisation strukturiert: Verrichtungsteilung (Arbeitsteilung), Zuständigkeiten, Anordnungsbefugnis, Informationsflüsse u. a. sind die wesentlichen Strukturmerkmale des sozio-technischen Systems.

Die *Beziehungen* zwischen den Elementen — d. h. den Personen (die wurden von Leopold von Wiese in den Mittelpunkt seiner „Beziehungslehre" gestellt — s. insbesondere „Soziologie — Geschichte und Hauptprobleme", Berlin 1950, S. 138 ff.) und Maschinen, Anlagen usw. — des sozio-technischen Systems einer Betriebswirtschaft können vielfältiger Natur sein: Es können sowohl Kommunikationsvorgänge zwischen Menschen, als auch zwischen Menschen und Maschinen vorliegen (*Mensch-Maschine-Kommunikation* — MMK —, vor allem mit einer EDV-Anlage), darüber hinaus auch tatsächliche Vorgänge, wie die Bearbeitung eines Werkstücks an der Drehbank, Übergabe von Gegenständen oder Schriftstücken durch einen Mitarbeiter an einen anderen u. a. m.

Es ist ohne weiteres verständlich, daß die Beziehungen zwischen den Mitgliedern des betriebswirtschaftlichen Sozialsystems — wie innerhalb eines jeden Sozialsystems — völlig unterschiedlich sein können, was ihre Art und Stärke betrifft.

D. Die Kleingruppe

1. Bedeutung der Kleingruppe

Gruppen treten nicht zufällig innerhalb des betriebswirtschaftlichen Sozialsystems so häufig in Erscheinung: Sie sind vielmehr eine *nützliche Erfindung* der Menschheit, wie Peter R. Hofstätter („Gruppendynamik" — 1957, insbes. S. 21 ff.), ein kenntnisreicher und scharfsinniger Gruppenforscher, meint.

Kleingruppen — bezeichnenderweise "face-to-face-group" (Cooley, Charles H.: "Social Organization — A Study of the Larger Mind", New York 1909) genannt — bilden ein geeignetes Studienobjekt, weil in diesem Falle die Beziehungen genau beobachtet und verhältnismäßig gut analysiert werden können. Innerhalb des betriebswirtschaftlichen Sozialsystems findet sich eine mehr oder weniger große Anzahl von Kleingruppen bzw. gruppenähnlichen Konstellationen. Wenn wir von der (formellen) Organisationsstruktur ausgehen, können z. B. Abteilungen (oder Unterabteilungen) solche Kleingruppen bzw. Gruppierungen bilden, zumal wenn sie auch räumlich zusammengefaßt sind und eine enge Zusammenarbeit besteht.

Wichtig sind vor allem die *Projektgruppen*, die

■ überwiegend abteilungsintern (z. B. für die Entwicklung normaler Organisationsprojekte (s. Abbildung 3) oder aber
■ Abteilungsgrenzen übergreifend (z. B. ein großes Informationssystem-Projekt)

aufgebaut sein können.

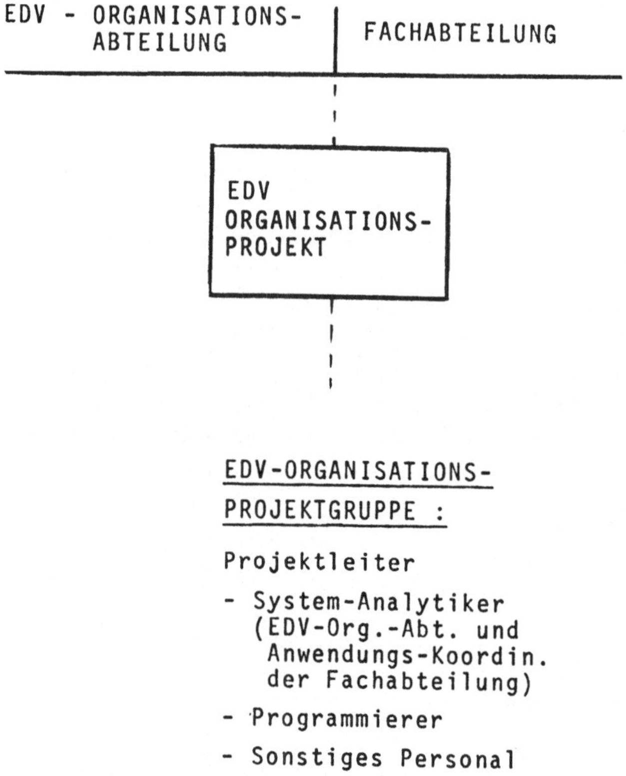

Abb. 3: *EDV-Organisations-Projekt:*
Stellung innerhalb der betriebswirtschaftlichen Organisation und personelle Zusammensetzung

Von Bedeutung für die Systemanalyse, -planung und -einführung, die wir an späterer Stelle ausführlich behandeln (s. Kapitel 5), können vor allem auch *informelle Gruppen* und Gruppierungen werden, die sich spontan als Reaktion auf „unverstandene" organisatorische Umstellungen usw. bilden (oder sich als „hartnäckig" erweisen, wenn es nicht gelingt, Sinn und Zweck der Änderungen bei allen Betroffenen einsichtig zu machen). Mit dem Sozialgebilde „Gruppe" bzw. „Kleingruppe" können wir es also in mehrerlei Hinsicht zu tun haben, wenn es darum geht, die EDV in der Betriebswirtschaft einzuführen. Daher ihre besondere Praxisrelevanz.

2. Merkmale einer Gruppe

Eine voll ausgebildete Gruppe weist (mindestens) folgende Merkmale auf:

- *Zusammengehörigkeit der Gruppenmitglieder* (also *keine* zufällige Ansammlung von Menschen oder eine Klassifizierung einer Anzahl von Menschen unter logischen — z. B. statistischen — Gesichtspunkten!)
- *Gegenseitigkeit bzw. Wechselseitigkeit der sozialen Beziehungen (Abhängigkeiten)* zwischen den einzelnen Gruppenmitgliedern (Hofstätter, Peter R. — 1972, S. 26 ff.)
- *Leitsystem bzw. Führung* (Mills, Th. M. — 1969, S. 140 f.) der Gruppe
- *Gemeinsame Ziele* der Gruppenmitglieder

Diese Eigenschaften kennzeichnen das Sozialgebilde „Gruppe".

3. Funktion der Gruppe

Da sich die Gruppenmitglieder als zusammengehörig betrachten, bilden sie ein Ganzes. Daraus leitet sich nicht nur eine kooperative Einstellung ab, sondern eine *Solidarität*, ein „*Wir*"-Bewußtsein der Gruppenmitglieder. Das kann zu einer *Konformität* der Meinungen und Überzeugungen führen: Man möchte möglichst *einstimmige* Entscheidungen treffen (Türk, K. — 1973, S. 306 ff.). Andererseits will sich die einzelne Gruppe von anderen Gruppen abheben, was im Extremfall zu einer Übersteigerung des kollektiven Selbstgefühls der Gruppe und u. U. auch zu Aggressionen (nicht nur mit Worten!) gegen Außenseiter führen kann (Wilhelm, Th. — 1975, S. 9). Der Konformitätsdruck wird oft als Zwang von den Gruppenmitgliedern empfunden. Die Wechselseitigkeit der Beziehungen bzw. gegenseitige Abhängigkeit der einzelnen ist ebenfalls Ausfluß des Gruppenzusammenhangs: Man kann nichts ohne Rücksichtnahme auf den anderen unternehmen. So bietet die Gruppe auch *Schutz* für den schwächeren einzelnen vor dem ihn bedrohenden aggressiven Gruppenmitglied, der durch die Gruppe gezügelt wird, und vor anderen (Außenstehenden). Überhaupt spielen *Emotionen* im Gruppenleben eine große Rolle: In dem *Zusammenspiel von Antrieben und Gefühlen* der Gruppe (Mills, Th. M. — 1969, S. 106) kann die Gruppenemotion gesehen werden. Emotionen und Verhaltensweisen der Gruppenmitglieder sind durch *Normen* zu regeln, d. h. Vorstellungen (Vorschriften) der Gruppe darüber, *wie* sich der einzelne zu verhalten hat.

4. Das Leitsystem der Gruppe

Jedes ausgebildete, fertige, vollständige Sozialsystem entwickelt eine (irgendwie geartete) *Herrschaftsform*. Nach einem bekannten Wort Max Webers („Die drei reinen Typen der legitimen Herrschaft" — 1956, S. 151) besteht die Herrschaft in der „Chance, Gehorsam für einen bestimmten Befehl zu finden , ...". Spätestens wenn sie als Gruppe tätig wird, muß sich auch hier eine solche Herrschaftsform bilden.

Wenn sie im Einzelfall nicht in der Praxis beobachtet wird, so kann das nur daran liegen, daß sich bei einer bestimmten Gruppe noch kein voll funktionsfähiges Sozialsystem entwickelt hat.

Denn das *Leitsystem bzw. die Gruppenführung*, also eine irgendwie geartete Herrschaftsform, muß das Gruppenleben steuern. So obliegt ihr die Beobachtung der Einhaltung der Gruppennormen. Abweichungen müssen geahndet werden, gegebenenfalls sind Änderungen der Gruppennormen durchzusetzen, wie es die Lage erfordert. Vor allem hat auch das Leitsystem bzw. die Gruppenführung die Aufgabe, sich für die *Verwirklichung der Gruppenziele* einzusetzen — denn jede Gruppe verfolgt mindestens *ein* Ziel.

Informationen sind für die *Zielverwirklichung* erforderlich. Zu diesem Zweck kommunizieren die Gruppenmitglieder untereinander oder aber sie benutzen eine Informationsquelle außerhalb der Gruppe.

Während normalerweise (allgemein) *alle* Gruppenmitglieder *gleich gut* informiert gehalten werden, ist eine *zweckvolle Umleitung* des Informationsflusses im Interesse des *Erfolges* (Zielerreichung!) einer *arbeitsteiligen* Gruppe erforderlich. In der herkömmlichen hierarchisch strukturierten Organisation liefen die Informationen „von oben nach unten", d. h. der Gruppenleiter gab die Informationen gezielt an die in Frage kommenden Gruppenmitglieder weiter, so wie er es für richtig hielt. Das mochte für die Bewältigung einfacher Aufgaben, die relativ wenige Informationen aus der Außensphäre erforderten, genügen, mußte jedoch bei komplexen Aufgabenstellungen mit speziellen Informationsbedürfnissen zu Unzulänglichkeiten führen. Der Gruppenleiter wird — selbst wenn er ein hervorragender Fachmann ist — überfordert und kann sich den eigentlichen Führungsaufgaben der Gruppe nicht in ausreichendem Maße widmen.

Daher hat es sich als zweckmäßig erwiesen, daß die einzelnen Gruppenmitglieder selbständig — je nach individuellem Informationsbedürfnis, das sich nach der speziellen Aufgabenstellung richtet — miteinander und mit Personen und Stellen außerhalb der Gruppe kommunizieren (in Verbindung stehen), wobei die Gruppenleitung *nötigenfalls* (z. B. um Hilfestellung bei der Überwindung von Schwierigkeiten und Hemmnissen zu leisten) eingeschaltet und — mehr oder weniger umfangreich (je nachdem wie für die Erfüllung der Leitfunktion erforderlich) — informiert gehalten wird.

5. Struktur der Kleingruppe

Eine Kleingruppe kann aus nur wenigen Mitgliedern (unter 10) oder auch darüber hinausgehend einer etwas größeren Anzahl von Gruppenangehörigen bestehen und entsprechend ihrer Zweck- und Zielsetzung unterschiedlich strukturiert sein.

Auf der Abbildung 4 sind einige (bei weitem nicht alle) vorkommenden Strukturen von Kleingruppen dargestellt: Die „Kettenformation" kann man sich länger oder kürzer vorstellen — dabei kann es sich z. B. um eine informelle Gruppierung handeln.

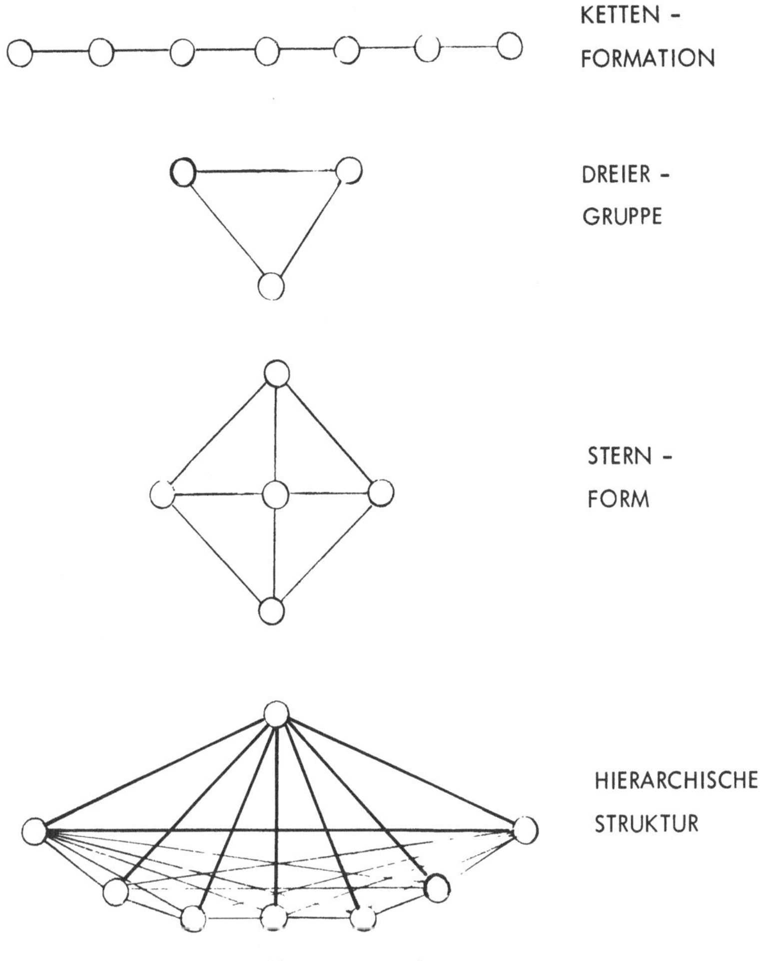

Abb. 4: Gruppenformen

Die „Dreiergruppe" ist der Typus einer *Kleinstgruppe,* deren Vorteil in den wenigen Kommunikationswegen zu sehen ist: Jeder kann sich leicht mit den beiden anderen Gruppenmitgliedern verständigen — meistens haben alle an der Information gleichzeitig teil.

Bei der „Sternform" (ab 4 bis 5 Gruppenmitglieder) wird die *Führungsrolle* von einem (hier im Mittelpunkt stehenden) Mitarbeiter wahrgenommen. So könnte ein mittelgroßes Projektteam strukturiert sein: Bestimmte Informationen werden durch den Projektleiter „kanalisiert" — der einzelne kann gezielt angesprochen werden. Es bleibt dem Projektleiter jedoch unbenommen, in bestimmten Fällen auch die ganze Gruppe gemeinsam zu informieren. Für größere Projekte und für Abteilungen empfiehlt sich die hierarchische Gliederung (hier durch ein einfaches „Vorgesetzten-Verhältnis" dargestellt). Die Führungskraft kann den Informationsfluß

steuern und lenken, muß jedoch sicherstellen, daß sie von den Vorgängen innerhalb
der Gruppe auf dem laufenden gehalten wird, die für sie von Interesse (Bedeutung)
sind.

6. Die Leistungen der Gruppe

a) Beurteilen und Bewerten

Hofstätter (1972 — S. 29 ff.) beweist die „leistungsmäßige Überlegenheit der Gruppe über das Individuum" (was wir hier nicht im einzelnen wiederholen, worauf wir
wohl aber sinngemäß eingehen möchten) nicht nur bei rein physischen Aufgabenstellungen (z. B. die Zusammenfassung physischer Kräfte beim Pyramidenbau), sondern auch bei der Beurteilung von Sachverhalten bzw. der Einstufung künstlerischer
Leistungen, wie sie etwa eine Jury bei einem internationalen Eiskunstlauf-Turnier
trifft: Die Mittelung der „Noten", die von den verschiedenen Juroren (nach offe-
nem, unabhängigem Urteil) vergeben werden, würde danach zu einer genaueren Lei-
stungsbeurteilung führen, als wenn sie durch den dafür bestqualifizierten Juror
allein erfolgte.
Der einzelne Juror wird im einen oder dem anderen Falle mehr oder weniger irren.
Da man bei der Beurteilung qualitativer Merkmale niemals mit absoluter Sicherheit
bestimmen kann, was unbestrittenes Ideal oder die Norm ist (das kann immer nur
annäherungsweise angegeben werden), gibt es auch keinen Experten, der in der Lage
ist, ein in jeder Beziehung richtiges Urteil abzugeben. Die Gesamtheit aller Juroren
(wenn sie alle bestmöglich informiert und unvoreingenommen sind!) aber wird zu
einer Beurteilung kommen, die sogar *richtiger sein kann,* als die des besten Fach-
mannes innerhalb der Jurorengruppe. Wenn es sich bei einer Jury auch nicht um
eine echte Gruppe gemäß unserer Definition (s. o. Kapitel 1, Abschnitt D. 2.) handelt, sondern um eine sogenannte „synthetische Gruppe" (Hofstätter, P. R. — 1972,
S. 34 ff.), so weist dieses Beispiel doch auf die *Fähigkeiten* hin, die einer Gruppe gegeben sind, nämlich die *hervorragendsten Einzelleistungen* zusammenzufassen, um
eine *bestmögliche Gesamtleistung* zu erzielen.
EDV-Organisationsprojekte, die meistens kostspielig sind, werden in bestimmten
Projektphasen von den untersuchenden EDV-Exporten und -Anwendern auf den
Nutzen des Vorhabens hin beurteilt. Die Beteiligten müssen sich zu dem jeweiligen
Zeitpunkt über die Einzelheiten des Projekts soweit informiert haben, daß sie zu
einer solchen Urteilsfindung befähigt sind. Dabei ist es wichtig, daß sie möglichst
unbeeinflußt ihre Beurteilung abgeben — zwei Forderungen an die Gruppe der
Fachleute (detaillierte Projektkenntnisse einerseits und andererseits Unabhängigkeit von der Projektgruppe!), die sich oft in der Praxis nicht vereinbaren lassen, weil
sie von der Interessenlage her diametral entgegengesetzt sind. Damit möchten wir
keine praktischen „Ratschläge" erteilen — dafür sind die Gegebenheiten des Einzel-
falles meistens viel zu kompliziert. Es kommt uns vielmehr darauf an, den Blick des
praktischen Betriebswirts zu schärfen: Er soll eine Vorstellung davon bekommen,
wie ein Gutachten über ein Projekt zustande kommt, um *abschätzen* zu können,

welche Fehlermöglichkeiten bestehen, insbesondere auch in welcher *Richtung* sich Fehlbeurteilungen ergeben können.

b) Problemlösung

Dem gleichen Zweck dient auch eine weitere Überlegung *Hofstätters* („Zur Dialektik der Gruppenleistung" – 8/1956, S. 608–622), die auch als das *„Wahrscheinlichkeitsmodell des Suchens"* (Türk, K. – 1973, S. 300) bezeichnet wird:
Zwei Personen, A und B, haben die Aufgabe, einen bestimmten Gegenstand zu suchen. Begabung, Erfahrung, Eifer und andere Qualifikationen der beiden Personen sind unterschiedlich und die *Erfolgswahrscheinlichkeit,* den Gegenstand zu finden, wird bei A mit $p_A = 0{,}4$ und bei B mit $p_B = 0{,}3$ angesetzt. Wenn man also alle bisher beobachteten Suchgänge einer jeden der beiden Personen zusammenzählt, kann man dagegen die erfolgreich ausgegangenen Suchen (d. h. die Fälle, bei denen das Gesuchte gefunden worden ist) setzen und in einem Dezimalbruch zum Ausdruck bringen:

$$\text{Erfolgswahrscheinlichkeit p} \quad = \quad \frac{\text{Zahl der erfolgreichen Suchen}}{\text{Zahl aller Suchvorgänge}}$$

Die Frage, ob man eine derartige Zahl in der Praxis ermitteln kann, soll uns in diesem Zusammenhang nicht interessieren. Wohl aber müssen wir noch einen weiteren Begriff aus der Wahrscheinlichkeitsrechnung einführen: Die *Un*wahrscheinlichkeit q, den gesuchten Gegenstand zu finden. Wir können folgende Aufteilung aller Suchvorgänge vornehmen:

$$\text{Zahl aller Suchvorgänge} \quad = \quad \begin{array}{l}\text{Erfolgreiche Suchvorgänge} \\ + \text{ Vergebliche Suchvorgänge}\end{array}$$

$$\text{Erfolg\textit{sun}wahrscheinlichkeit q} \quad = \quad \frac{\text{Zahl der vergeblichen Suchen}}{\text{Zahl aller Suchvorgänge}}$$

Es ist leicht rechnerisch nachzuweisen, daß

$$p + q = 1$$

ist. Damit dürfte verständlich sein, daß in unserem Beispiel

$$p_A = 0{,}4 \text{ und } q_A = 0{,}6, \; p_B = 0{,}3 \text{ und } q_B = 0{,}7$$

betragen.
Nun kann überlegt werden, welchen Nutzen es bringt, wenn beide – A und B, gemeinsam suchen. Es gibt dabei drei Möglichkeiten:

(1) Sowohl A als auch B finden den Gegenstand.
(2) Einer von beiden – A *oder* B – findet den Gegenstand *allein.*
(3) Keiner von beiden findet den Gegenstand.

Hierfür bietet die Wahrscheinlichkeitsrechnung ebenfalls Lösungshilfen an.
Für den 1. Fall — sowohl A als auch B finden den Gegenstand — bietet sich die sogenannte „Sowohl-Als auch-Wahrscheinlichkeit" an, d. h. die multiplikative Verknüpfung:

$$p_A \cdot p_B$$
$$0{,}4 \cdot 0{,}3 = \underline{\underline{0{,}12}}$$

Das kann graphisch auch in Form einer sogenannten „Schnittmenge" der beiden Wahrscheinlichkeitsfelder dargestellt werden (doppelt schraffiert):

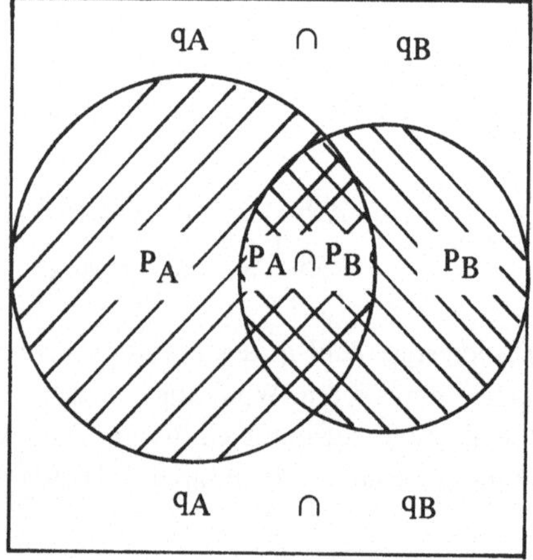

Man kann sich vorstellen, daß diese Wahrscheinlichkeit wesentlich niedriger liegen muß (nämlich nur 0,12), als wenn einer von den beiden — *entweder* A *oder* B — den Gegenstand findet.
Dieser 2. Fall — einer von den beiden findet den Gegenstand *allein* — ist durch das Produkt der Erfolgswahrscheinlichkeit des einen mit der Erfolgs*un*wahrscheinlichkeit des anderen gegeben:

$$p_A \cdot q_B \text{ und } p_B \cdot q_A.$$

Für beide

$$(p_A \cdot q_B) + (p_B \cdot q_A)$$
$$(0{,}4 \cdot 0{,}7) + (0{,}3 \cdot 0{,}6) = 0{,}28 + 0{,}18 = \underline{\underline{0{,}46}}$$

(dargestellt durch die einfach schraffierten Kreisteile der obigen Graphik).
Der 3. Fall, wonach keiner etwas findet, ist die Sowohl-Als-auch *Un*wahrscheinlichkeit beider, also das Produkt

$$q_A \text{ und } q_B.$$
$$0{,}6 \cdot 0{,}7 = \underline{\underline{0{,}42}}$$

(dargestellt auf unserer obigen Graphik durch den nicht schraffierten Teil des Quadrats außerhalb der Kreise).

Zusammenstellung:

1. Fall: Sowohl A als auch
   B erfolgreich $p_A \cdot p_B$ = 0,12

2. Fall: Einer von beiden
   findet allein $(p_A \cdot q_B) + (p_B \cdot p_A)$ = 0,46

Erfolgswahrscheinlichkeit für beide zusammen: 0,58

3. Fall: Suche für beide
   erfolgslos (Unwahrscheinlichkeit)
   $q_A \cdot q_B$ = 0,42

Summe   1,00

Die Erfolgswahrscheinlichkeit für beide zusammengenommen ist mit 0,58 signifikant größer als die Erfolgswahrscheinlichkeit jedes einzelnen. Es ist leicht rechnerisch zu beweisen, daß dies nicht nur für beliebige Werte von p und q gilt, sondern auch für jede beliebige Anzahl von Personen.

Es ist in diesem Zusammenhang nicht von Interesse, den zugrundeliegenden wahrscheinlichkeitstheoretischen Überlegungen weiter nachzugehen — auch nicht die Feststellung, daß derartige Zahlenwerte in der wirklichen betriebswirtschaftlichen Praxis kaum zur Verfügung stehen dürften. Wohl aber ist der Schluß (mit allen Vorbehalten) möglich, daß Gruppen nicht nur Suchaufgaben, sondern ganz allgemein auch *Problemstellungen* besser lösen *können*, als Einzelpersonen. Es hängt von verschiedenen Umständen und Gegebenheiten ab, inwieweit dieser Vorteil, z. B. in einer EDV-Projektgruppe, realisiert werden kann. Wir möchten hierbei Faktoren wie die Zusammensetzung der Gruppe, die Gruppensteuerung, das Funktionieren der Gruppenarbeit usw. anführen, die das Ergebnis beeinflussen. Hofstätter (1956 — S. 616 f.) weist insbesondere auf die Bedingung der *Unabhängigkeit* der Gruppenmitglieder hin, die für den Gruppenerfolg wichtig ist, ebenso wie für das Wirksamwerden des Leistungsvorteils der Gruppe (s. o. Abschnitt 6. a.). Wir möchten darauf hinweisen, daß sich dieser Unabhängigkeitsdrang durch das schon von Natur aus (ursprünglich) in jedem menschlichen Miteinander bestehende polare Spannungsverhältnis bei dem einzelnen innerhalb einer Gruppe (s. o. Abschnitt III. A.) äußern muß und wird. Diese Erkenntnis sollte in jeder Gruppe, vor allem bei der Gruppenleitung, bekannt sein und berücksichtigt werden.

Daß Minderheiten überstimmt werden können, auch wenn ihre Lösungsvorschläge — von einem objektiven Standpunkt aus beurteilt — vernünftiger und sachlich besser begründet sind als die Meinung der Majorität, ist eine Tatsache, die ebenfalls für die Gruppenarbeit von Bedeutung ist, weil sie sich nachteilig auswirken kann. Der umgekehrte Fall ist auch möglich, nämlich daß sich die bessere Such- bzw. Problemlösungsstrategie durchsetzt — und dies sollte durch eine sachlich gesteuerte Gruppenarbeit, die sowohl die Gefahren erkennt, als auch die Möglichkeiten einbezieht und ausschöpft, erreicht werden.

c) Wichtige Faktoren der Gruppenleistung

Türk (1973, S. 301 ff.) behandelt folgende wichtige Faktoren, die sich auf die
Gruppenleistung auswirken:

- *Gruppengröße* (kleinere Gruppen sind leistungsfähiger als größere Gruppen),
- *Komplexität der Aufgabe* (einfache Aufgaben können von Einzelpersonen
  ebenso gut gelöst werden, wie von Kleingruppen. Der Leistungsvorteil der
  Gruppe macht sich dagegen bei schwierigeren Problemstellungen bemerkbar).
- *Zusammensetzung der Gruppe* (möglichst verschieden befähigte Gruppenmit-
  glieder mit gleichhohem geistigen Niveau),
- *Konformitätsdruck* (nachteiliger Einflußfaktor, der mit der Größe der Gruppe
  wächst),
- *Risikoneigung* (stärker ausgeprägt bei Gruppen als bei Einzelpersonen).

7. Informelle Gruppen

Informelle Gruppen oder Gruppierungen innerhalb der formellen (offiziellen)
Organisation können aus zwei oder mehr Personen bestehen, die (mindestens)
ein *gemeinsames Interesse* miteinander verbindet. Sie sind nicht in den offiziellen Organisationsplänen aufgeführt — ihre Mitglieder sind jedoch gleichzeitig auch
Aufgaben- und Funktionsträger der formellen betriebswirtschaftlichen Organisa-
tion.
Die Gründe, die zur Bildung informeller Gruppen innerhalb einer Betriebswirt-
schaft führen, können ganz verschieden sein — sei es, daß man ein gemeinsames
Hobby pflegen möchte, sei es aber auch z. B., daß die *offizielle Information* der
Mitarbeiter durch die Führungskräfte *schlecht funktioniert* (man denke etwa an
die rechtzeitige Unterrichtung der Mitarbeiter vor der Umstellung auf ein neues
EDV-gestütztes Informationssystem).
In diesem zuletzt erwähnten Falle können sich informelle Gruppen störend bzw.
nachteilig auf die Zielverwirklichung einer Betriebswirtschaft auswirken. Das muß
nicht nur verhindert werden — vielmehr sollte man versuchen, informelle Gruppen
auch für die *Förderung betriebswirtschaftlicher Zwecke und Ziele* einzusetzen.

E. Wirkungszusammenhang des betriebswirtschaftlichen Sozialsystems

1. Gruppen innerhalb des betriebswirtschaftlichen Sozialsystems

Es ist im Rahmen dieser Arbeit nicht möglich, die Hauptkomponenten — geschweige denn das ganze betriebswirtschaftliche Sozialgefüge — darzustellen (wie es z. B.
R. Dahrendorf in seiner Industrie- und Betriebssoziologie" — 4. Aufl. Berlin

1967 – versucht hat). Wir müssen uns daher auf einige für das Verständnis unserer weiteren Ausführungen wichtig erscheinende Tatbestände aus diesem *äußerst komplexen Wirkungsgefüge* beschränken.

Wenn wir den Gruppen in den vorstehenden Ausführungen so viele Worte gewidmet haben, so vor allem deshalb, weil sie für unser Thema, die Umstellung auf die EDV-Organisation in Form von Projekten, wichtig sind. Gruppen werden vielleicht seltener in der definierten Form (s. o. Abschnitt III. D. 2.) auftreten – dafür sind oft nicht die erforderlichen Voraussetzungen gegeben –, wohl aber werden sich einige Hauptmerkmale immer wieder bei gruppenartigen Konstellationen, z. B. bei kurzlebigen Projektgruppen, finden. Aber auch andernorts innerhalb der betriebswirtschaftlichen Organisation finden sich (formelle) Gruppen: Arbeitgruppen in den Montagelinien, welche die Fließbandarbeit (dort wo es möglich und sinnvoll ist[3]) ersetzen, gruppendynamisches Training, um psychologische und soziale Gruppenprozesse zu aktivieren (Wiedemann, H. – 1975) und Lernen in Gruppen.

Wichtig ist, daß die Gruppen innerhalb des betriebswirtschaftlichen Sozialsytems Informations- bzw. Kommunikationszentren bilden, ob nun sachdienliche Informationen oder – wie von bestimmten informellen Gruppen – Gerüchte davon ausgehen.

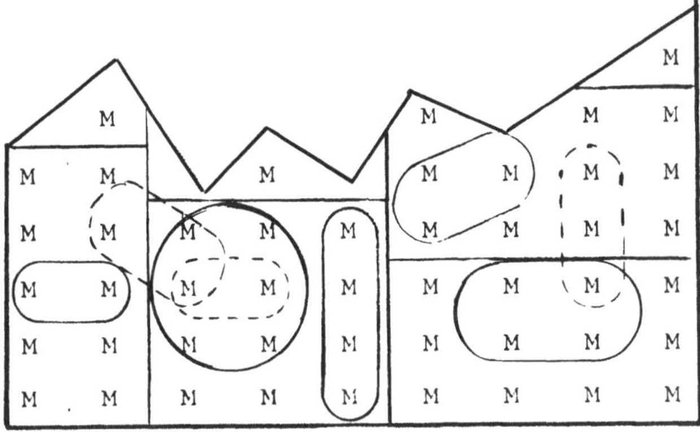

Abb. 5: Das betriebswirtschaftliche Sozialsystem (Ausschnitt)

Zeichenerklärung:

M = Mitarbeiter —— formelle Organisation
  – rechtwinklig eingefaßte Gruppen = Abteilungen
  – gekrümmte Linien umschreiben Arbeitsgruppen

------ informelle Gruppen

Das betriebswirtschaftliche Sozialsystem verdichtet sich an vielen Stellen zu Gruppen, Gruppierungen bzw. gruppenähnlichen Konstellationen, innerhalb der Abteilungen, auf allen Ebenen der Organisationshierarchie. So steht der einzelne Mitar-

---

3 Wie z. B. im Falle der kurzen Montagelinie des Werkes Berlin der IBM Deutschland.

beiter im Schnittpunkt verschiedener Sozialgebilde: Als Mitglied des betriebswirtschaftlichen Sozialsystems gehört er einer Abteilung an und ist darüber hinaus in einer Arbeitsgruppe tätig, fühlt sich u. U. außerdem einer informellen Gruppe zugehörig (s. Abbildung 5, die diesen Sachverhalt nur schematisch darstellen soll).

2. Mengentheoretische Aussagen

Mengentheoretisch kann man (in der symbolischen Sprache, wie sie in heutigen
Schulbüchern üblich ist) diesen Sachverhalt folgendermaßen ausdrücken und präzisieren:

Jeder Mitarbeiter einer Betriebswirtschaft ist in einer Abteilung (A) tätig:

$$A_1 = \left\{ M_1, M_2, M_3, M_4, M_5, M_6, M_7, M_8, M_9, M_{10} \right\}$$

Ein Mitarbeiter kann zugleich auch in einer Arbeitsgruppe (G) mitarbeiten:

$$G_1 = \left\{ M_1, M_4, M_7, M_9 \right\}$$

Eine Abteilung kann Mitarbeiter von Arbeitsgruppen (G) und andere Mitarbeiter
($\bar{G}$) umfassen:

$$A = G \cup \bar{G}$$
$$A_1 = G_1 \cup \bar{G}_1$$

Wenn Abteilungsgrenzen überschreitende Projektgruppen (PG) gebildet sind, würde
das z. B. folgendermaßen ausgedrückt werden können:

$$A_2 = \left\{ M_{11}, M_{12}, M_{13}, M_{14}, M_{15}, M_{16}, M_{17}, M_{18}, M_{19}, M_{20} \right\}$$

$$PG = \left\{ M_2, M_5, M_8, M_{12}, M_{13}, M_{15}, M_{17}, M_{19} \right\}$$

$$A_1 \cup A_2 = (G_1 \cup PG) \cup \overline{(G_1 \cup PG)}$$

Die durch Negation gebildete Untermenge beinhaltet folgende Elemente:

$$\overline{(G_1 \cup PG)} = \left\{ M_3, M_6, M_{10}, M_{11}, M_{14}, M_{16}, M_{18}, M_{20} \right\}$$

Zum besseren Verständnis der Sachverhalt in Form von Venn-Diagrammen (bzw.
Eulerschen Kreisen) dargestellt:

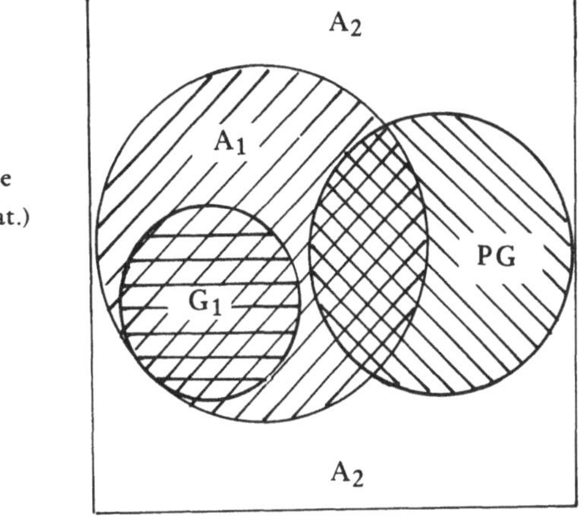

FO (formelle Organisat.)

FO $= A_1 \cup A_2$ (Inhalt des Quadrats)

Darüber hinaus *kann* ein Mitarbeiter einer informellen Gruppe (Gi) — oder auch
mehreren informellen Gruppen — angehören:

$$Gi_1 = \left\{ M_2, M_4, M_6, M_9 \right\}$$

$$Gi_2 = \left\{ M_3, M_4, M_5, M_6, M_{12}, M_{15}, M_{17} \right\}$$

Mitarbeiter, die einer informellen Gruppe angehören, können (rein theoretisch) der
informellen Organisation (I) zugerechnet werden:

$$I = Gi_1 \cup Gi_2$$

$$I = \left\{ M_2, M_3, M_4, M_5, M_6, M_9, M_{12}, M_{15}, M_{17} \right\}$$

Demnach sind Mitarbeiter, die *keiner* informellen Gruppe angehören ($\bar{I}$):

$$\bar{I} = \left\{ M_1, M_7, M_8, M_{10}, M_{11}, M_{13}, M_{14}, M_{16}, M_{18}, M_{19}, M_{20} \right\}$$

$$\bar{I} = \overline{(Gi_1 \cup Gi_2)}$$

Das Sozialsystem (S) besteht nun (in diesem einfachen Beispiel einer Organisation,
die nur zwei Abteilungen umfaßt) aus folgenden Untermengen:

$$S = A_1 \cup A_2$$

oder

$$S = I \cup \bar{I}$$

Somit könnte man einsetzen (um alle Mitarbeiter aufzuzählen):

$$S = \left\{ M_1, M_2, M_3, \ldots\ldots M_{20} \right\}$$

(um alle Arbeits- und Projektgruppen zu erfassen):

$$S \quad = (G_1 \cup PG) \cup (\overline{G_1 \cup PG})$$

(um alle Abteilungen aufzuführen):

$$S \quad = A_1 \cup A_2$$

(um alle informellen Gruppen – soweit bekannt – aufzuzählen):

$$S \quad = Gi_1 \cup Gi_2 \cup \overline{I}$$

Eine solche umständlich anmutende Formel kann evtl. bei Personaldatenbank-Abfragen von Bedeutung sein. Dann fragt man z. B. schrittweise (also Glied für Glied auf der rechten Seite der Gleichung) nach den Mitarbeitern einer Abteilung nach, die noch nicht an ein Organisationsprojekt gebunden sind, um dann anhand weiterer Personaldaten herauszufinden, ob sie einer neu zu bildenden Projektgruppe zugeführt werden können.

3. Das Ganze des betriebswirtschaftlichen Sozialsystems

Das (gut funktionierende) betriebswirtschaftliche Sozialsystem bildet ein Ganzes, das sich „in einem dynamischen Prozeß befindet" (Wiedemann, H. – 1971, S. 22 f.). Das bedeutet stetige Anpassung an veränderte Situationen, Verfolgung von neuen Zielen usw. Diese Dynamik bringt es mit sich, daß nicht Gruppeninteressen, sondern die übergeordneten Unternehmungsinteressen letztlich ausschlaggebend sein müssen. So stellt die Betriebswirtschaft als Ganzes den höheren Wert dar. Die Identifikation des einzelnen Mitarbeiters mit den Zielen des übergeordneten Systems (Betriebswirtschaft) sollte nach Korndörfer das „Endziel moderner Personalführung" (Korndörfer, W. – 1976, S. 178 – im Original fett gedruckt) sein. Zu diesem Ziel kann der kooperative Führungsstil führen, wenn dieser „eine von Einsicht und Verantwortung getragene Mitwirkung am Funktionsvollzug" (Korndörfer, W. – 1976, S. 192 – im Original fett gedruckt und unterstrichen) beinhaltet.

Zusammenfassung

Ein System setzt sich aus Elementen zusammen, die miteinander verbunden sind. Die Komplexität von Systemen besteht in der Vielfalt der Verbindungen (Beziehungen) zwischen den Elementen. Sie wird als Varietät (V) bezeichnet:

$$V = m \cdot \frac{n \cdot (n - 1)}{2}$$

m = Anzahl verschiedener Beziehungen zwischen den Elementen

n = Anzahl der Elemente

Der Formel für die Varietät liegt die Vorstellung einer Systemstruktur zugrunde, bei der

- jedes Element *direkt* (und — ohnehin auch — indirekt) mit *allen* übrigen Elementen verbunden ist,
- die *Art* der Beziehungen (Verbindungen) zwischen den Elementen (m) jeweils als *gleich* stark ausgeprägt angenommen wird.

Wenn auch in Wirklichkeit diese Bedingungen nur *ausnahmsweise* vollständig anzutreffen sind, so kann doch ein reales System an diesem gedanklichen Modell gemessen werden: Über je mehr Elemente ein System verfügt, umso mehr *mögliche* Verbindungen (Beziehungen) zwischen den Elementen. Da *alle* Verbindungen von jedem einzelnen Element zu allen übrigen Elementen *nicht* benötigt werden bzw. vielfach *unsinnig* sind, geht die Überlegung der Praxis dahin, die Varietät abzubauen und in vernünftigen Grenzen zu halten.

Das *zentrale* Interesse dieses Buches erheischt das System Betriebswirtschaft mit seinen Untersystemen, dem

- Sozialsystem
- EDV-System
- Informationssystem.

Träger („Elemente") des Sozialsystems sind nach *Selbstverwirklichung* strebende Personen. Zwischen der Person und den *Mitmenschen*, zwischen Individuum und Kollektiv, besteht ein *polares* Spannungsverhältnis. Der einzelne kann nicht isoliert, sondern immer nur als Glied eines Sozialsystems seine Wirksamkeit entfalten. Diese *fundamentale* Einsicht erhellt die Bedeutung des betriebswirtschaftlichen Sozialsystems und der sozialen Zusammenhänge für das betriebswirtschaftliche Geschehen. Dem einzelnen ist eine soziale *Rolle* auferlegt, d. h. es wird eine bestimmte Verhaltensweise von seinen Mitmenschen erwartet. So gesehen ist das betriebswirtschaftliche Sozialsystem als ein *Wirkungsgefüge* sozialer Rollen zu betrachten, in das eingegriffen wird, wenn *Systemänderungen* (z. B. organisatorische Umstellungen für den EDV-Einsatz) durchgeführt werden.

Wichtig sind kleinere Sozialsysteme wie Gruppen, insbesondere *Klein*gruppen. Hierbei handelt es sich um den Zusammenschluß von (meistens) nur *wenigen* Personen, die sich die Lösung gemeinsamer Aufgabenstellungen (die allerdings in kleinere Teilaufgaben „heruntergebrochen" werden können) zum Ziel gesetzt haben. Die Leistungsvorteile der Gruppe treten daher besonders bei *komplexen* Aufgabenstellungen (z. B. Entwicklung eines EDV-gestützten Informationssystems) zutage. Hier wirken sich — ein gutes Funktionieren der Gruppenarbeit vorausgesetzt — nicht nur die Vorteile der *Arbeitsteilung* aus, sondern eine gesteigerte „Gruppenintelligenz" — wenn man das Zusammenwirken der individuellen geistigen Kräfte und Fähigkeiten so bezeichnen darf — ermöglicht darüber hinaus *verbesserte* Ergebnisse bei Aufgabenstellungen, wie Beurteilen und Bewerten, Problemlösen usw.

Die Nachteile liegen sowohl — wie allgemein bekannt — in einer gewissen *Schwerfälligkeit* des Entscheidungsprozesses, der günstigenfalls durch die *Qualität* der Entscheidungen aufgewogen wird, als auch in einem mehr oder weniger starken *Konformitätsdruck* und einer möglichen *Risikoneigung* der Gruppe. Diese Nachteile können durch eine geschickte Gruppenleitung (Führung) wenn nicht vermieden, so doch beträchtlich *gemildert* werden, um die Vorteile besser zur Geltung kommen zu lassen.

Übungsfragen zum Ersten Kapitel

1. Was ist ein System?
2. Wie mißt man die Systemvarietät?
3. Nenne die wichtigsten Teilsysteme des Systems „Betriebswirtschaft".
4. Inwiefern erfüllen Informationen eine betriebswirtschaftliche Steuerungsfunktion?
5. Worin besteht das polare Spannungsverhältnis zwischen dem einzelnen und seiner Gruppe?
6. Weshalb kann die soziale Rolle für organisatorische Änderungen von Bedeutung sein?
7. Welcher Art können die sozialen Beziehungen zwischen den in der Betriebswirtschaft tätigen Personen sein?
8. Welche Eigenschaften (Merkmale) kennzeichnen das Sozialsystem „Gruppe"?
9. Welchen Zweck erfüllt das Leitsystem (die Führung) der Gruppe?
10. Erläutere anhand der Leistungsvorteile der Gruppe gegenüber dem Individuum, daß „das Ganze mehr als die Summe seiner Teile" sein kann.
11. Weshalb besteht meist ein unauflösbarer Widerspruch zwischen der Forderung nach Unabhängigkeit des Sachverständigen und den tatsächlichen Gegebenheiten bei der Beurteilung bzw. Bewertung eines EDV-Organisationsprojekts?
12. Wie sind informelle Gruppen zu beurteilen?

Literatur zum Ersten Kapitel

Cooley, Ch. H.: "Social Organization — A Study of the Larger Mind", New York 1909.
Dahrendorf, R.: „Industrie- und Betriebssoziologie", Sammlung Göschen Bd. 103, 1956.
Hofstätter, P. R.: „Gruppendynamik", Mai 1971.
Hofstätter, P. R.: „Zur Dialektik der Gruppenleistung", Kölner Zeitschrift für Soziologie und Sozialpsychologie 8/1956, S. 608—622.
Korndörfer, W.: „Unternehmensführungslehre", 1976.
Lindemann, P.: „Unternehmensführung und Wirtschaftskybernetik", 1970.
Mills, Th. M.: „Soziologie der Gruppe", 1969.
Türk, K.: „Gruppenentscheidungen", Zeitschrift für Betriebswirtschaft, Jg. 1973, Nr. 4, S. 295 ff.
Ulrich, H.: „Die Unternehmung als produktives soziales System", 2. Aufl. 1970.
Vershofen, W.: „Wirtschaft als Schicksal und Aufgabe", 2. Aufl. 1950.
Wiedemann, H.: „Das Unternehmen in der Evolution", 1971.

46

Wiedemann, H.: „Mitarbeiter weiterbilden", 1975.

Wiese, L. von: „SOZIOLOGIE Geschichte und Hauptprobleme", Sammlung Göschen, Bd. 101, 4. Aufl. 1950.

Wiese, L. von: „Der Mensch als Mitmensch", 1964.

Wilhelm, Th.: „Wenn Gott als Gruppe kommt", Frankfurter Allgemeine Zeitung vom 12. 11. 1975, S. 9.

Zweites Kapitel:
Informationen und betriebswirtschaftliche Daten

Lehr- und Lernziele

Das zweite Kapitel behandelt einige wichtige, vor allem kybernetische Grundbegriffe der betriebswirtschaftlichen Datenverarbeitung, nämlich

    (1) Informationen,
    (2) Kommunikationen,
    (3) Begriffe und Daten.

Der Leser soll

(1) – das mathematische Maß für die Information verstehen,
     – die ausschlaggebende Bedeutung der subjektiven Information für die betriebswirtschaftliche Praxis erkennen,
(2) – den kybernetischen Regelkreis der Kommunikation verstehen,
     – den kybernetischen Regelkreis überhaupt als wichtiges allgemeines, fächerübergreifendes Prinzip erkennen, das in der betriebswirtschaftlichen Praxis zweckvoll genutzt werden muß,
(3) – nicht nur (sauber definierte und abgegrenzte) Begriffe als Mittel der rationellen Informationsübertragung „begreifen", sondern als wichtige Voraussetzung für die Definition von Daten,
     – die betriebswirtschaftlichen Elementarbegriffe und die ihnen entsprechenden Grunddaten kennen lernen.

I. Die Grundlage: Die „neue" Kategorie der Information

A. Das mathematische Maß für die Information

1. Der Informationsbegriff

Die *Information* wird — abgesehen von ihrem *Mitteilungscharakter* — begrifflich dadurch bestimmt, daß ihr ein *Neuigkeitswert* zukommen sollte (ähnlich Schulz, A. — 1970, S. 13 ff.).

2. Die Umkehrung der mathematischen Wahrscheinlichkeit

Stellen wir uns beispielsweise ein Würfelspiel vor, so ist die Wahrscheinlichkeit „p", eine bestimmte von 6 möglichen Punktzahlen zu würfeln, in jedem einzelnen Falle

$$p \; = \; \frac{1 \;\text{(Zahl der günstigen Fälle)}}{6 \;\text{(Zahl der möglichen Fälle)}}.$$

Umgekehrt ist die inverse Wahrscheinlichkeit (so möchten wir die Umkehrung dieser Formel nennen), daß eine *bestimmte* Punktzahl gewürfelt wird, von vornherein durch das Verhältnis der möglichen zu den günstigen Fällen bestimmt. Darin liegt aber der *Neuigkeitswert* einer Information.

Mathematisch ausgedrückt ist das die *reziproke Wahrscheinlichkeit*:

$$\frac{\text{Mögliche (vorkommende) Fälle}}{\text{Interessierende Ereignisfälle}} \; = \; \frac{1}{p} \; = \; \frac{\text{Zahl der möglichen Fälle}}{\text{Zahl der günstigen Fälle}}.$$

3. Der Informationsgehalt

In der mathematischen Informationstheorie (Shannon 1948) wird der *Informationsgehalt* einer Nachricht durch den 2-er Logarithmus (1d = „logarithmus dualis") der reziproken Wahrscheinlichkeit für das Eintreffen eines bestimmten Ereignisses festgelegt:

$$I \; = \; \text{ld} \; \frac{1}{p} \quad (\text{in } bit^{[1]}).$$

Da das Logarithmieren mathematisch gesehen eine Umkehrung des Potenzierens ist, beginnt die Reihe der 20er Logarithmen wie folgt:

2-er Potenz	2^0	2^1	2^2	2^3	2^4	2^5	2^6	2^7	2^8
Zahlenwert	1	2	4	8	16	32	64	128	256
2-er Logarithmus (ld)⁻	0	1	2	3	4	5	6	7	8

Für das Würfelbeispiel beträgt der Informationsgehalt

$$I \; = \; \text{ld } 6,$$

der Zahlenwert 6 liegt zwischen 4 und 8 — also muß der ld-Wert und damit auch I zwischen 2 und 3 liegen (tatsächlich ist ld 6 = 2,6).

---

1 Steht für "basic indissolluble information unit".

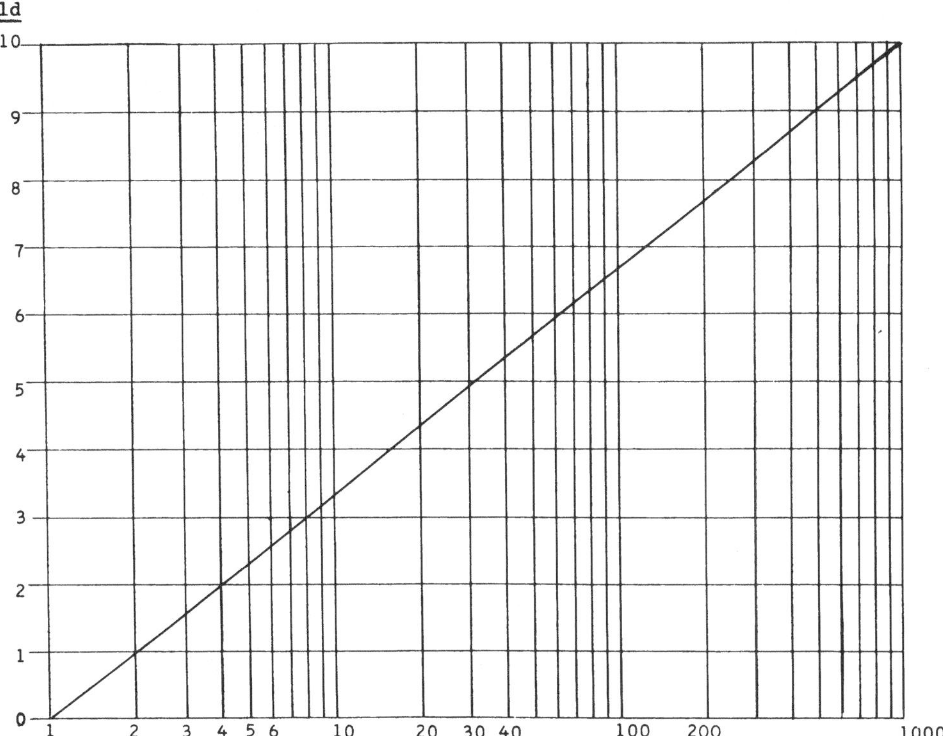

Abb. 6: Graphische Darstellung ld 0—10 und Zahlenwerte im logarithmischen Maßstab

Für das Auftreten einer bestimmten Zahl zwischen 0 und 9 beträgt

$$I = \text{ld } 10 \text{ (10 mögliche Fälle!)},$$

also liegt I zwischen 3 und 4 (genau 3,32 bit), für das Auftreten eines bestimmten Buchstabens in einem Text (läßt man die unterschiedliche Auftretenshäufigkeit der einzelnen Buchstaben außer acht), ist

$$I = \text{ld } 26 \text{ (26 Buchstaben des lateinischen Alphabets!)}$$
$$= 4{,}7 \text{ bit},$$

liegt also zwischen den 2-er Logarithmen 4 und 5.

4. Verlauf des 2-er Logarithmus als Ausdruck des Informationsgehalts

Wir haben den Zahlenwert des 2-er Logarithmus in zwei Abbildungen dargestellt:

- einmal als „Gerade" (Diagonale) auf logarithmischem Maßstab (Abbildung 6)
- zum andern als Kurve der Funktion $y = 2^x$ (Abbildung 7).

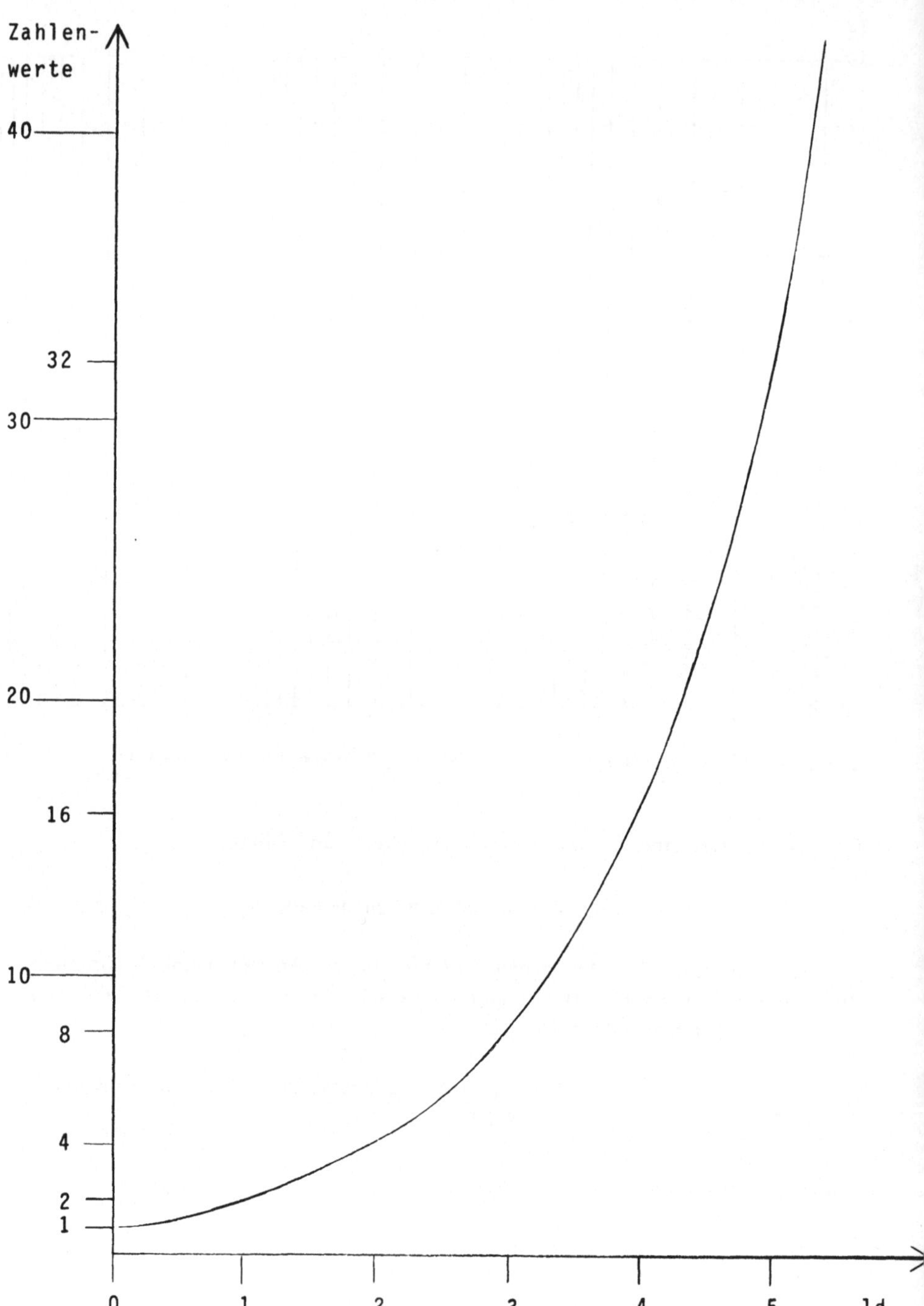

Abb. 7: Funktion des 2-er Logarithmus ($y = 2^x$)

In der kurvenmäßigen Darstellung kommt u. E. besser als durch den (üblichen) logarithmischen Maßstab zum Ausdruck, daß der ld (Informationsgehalt) mit *niedrigen Zahlenwerten* (Häufigkeiten) verhältnismäßig schnell zunimmt, bei höheren Zahlenwerten (ab ld 5) jedoch nur noch langsam steigt (man muß die Kurve längsseitig von rechts nach links lesen).

Wie aus der Darstellung im logarithmischen Maßstab ersichtlich, ist der Zahlenwert 1 000 bereits für den ld 10 überschritten (im Kopf nachzurechnen: ld 10 = 1 024). Das entspricht der Wahrscheinlichkeit für das Eintreffen einer Nachricht von $\frac{1}{1\,000}$ (bzw. genau: $\frac{1}{1\,024}$).

Andererseits ist der ld 0 dann gegeben, wenn die

$$\frac{\text{Anzahl der interessierenden Ereignisfälle}}{\text{Anzahl der möglichen (vorkommenden) Fälle}} = \frac{1}{1}$$

(u. U. gekürzt!) ist, d. h. wenn die interessierenden (relevanten) Ereignisfälle mit den möglichen Fällen zahlenmäßig übereinstimmen. Denn der *reziproke Zahlenwert der Wahrscheinlichkeit*, von dem aus wir den *Informationsgehalt* einer Nachricht rechnerisch oder graphisch ermitteln können, ist dann ebenfalls $\frac{1}{1}$ = 1 und der ld 1 = 0.

Was bedeutet das in der betriebswirtschaftlichen Praxis? Ein einfaches Beispiel soll diesen Tatbestand erläutern: In jedem Jahre werden vom Finanzamt die Vordrucke für die Einkommensteuer-Erklärung versandt. Es steht mit *Sicherheit* zu erwarten, daß die Steuererklärungsvordrucke bei der Betriebswirtschaft einlangen, falls nicht seltene (aber immerhin denkbare) Umstände dies verhindern, wie z. B. wenn das Finanzamt die Adressen der Steuerpflichtigen von einer EDV-Anlage schreiben läßt und das (von Menschen entwickelte) Programm die Anschriften fehlerhaft ausgibt oder eine Betriebswirtschaft umgezogen ist ohne den Standortwechsel dem Finanzamt rechtzeitig anzuzeigen u. ä. m. Sehen wir einmal von diesen außergewöhnlichen Vorfällen ab, so kann man z. B. auf Grund der Erfahrungen der letzten 20 Jahre mit Bestimmtheit sagen[2], daß 20 mögliche Ereignisfälle bezüglich des Eingangs oder Nichteingangs der Vordrucke für die Steuererklärungen vorliegen, davon sind alle 20 relevant, weil sie in allen 20 Fällen während der vergangenen Jahre tatsächlich eingegangen sind. Der Zahlenwert der reziproken Wahrscheinlichkeit beträgt 1 (= $\frac{20}{20}$);

Daher ist mit *Sicherheit* (also weder mit Wahrscheinlichkeit noch mit Unwahrscheinlichkeit!) auch im nächsten Jahr eine entsprechende Postsendung des Finanzamts zu erwarten. Aus dem Grunde haftet dem Eingang dieser Vordrucke *keinerlei Neuigkeitswert* mehr an, der Informationsgehalt ist somit (ld 1 =) 0.

Zur weiteren Verdeutlichung läßt sich dieser Tatbestand mengentheoretisch in folgender Form präzisieren:

---

2 Man braucht es eigentlich gar nicht mehr näher zu untersuchen, weil es *von vornherein* feststeht, daß die Vordrucke in jedem Jahre versandt werden — aber wir möchten hier die Formel für den *mathematischen Informationsgehalt* verdeutlichen.

Da die Menge der *relevanten Fälle* („R" — im Gegensatz zur Menge der *irrelevanten Fälle:* „I") normalerweise eine *Teilmenge* der Menge der *möglichen Fälle* („M") ist, sind diese beiden Mengen dann *identisch:*

$$R \subset M \qquad (\text{wenn } R < M)$$

und

$$R \cup I = M$$

Wenn aber

$$R = M$$

dann ist

$$R \cap M = M = R \qquad (\text{„Idempotenz"})$$

und

$$R \cup M = M = R$$

Weil die Zahl der relevanten Fälle, an deren Eintreffen Interesse besteht, zahlenmäßig vollständig mit den überhaupt möglichen Ereignissen übereinstimmt, ist das Eintreffen des Ereignisses weder wahrscheinlich noch unwahrscheinlich sondern *unzweifelhaft.* Man kann sich — weil *sicher* damit gerechnet werden muß — darauf *einstellen.* Größere Schwierigkeiten bereiten der betriebswirtschaftlichen Praxis allerdings die vielen (Normal-)Fälle, bei denen die Zahl der relevanten geringer als die Menge der möglichen Ereignisse *angenommen* werden muß (denn genau lassen sich die Vorgänge meistens nicht mit Zahlen belegen). Die moderne betriebswirtschaftliche Entscheidungstheorie spricht von „Entscheidungen unter Risiko" (wenn Zahlenangaben für die Messung des Risikos vorhanden sind) bzw. von „Entscheidungen unter Unsicherheit" (keine Zahlen sind verfügbar, um das Risiko zu messen).

B. Die subjektive Information

Hat die mathematische Informationstheorie praktische Bedeutung vor allem für die Rechnertechnik gewonnen, so ist sie sicher nicht in gleichem Maße im betriebswirtschaftlichen Bereich von Interesse, weil exakte Zahlenangaben für die Messung und Berechnung nur selten verfügbar sein dürften. Wohl aber erweisen sich auch hier die grundsätzlichen informationstheoretischen Überlegungen als nützlich.
Wichtiger noch ist der Begriff der *subjektiven Information,* die insbesondere Felix von Cube (1965, S. 84 ff.) und H. Weltner (1970, S. 229 ff.) im Zusammenhang mit der *kybernetischen Pädagogik* (H. Frank/B. S. Meder — 1971) untersucht haben.
Bei der in Abschnitt I. A. 3. dieses Kapitels erwähnten SHANNONschen Formel
$I = \mathrm{ld}\,\dfrac{1}{p}$ als objektives Maß für den Informationsgehalt wurde stillschweigend davon ausgegangen, daß sowohl bei den *Sendern* als auch bei den *Empfängern* einer Information gleiche Bedingungen und Voraussetzungen für das Verständnis einer Nachricht gegeben sind. Beim Würfelspiel hätte z. B. die Nachricht, daß eine 6 gefallen wäre, für alle Spielteilnehmer den gleichen Informationsgehalt von 2,6 bit. Denn es mußte allen Spielteilnehmern vorher bereits bekannt sein, daß *eine* von (nur) sechs Möglichkeiten offen war — welche Zahl dann tatsächlich fiel, war für alle vorher ungewiß. Das ist die Ausgangssituation eines *reinen* Glücksspiels.

Man geht nicht nur beim Würfelspiel, sondern bei allen Anwendungen der SHAN-NONschen Formel insbesondere (implizit) davon aus, daß die *Sender* und die *Empfänger* einer Nachricht u. a. den *gleichen Vorkenntnisstand* haben. Schon diese Voraussetzung ist in der Wirtschaftspraxis nur den seltensten Fällen gegeben. Tatsächlich verhält es sich doch so, daß der *Informationsgehalt* einer Nachricht (vor allem einer Textinformation) „in entscheidender Weise auch" von den auf „Bedeutungen ausgerichteten Erwartungen des Empfängers abhängig" (K. Weltner – 1970, S. 229 ff.) ist – und in dieser Hinsicht bestehen erhebliche Unterschiede zwischen den Informationsempfängern, wie die Erfahrung lehrt.

Es kommt also darauf an, *wieviel* der Empfänger bereits von der Sache und von der Sprache (bekanntlich verbessert sich der sprachliche Ausdruck, je mehr man mit einer Sache vertraut ist!) *versteht.* Es ist aber nicht nur das *Informationsgefälle*, wie wir diesen von Mensch zu Mensch unterschiedlichen Informationsstand nennen möchten, auf den eine neue Information trifft, sondern auch die *Motivation* sowie die *Strukturierung* und *Ausbildung* der *Intelligenz* auf Seiten des Empfängers, der sich mit der Nachricht auseinandersetzt, sie verarbeitet, um ihre Bedeutung zu ergründen, was sich mit dem Begriff der subjekiven Information verbindet. Ihr gegenüber steht die objektive, die Information, welche man vermitteln möchte. Der Informationsempfänger nimmt mehr oder weniger von der objektiven Information (unter der man den – leider im allgemeinen nicht meßbaren – *Neuigkeitswert* versteht) auf. Dieser Lernprozeß kann solange anhalten, bis die objektive Information vollständig erschlossen ist, d. h. der Empfänger die Nachricht restlos verstanden hat (didaktische bzw. *instruktive Transinformation* lt. K. H. Stahl – 1971, S. 124 ff.).

So ist die *vermittelte Information* immer eine subjektive Information, die schnell oder langsam vom einen oder anderen Informationsempfänger aufgenommen werden kann. Dieser *Informationszuwachs* ist abhängig vom *Verständnisvermögen* (im weitesten Sinne) des einzelnen. Wenn auch das Problem der subjektiven Information nicht restlos aufgeklärt und erschlossen sein dürfte, erhellt sich daraus schon die Bedeutung der Schulung betriebswirtschaftlich relevanter Wissensgebiete sowie die *Ausbildung* benötigter geistiger Fähigkeiten, damit der Mitarbeiter in die Lage versetzt wird, das betriebswirtschaftliche Informationssystem mit bestem Nutzen einzusetzen.

Den oben dargelegten Schwierigkeiten Rechnung tragend, bieten z. B. moderne Informationssysteme *Lernhilfen* ("help"-Befehl), um dem Benutzer an der Datenstation, der während eines Dialogs nicht weiterkommt, durch sachdienliche Informationen und Hinweise weiterzuhelfen.

II. Der kybernetische Regelkreis der Kommunikation

A. Subjektive Information und Kommunikation

Der Begriff der subjektiven Information leitet bereits über zu dem ebenfalls wichtigen der *Kommunikation.* Darunter versteht man die *Übertragung* und den *Austausch* von *Informationen* (Flechner, H. J. – 1970, S. 12 ff.) zwischen mindestens zwei *Informationsverarbeitern*, die als *Sender* und *Empfänger* bezeichnet werden. Dabei wird es sich hauptsächlich um Menschen, es kann sich aber auch Maschinen, z. B. EDV-Systeme und ihre peripheren Einheiten, handeln. Wichtig ist hierfür, daß alle an einer Kommunikation beteiligten Partner eine *gemeinsame Sprache* — im wörtlichen und übertragenen Sinne — sprechen und verstehen (F. v. Cube — 1965, S. 85). Daher der Bezug auf den Begriff der subjektiven Information, die ja u. a. vom Verständnisvermögen des Informationsempfängers abhängt.

B. Der kybernetische Regelkreis

1. Der Regelkreis der Kommunikation

Aus diesem Grunde das Erfordernis der *Rückinformation*, d. h. der Bestätigung durch den Empfänger, daß die Information richtig (oder verstümmelt oder wie auch immer) angekommen ist. Allgemein kann man hier von einem *kybernetischen Regelkreis* sprechen. Die Abbildung 8 zeigt schematisch oben die Informationsübertragung in Richtung Sender → Empfänger. Der unterste Pfeil ist gegenläufig (Sender ← Empfänger) und bedeutet die sogenannte „*Rückkoppelung*" (auch "feedback" genannt), ein Begriff aus der Nachrichtentechnik, dessen Bedeutung sich dort auf die Regelung technischer Prozesse bezieht.

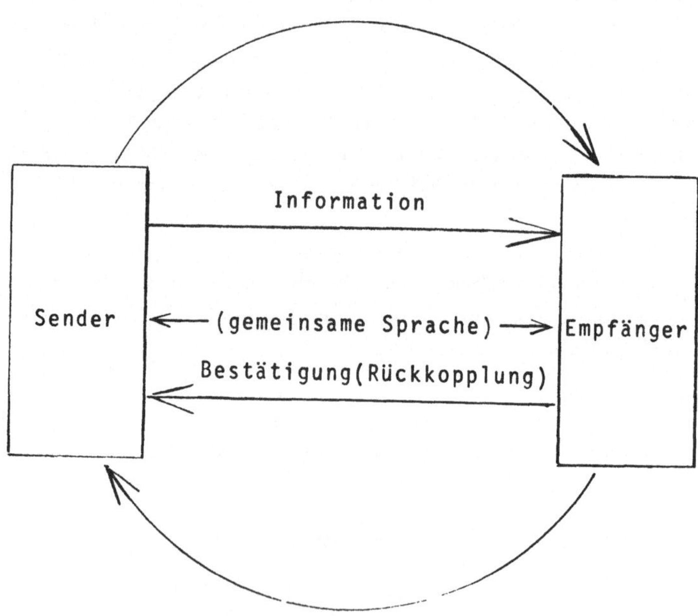

Abb. 8: Regelkreis der Kommunikation

2. Die Steuerung

Da der kybernetische Regelkreis — ein Begriff, dem wir hier zum ersten Male begegnet sind — uns noch öfter im Verlauf dieses Buches beschäftigen wird, möchten wir näher auf die Zusammenhänge eingehen.

Auszugehen ist vom Begriff der *Steuerung*. Hier handelt es sich darum, daß eine *Steuergröße* festgelegt ist, deren *Einhaltung angestrebt* wird. Durch Soll-Ist-Vergleiche kann nach einiger Zeit festgestellt werden, ob die *Zielwerte* tatsächlich *erreicht* wurden — wenn nicht, müssen *korrektive Maßnahmen* eingreifen. Falls auch dies nicht zum Erfolg führt, ist die *Steuergröße* (Führungsgröße) *neu festzulegen*. Diese Maßnahmen können jedoch immer erst im *nachhinein* getroffen werden.

Dies ist nicht nur ein navigatorisches Problem, das den Steuermann eines Schiffes zu Kursänderungen zwingen kann, wenn die Lage es erfordert, sondern auch in der betriebswirtschaftlichen Praxis von nicht unerheblicher Bedeutung. Wenn etwa — wie nicht selten — der Finanzplan für eine kleine Betriebswirtschaft (wenn überhaupt geplant wird) der einzige Plan ist und Anfang des Jahres für die folgenden 12 Monate wie das Steuer eines Schiffes festgestellt worden ist, so können sich unvorhergesehene Absatzschwankungen auf die Einnahmen und Ausgaben auswirken, z. B. wenn nicht so viel verkauft wird wie erwartet und trotzdem entsprechend den ursprünglichen Dispositionen eingekauft worden ist. Dann wird zuviel auf Lager genommen und der Finanzbedarf wächst. Die *Steuergröße Finanzbedarf* muß *nachträglich* angepaßt werden (etwa durch Überziehung des Bank-Girokontos), was zusätzliche Finanzierungskosten verursachen kann und u. U. auch Ertragseinbußen, weil z. B. Räumungsverkäufe zu erheblich niedrigeren Verkaufspreisen durchgeführt werden müssen. — Wesentlich ist, daß die *Steuerung* verhältnismäßig *starr* den Betriebsablauf festlegt — in unserem Beispielsfalle die Einkäufe und den Finanzbedarf — und sich erst *nachträglich* anpassen läßt. Die *Problematik* liegt für die betriebswirtschaftliche Praxis darin, daß *unvorhersehbare Störungen Abweichungen* von der (Plan-)Führungsgröße zur Folge haben. Werden sie bei der Planung nicht berücksichtigt, so sind die Zielgrößen nicht einzuhalten. Bezieht man dagegen alle Eventualitäten bei der Festlegung der Zielgröße mit ein, so wird sie u. U. überschritten und verursacht zusätzliche Kosten.

3. Die Regelung

Anders dagegen die Regelung! Sie ist nach DIN 19226 (Mai 1968 — S. 3, Ziffer 1.3) wie folgt definiert:

„Das *Regeln* — die *Regelung* — ist ein Vorgang, bei dem eine Größe . . ., die zu regelnde Größe (Regelgröße . . .), fortlaufend erfaßt, mit einer anderen Größe, der Führungsgröße . . ., verglichen und abhängig vom Ergebnis dieses Vergleichs im Sinne einer Angleichung an die Führungsgröße beeinflußt wird. Der sich dabei ergebende Wirkungsablauf findet in einem geschlossenen Kreis, dem Regelkreis . . ., statt.
Die Regelung hat die Aufgabe, trotz störender Einflüsse den Wert der Regelgröße an den durch die Führungsgröße vorgegebenen Wert anzugleichen, auch wenn dieser Angleich im Rahmen gegebener Möglichkeiten nur unvollkommen geschieht . . .“

Und an späterer Stelle des gleichen DIN-Normblattes 19226 (Mai 1968 — S. 7, Ziffer 3.5) wird die Rückkopplung definiert:

„Der in Kreisstrukturen . . . vom Ausgang . . . zum Eingang . . . hin zurückführende Signalfluß wird *Rückführung* oder *Rückkopplung* genannt . . .“

Die Abbildung 9 veranschaulicht alle Begriffe, die in dem zitierten Text der DIN-Norm 19226 erwähnt wurden. Obwohl sich die Dinge bei technischen Zusammenhängen anders verhalten als im zwischenmenschlich-sozialen Bereich, so kann man doch im übertragenen Sinne beim *Kommunikationsprozeß* und bei nicht wenigen *Informations-* bzw. *wirtschafts-/sozialwissenschaftlichen Vorgängen* von Führungsgrößen, Regelgrößen, Rückkopplung, Regelkreis usw. sprechen und *echte Analogien* finden.
Wir haben diesen Vorgang auch in der Abbildung 10 anschaulich dargestellt, um am Beispiel der allgemeinen Funktionsweise (ohne auf technische Details einzugehen!) eines Thermostatreglers das Prinzip der technischen Regelung zu erklären.

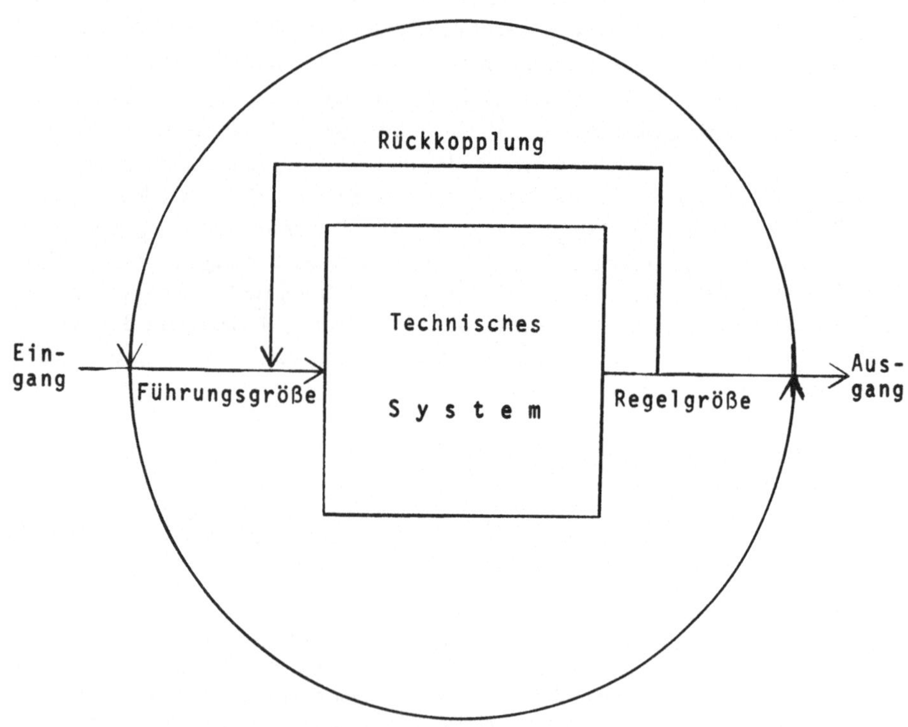

Abb. 9:   Technischer Regelkreis

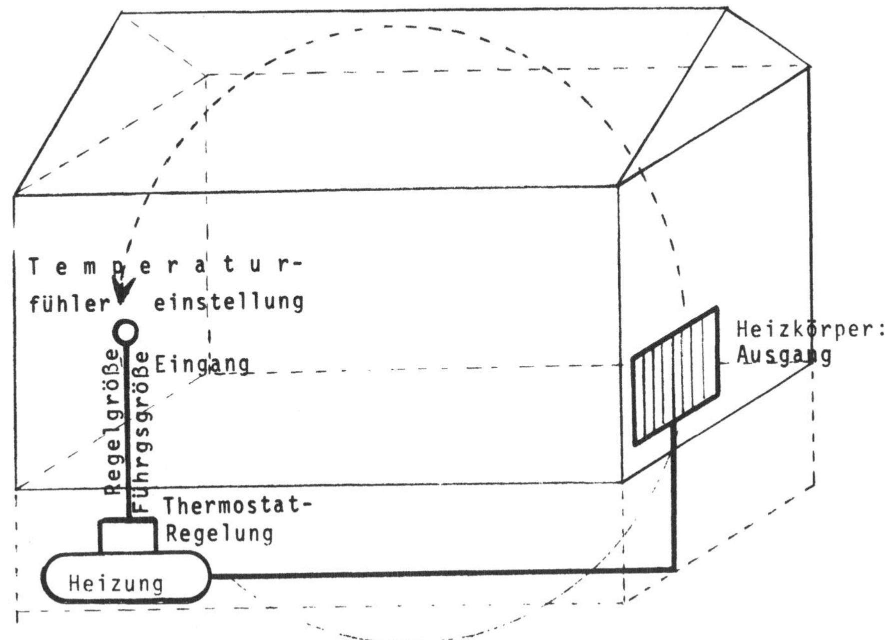

Abb. 10: Wirkungsablauf des Regelkreises
(schematisch dargestellt an einem Heizungssystem)

Die Regelgröße ist in unserem Falle die vom Thermostaten (Temperaturfühler) gemessene Temperatur – die Führungsgröße, nämlich die gewünschte Zimmertemperatur, wird am Thermostaten eingestellt und vom Regler (Thermostat Regelung) mit der gemessenen Temperatur verglichen. Ist die vom Thermostaten gemessene niedriger als die eingestellte Temperatur, wird über den Regler an der Heizung mehr Brennstoff zugeführt, das Wasser wird stärker erhitzt, steigt in die Heizkörper und strahlt mehr Wärme aus. Die Zimmertemperatur steigt, der Thermostat meldet die erhöhte Regelgröße an den Regler – dieser Vorgang ist die Rückkoppelung. Sobald die Führungsgröße erreicht ist, wird die Brennstoffzufuhr auf ein normales Maß zurückgeführt. Dieser Vorgang wiederholt sich, sobald die Temperatur absinkt.
Dieses allgemeingültige Prinzip des Regelkreises ist seit 1940 von H. Schmidt („Allgemeine Regelungskunde") erkannt worden. Norbert *Wiener* hat 1947 (zunächst in Unkenntnis der Arbeiten H. Schmidts) die neue Wissenschaft „Kybernetik" aus der Taufe gehoben (Flechner, H. J. – 1970, S. 6 ff.) und einer breiteren (Welt-)Öffentlichkeit bekannt gemacht. Es zeigte sich bald, daß der kybernetische Regelkreis nicht nur innerhalb der Technik von großer Bedeutung ist, sondern auch in anderen Bereichen (wie z. B. der Wirtschafts- und Sozialwissenschaften und der Pädagogik). Allerdings ist die Übertragung dieses auf so viele Wissensgebiete bezüglichen Prinzips nur in einem allgemeineren Sinne möglich, wie es z. B. beim Kommunikationsprozeß aufgezeigt werden kann. Hier ist der kybernetische Regelkreis, der Wirkungsablauf, dadurch gegeben, daß einmal Informationen vom Sender an den Empfänger übermittelt werden und abhängig von der Rückinformation, der Bestätigung der In-

formation (Rückkopplung) richtigstellende bzw. ergänzende Informationen „nachgesendet" werden können, solange bis die vom Sender beabsichtigte Information (Führungsgröße) übermittelt ist. Dieser grundlegende Sachverhalt der Kommunikation (auch die gemeinsame „Sprache", die sowohl vom Sender als auch vom Empfänger verstanden werden muß) — er ist auf der Abbildung 8 dargestellt — ist von grundlegender Bedeutung für alle betriebswirtschaftlichen Informationssysteme.

C. Die Bedeutung des kybernetischen Regelkreises in der betriebswirtschaftlichen Praxis

So liegt der besondere Wert des — nach wie vor für nicht wenige Zwecke unentbehrlichen — *persönlichen Gesprächs* in der unmittelbaren — wörtlich und mimisch ausgedrückten — *Reaktion* des *Gesprächspartners*. Diese Art *sozialer Interaktion* — hier treten die zwischenmenschlichen anziehenden und abstoßenden Kräfte offener zutage als bei anderen Kommunikationsformen — dient oft der *Wahrheitsfindung* und der verbesserten Kommunikation.

Aber auch bei der schriftlichen Kommunikation ist der kybernetische Regelkreis von Bedeutung. Man wartet darauf, wie ein Brief aufgenommen worden ist, um gegebenenfalls noch ergänzende Informationen hinterher mitteilen zu können.

Es ist daher nur folgerichtig, daß auch bei der *Datenfernverarbeitung* Kontrollsignale zwischen den Steuereinheiten hin- und hergeschickt werden, um eine einwandfreie Nachrichtenverbindung und -übertragung sicherzustellen.

III. Die Begriffsbildung

A. Bedeutung und Definition

Nicht nur beim kommunikativen Informationsaustausch, sondern auch z. B. bei der Speicherung der Daten in einer Datenbank geht man grundsätzlich von *Begriffen* aus. So wie Begriffe überhaupt den Erkenntnisprozeß erst ermöglichen, weil wir ihnen Anschauungen zuordnen können, muß umgekehrt die Wissensspeicherung über Begriffe erfolgen, die dann als „geronnene Erkenntnis" eine fest umrissene (begriffliche) Form erhalten. Im Gegensatz zur Statistik und zum Rechnungswesen können in einer Datenbank sowohl reine *Qualitätsbegriffe* (nur Worte, keine Zahlenangaben!) als auch *Quantitätsbegriffe* (Zahlenangaben) gespeichert werden. So kann man in einer Datenbank sowohl rein *textliche* Informationen, z. B. Montagevorschriften in Arbeitsplänen (Qualitätsbegriffe), als auch Zahlenangaben, wie Personalzahlen, Umsatzmengen u. a. m. festhalten.

60

Die Informationen werden also in *Begriffe* gefaßt. Begriff ist alles, was man wahrnehmen, denken *und* aussprechen kann. Es handelt sich dabei um gedankliche *Vorstellungen* mehr oder weniger *allgemeiner* (abstrakter) Natur, denen *sprachliche* Ausdrücke entsprechen. Goethe läßt seinen Schüler sagen (Faust I. Teil, Schülerszene):

„Doch ein Begriff muß bei dem Worte sein"

(Uns interessiert die Umkehrung dieser Feststellung: Ein Wort gehört zu einem Begriff!)

B. Begriffssysteme

Begriffe sind durch ihren Inhalt und Umfang gekennzeichnet. Der *Begriffsinhalt* besteht aus den *Merkmalen*, die ihn bestimmen. Der *Umfang eines Begriffs* ist davon abhängig, wieviele Arten (bzw. *Unterbegriffe*) ihm zugeordnet werden können. Nehmen wir ein Begriffssystem, wie Linnés Pflanzensystem:

Gesamtheit:	1	Pflanzenwelt	— Flora
Hauptbereich:	11	Blütengewächse	— Phanerogamen
Einzelbereich:	111	Zwitterblütler	
	112	Eingeschlechtliche Blüten	
Klasse:	1121	Einhäusige Pflanzen	— Monoecia
	°	(Klasse XXI nach Linné)	
Ordnung:	11211	mit 1 Staubgefäß	— Monandria
	°		
	°		
	11215	mit $>$ 4 Staubgefäßen	— Polyandria
Familie: :	112151	Walnußbäume	— Juglandum
	°		
	°		
	112154	Weißbuchenbäume	— Carpineen
Gattung:	1121541	Weißbuchen	— Carpinus
	°		
	°		
	1121543	Haselnußsträucher	— Corylus
	°		
Art:	11215431	Gemeiner Haselnußstrauch	— Corylus Avellana Linn.

Der Oberbegriff 1 „Pflanzenwelt" umfaßt alle Pflanzen, gleich ob sie Blüten tragen oder blütenlos sind. Die Blütengewächse 11 tragen Staubgefäße und/oder Stempel — das sind die meisten Pflanzen. Der Begriff ist sehr weit gefaßt, denn Blüten können z. B. beides besitzen oder aber jeweils nur eines von beiden (Staubgefäße *oder*

Stempel). Sobald wir eine solche Unterscheidung einführen, engen wir den Begriffs-umfang ein. Der Nußbaum ist nun schon ein sehr spezieller Unterbegriff, denn

(1) handelt es sich um ein Blütengewächs,
(2) trägt er eingeschlechtliche Blüten (entweder männlich oder weiblich),
(3) wachsen Blüten mit mehr als 4 Staubgefäßen auf seinem Stamm.

Der Begriffsinhalt ist also durch Merkmale angereichert worden. Die verwendete *Dezimalklassifikation* eignet sich nicht nur besser für die Datenverarbeitung, als z. B. die herkömmliche Klassifikation mit Hilfe von Buchstaben und Zahlenzei-chen, sondern sie veranschaulicht auch den Grad der Abstraktion/Konkretisierung eines Begriffes:
Je mehr Dezimalstellen, umso spezieller (konkreter) der Begriff. Entsprechend mehr Merkmale charakterisieren den Begriff, dessen Umfang dadurch eingeengt wird (weil die Merkmale für immer weniger Arten zutreffen).
Folgende *Begriffshierarchie* stellt das o. e. Pflanzensystem dar:

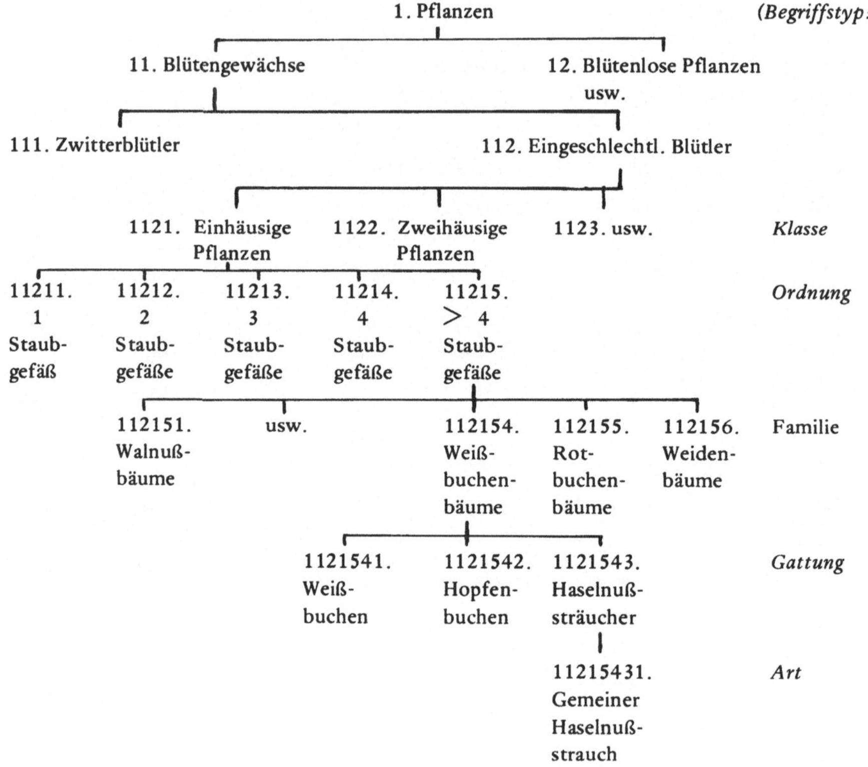

C. Zweck der klaren Begriffsbildung

Weil die Begriffsbestimmung in Linnés Pflanzensystem so klar und eindeutig erfolgt, haben wir es hier — leicht abgewandelt — in seinen Grundzügen dargestellt. Auch wenn wir nicht — wie dieser bedeutende Naturforscher — sein „natürliches" System als identisch mit dem göttlichen Schöpfungsplan ansehen (Autrum, H. — 1970, S. 31 ff.), sondern als ein vom menschlichen Geist (von einem überragenden systematisierenden Forschergeist) ersonnenes (mehr oder weniger) künstliches Begriffssystem, können wir diese originelle wissenschaftliche Leistung nur bewundern. Obgleich die Dinge in der betriebswirtschaftlichen Praxis oft nicht so eindeutig begrifflich klarzustellen sind, weil meistens Interessen und Standpunktfragen mitspielen, kann man sich ein *Begriffssystem betriebswirtschaftlicher Vermögensteile* (unter Liquiditätsgesichtspunkten) wie folgt aufgebaut vorstellen:

1	Vermögensteile (Aktiva)
11	Anlagevermögen (Umschlagszeit 1 Jahr)
111	Dingliches Anlagevermögen
1111	Grundvermögen
11111	Grundstücke
11112	Gebäude und bauliche Einrichtungen
1112	Maschinen und maschinelle Einrichtungen
	usw.
112	Abstraktes Anlagevermögen („Rechte")
1121	Wertpapiere des Anlagevermögens
11211	Aktien, Kuxe usw.
11212	Obligationen, Schuldverschreibungen usw.
1122	Beteiligungen
	usw.
12	Umlaufvermögen (Umschlagszeit 1 Jahr)
	usw. (untergliedert in Lagerbestände, Forderungen u. a. m.)

Das Verwaltungsgebäude eines bestimmten Unternehmens (als Vermögensteil aufgefaßt) wäre danach z. B. *unter* 11112, d. h. noch eine Stufe tiefer (11112X) einzuordnen.

Obgleich wir aus Gründen der eindeutigen begrifflichen Unterscheidung andere Ausdrücke verwendet haben als in der Wirtschaftspraxis üblich, ist doch die *prinzipielle* Ähnlichkeit zum aktienrechtlichen Gliederungsschema (§ 151 Aktiengesetz) unverkennbar und auch beabsichtigt.

Festhalten können wir, daß zwischen den *Begriffen* (= Elementen) *streng logische Beziehungen* bestehen (müssen), die Fachkundigen das Zurechtfinden innerhalb eines Begriffssystems ermöglichen.

D. Betriebswirtschaftliche Bedeutung der Begriffsbildung

Aber auch wenn es nicht möglich ist, die Begriffe — wie es Carl von Linnés großem Forschergeist gelang (er veröffentlichte sein „System der Natur" im Jahre 1735) — auf so wenige Unterscheidungsmerkmale zurückzuführen, sollte man — nicht nur in der Wissenschaft, sondern auch in der Wirtschaftspraxis — mehr als bisher bestrebt sein, die *Begriffe eindeutig* festzulegen und abzugrenzen. Auch die *passende — unverwechselbare — Bezeichnung* gehört ja zum Begriff! (Carl von Linnés großes Verdienst bestand auch darin, den Pflanzen Namen zu geben, die allgemein Verwendung finden und sich weltweit durchgesetzt haben: Der gemeine Haselstrauch heißt „Corylus avellana *Linn*.")

Denn die Begriffe dienen (vor allem wenn sie sauber definiert sind) der *rationellen* Kommunikation: Ein Ausdruck steht für einen mehr oder weniger komplexen Gedankeninhalt und erleichtert die Informationsvermittlung.

Die *Grundbegriffe der Betriebswirtschaftslehre* (M. R. Lehmann — 1949, S. 55 ff.) (wir erwähnten sie bereits unter Abschnitt III. A. dieses Kapitels kurz) sind die sogenannten *Qualitätsbegriffe* und die *Quantitätsbegriffe.* „Qualität" bedeutet hier nicht unbedingt die „Güte" einer Sache (die man beim Einkauf z. B. begutachtet), sondern — im ganz neutralen Sinne — die *Eigenschaft* (lat. „qualitas": Eigenschaft, Beschaffenheit). Ein *Qualitätsbegriff* beschreibt nicht mehr und nicht weniger, *wie* ein Gegenstand beschaffen ist. Sowohl in dem vorerwähnten (Abschnitt III. B. dieses Kapitels) Linnéschen Pflanzensystem, das sich aus (botanischen) Qualitätsbegriffen aufbaut, als auch bei betriebswirtschaftlichen Begriffen kann es sich oft um Tatbestandsbeschreibungen durch Worte handeln. Treten zu den qualitativen Angaben noch Zahlen hinzu, so liegen *Quantitätsbegriffe* vor, z. B. Produktionszahlen, Werte usw.

Zu den *Quantitätsbegriffen* gehören insbesondere auch die „wirtschaftlichen Elementarbegriffe" (Lehmann, M. R. — 1949, S. 57 f.), nämlich

(1) Gütermengen (einschl. erfaßte betriebswirtschaftliche *Zeiten*)
(2) Werte, und zwar

- der *Preis* als „spezifischer" Wert/Mengen-(Zeit-)Einheit
- Menge (Zeiteinheiten) x Preis = Wert.

Die vorerwähnten Begriffe sind u. E. nicht nur für die wissenschaftliche Lehre, sondern auch für die Wirtschaftspraxis von Bedeutung. Wenn man für die betriebswirtschaftliche Praxis besondere Akzente setzt, ist vor allem der qualitative Begriffsbereich hervorzuheben. Die heutige Betriebswirtschaftslehre stellt den *Entscheidungsprozeß* in den Mittelpunkt, woraus sich das Erfordernis ausreichender Informationsversorgung für die Entscheidungsvorbereitung ergibt. Wie die Praxis zeigt, werden dafür *verbale Informationen,* die zusammen mit Zahlen bewertet (d. h. eingestuft) werden, benötigt. Vor allem die *qualitative Seite* der Quantitätsbegriffe ist für die Beurteilung dieser Zahlen von großer Bedeutung:

Betriebswirtschaftliche Zahlen sind nicht absolute Größen, die ohne Kenntnis des (qualitativ gegebenen) Zusammenhangs interpretierbar sind, sondern sie richten sich

nach den Zwecken (Lehmann, M. R. — 1953, S. 16 ff.) und Zielen, für welche die
wirtschaftliche Rechnung bestimmt ist.

IV. Betriebswirtschaftliche Daten

A. Informationen und Daten

Die Fragen der allgemeinen und speziellen Begriffsbildung, der Begriffsmerkmale
und -einteilung leiten bereits über zu einem weiteren wichtigen Begriff, den *Daten.*
Denn Daten als *verselbständigte* (objektivierte) *Informationen* sind unter Begriffen
zusammengefaßt. Daten können für den Empfänger wichtige oder weniger wichtige
Informationen beinhalten — das hängt (wie wir erkannten) nicht nur von den Daten
selbst ab, sondern auch vom Empfänger. Die EDV-Anlage hat es — wie der Name
schon sagt — *primär mit Daten* (und nicht mit Informationen) zu tun.
Die EDV-Anlage verarbeitet Daten. Es sind Daten, die als *Eingabe* (fast ausschließlich) von Menschen herrühren (jedenfalls im betriebswirtschaftlichen Bereich), sie
werden u. U. miteinander verknüpft und wieder als Ausgabe Menschen zur Verfügung stehen. Obgleich die *Daten* irgendwo am Anfang des Weges *ihren Ursprung in
den Informationen* haben (weil sie von Menschen stammen), sind sie doch, *sobald
maschinell erfaßt* (gelesen usw.), nicht mehr Informationen, weil sie nunmehr (zwar
durch von Menschen ersonnene Programme) *automatisch* verarbeitet werden. Sie
brauchen z. B. *nicht* mehr einen *Neuigkeitswert* (für irgendeinen Menschen!) zu haben. *Was* von den ausgegebenen Daten — und vor allem *wie* es — *als Information*
aufgenommen wird, hängt wieder von den Menschen ab, die sich mit den ausgegebenen Daten befassen. Kurz ausgedrückt nimmt der *Mensch Informationen* auf, während die *EDV-Anlage Daten* verarbeitet.

B. Betriebswirtschaftliche Daten

Die *betriebswirtschaftliche Datenverarbeitung* sollte (möglichst) nur *betriebswirtschaftlich* interessante und wichtige („*relevante*") Daten erfassen, *verarbeiten* (insbesondere auch wegspeichern, wiederfinden) und ausgeben. Die Entscheidung, *welche* Daten betriebswirtschaftlich von Bedeutung sind, wird von Menschen getroffen.
Für (ev. andere) Menschen sind diese Daten bestimmt.
Es ist wenig problematisch, die erforderlichen Daten für einen konkreten, anstehenden Fall (z. B. für einen Fertigungsauftrag) bereitzustellen. Derartige operative Daten sind für die sachgerechte Bearbeitung ohne Zweifel von Nutzen. Werden diese
Daten jedoch (alle) weggespeichert, um für spätere ev. Bedarfsfälle zur Verfügung
zu stehen, so ist der Nutzen dieser Daten in Frage gestellt. *Vielleicht* muß man auf

Beschaffung (Einkauf)	Lager	Fertigung (nur betriebswirtschaftl.)	Absatz (Vertrieb)	Finanz- und Rechnungswesen	Verwaltung
Preise (Einkaufspreise)	Mengen (Stück, kg, m usw.)	Mengen (Stück, kg, m usw.)	Werte Umsätze usw.)	Werte (Kontenbewegungen usw.)	Mengen (Personalzahlen usw.)
Mengen (Stück, kg, m usw.)	Preise (je Teil-Nr. usw.)	Preise (z. B. Verrechngspr.)	Mengen (Umsätze usw.)	Preise (z.B. Stückkostenrechn.)	Werte (Statistiken usw.)
Werte (z. B. DM)		Werte (Kosten usw.)	Preise (Verkaufspreis)		Texte (Verträge usw.)
Texte (Bestellg.)			Texte (Aufträge usw.)		

Abb. 11: Die Grunddaten der betriebswirtschaftlichen Funktionen

den einen oder den anderen Datensatz zurückgreifen — da man im voraus nicht genau weiß, auf *welchen* Datensatz, speichert man *vorsichtshalber alle Daten* weg.
Die *betriebswirtschaftlichen Grunddaten* (s. Abbildung 11) basieren auf den Ausgangsinformationen (s. Schulz, A. — 1970, S. 81, der diese Unterscheidung der Daten von R. Piloty übernommen hat):

$$\begin{aligned}
\text{Quantitätsbegriffe} \quad &\triangleq \quad \text{quantitative Daten} \\
\text{Menge x Preis} \quad &= \quad \text{Wert} \\
\text{Qualitätsbegriffe} \quad &\triangleq \quad \text{qualitative Daten} \\
(\text{z. B. Texte}) \quad &
\end{aligned}$$

Diese Grunddaten entstehen durch (einfache) additive/subtraktive und/oder multiplikative/dividitive Verknüpfung der Ausgangsdaten bzw. insbesondere im Falle von Textdaten durch Verkettung ("concatenation"). Durch weitere Verknüpfung der quantitativen Grunddaten, meistens mit Hilfe der Grundrechenarten, aber auch mittels anspruchsvollerer mathematischer Methoden und Verfahren, entstehen besondere Verhältniszahlen, wie sie sich für die angestrebten Zwecke und Zielsetzungen als Steuer- und Führungsgrößen eignen. Die (betriebs-)wirtschaftlichen Daten können nicht ohne den *zeitlichen Bezugsrahmen* gesehen und richtig verstanden werden. Wir müssen also zu allen betriebswirtschaftlichen Quantitäts- und Qualitätsbegriffen, die wir als Daten verwenden, auch das zeitliche Da*tum*, mit angeben können (andernfalls sind sie — meistens — wertlos!)
Nach Koreimann (Koreimann, D. S. — 1976, S. 53) benötigen die operativen (unteren) Führungsebenen einer Betriebswirtschaft hauptsächlich „Einzelinformationen", welche unter den o. e. betriebswirtschaftlichen Grunddaten zu finden sind (diese umfassen aber auch einige verdichtete und Querschnitts-Informationen!).

66

Die höheren (dispositiven) Führungsebenen einer Betriebswirtschaft seien dagegen in erster Linie an „verdichteten und Querschnitts-Informationen" interessiert (wie z. B. betriebswirtschaftliche Kennziffern). Betrachten und bezeichnen wir die Erstgenannten („Einzelinformationen") als *ursprüngliche (originäre) Daten* und die zuletzt erwähnten Führungsinformationen als auf davon *abgeleitete (derivative) Daten* zurückführbar, so wird man davon ausgehen können, daß die *Datenbanken* schwerpunktmäßig *ursprüngliche (originäre) betriebswirtschaftliche Daten* speichern, weniger (aber auch!) *abgeleitete (derivative) Daten*, weil diese mit Hilfe von Programmen jederzeit — nach Bedarf — gebildet werden können. Weil sich die Betriebswirtschaften und ihre Entscheidungsträger in heutiger Zeit einer noch anwachsenden Informationslawine gegenüber gestellt sehen, wird der Einsatz von Datenbanken immer dringlicher.

V. Kommunikationsgefüge innerhalb des betriebswirtschaftlichen Informationssystems

Die Überlegung geht dahin, *wie* die Kommunikationsvorgänge innerhalb des Informationssystems verlaufen. Der früher übliche Informationsfluß verlief hauptsächlich von oben nach unten innerhalb der betriebswirtschaftlichen Organisationshierarchie. Inhaltlich bezogen sich die Informationen sowohl auf arbeitsorganisatorische Sachfragen usw. als auch auf personelle Angelegenheiten der Mitarbeiter. In neuerer Zeit kehrte sich dieser Informationsfluß vor allem unter dem Einfluß der wirtschaftlichen und sozialen Verhältnisse mehr und mehr „um" in die gegenläufige Richtung.

Auf der horizontalen Ebene zwischen den einzelnen Personen eines Sozialsystems — also auf der gleichen Stufe der betriebswirtschaftlichen Organisationshierarchie — spielen sich sachlich-fachliche und persönlich-zwischenmenschliche Kommunikationsvorgänge ab (s. Abbildung 12). Unter dem Einfluß der EDV (s. Abbildung 13) vollzieht sich ein gewisser Wandel dahingehend, daß viele Informationsverbindungen von der EDV-Anlage ausgehen, und zwar umso mehr, als das EDV-System (Hard- und Software) Aufgaben übernimmt. Diese zentrale Stellung des EDV-Systems kann sich jedoch nur auf rein sachlich-fachliche Kommunikationsbeziehungen erstrecken, nicht auf die persönlich-zwischenmenschliche Kommunikation (die ja — da die Kommunikation einem ursprünglich menschlichen Bedürfnis entspringt — nicht ausgeklammert werden kann) und die Führungskommunikation zwischen den Vorgesetzten und ihren Mitarbeitern. Die Zahl der *kommunikativen Verbindungen* von der Einzelperson zu den anderen Mitarbeitern zeigt eine *eher* zunehmende Tendenz, als daß sie sich vermindert, insbesondere wenn *beziehungsreichere Aufgabeninhalte* vom einzelnen bewältigt werden müssen. Allerdings *ändern* sich die sachlich-fachlichen Beziehungen, wenn ein Teil der Aufgaben über die (vom einzelnen Mitarbeiter aus gesehen) zusätzliche Mensch-Maschine-Kommunikation (MMK) abgewickelt und vom EDV-System abgenommen werden.

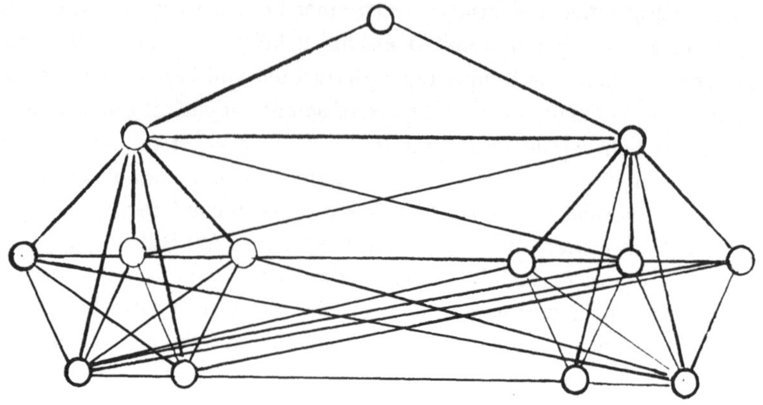

Abb. 12: *Personelles Informationssystem*

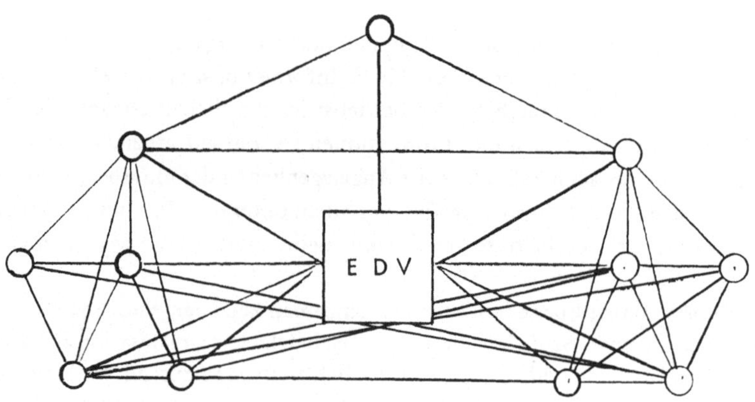

Abb. 13: *EDV-unterstütztes Informationssystem*

Dadurch *verlagert* sich der Kommunikationsschwerpunkt innerhalb des betriebswirtschaftlichen (Sozial)Systems auf die *horizontale Ebene* — der Informationsaustausch *zwischen* den Personen und *mit* dem EDV-System nimmt zu (vor allem wenn
neue Anwendungsprogramme aufgenommen werden). Der einzelne Mitarbeiter hat
die Chance, sachlich-fachlich besser informiert zu sein als bisher (Wiedemann, H. —
1974, S. 3), weshalb die Konsequenz in einem *partnerschaftlichen Führungsstil* gefunden werden müßte (Wiedemann, H. — 1974, S. 3).
Die Führungskräfte können von den EDV-seitig verfügbaren (bzw. zu schaffenden)
Führungsinformationen Nutzen ziehen, die weniger subjektiv „gefärbt" (und u. U.
verfälscht) als Mitarbeiter-Informationen ausfallen. Da sich die rein arbeitsmäßige

68

Aufgabendurchführung hauptsächlich auf der Ebene der Mitarbeiter abspielt und daher für den Vorgesetzten seltener ein Eingriff in diesen Ablauf möglich und erforderlich ist, kann dieser sich mehr eigentlichen Personalführungsaufgaben zuwenden — Führungsaufgaben, die bei einer sich stets ändernden wirtschaftlichen und sozialen Umwelt heute wichtiger als früher sind.

Zusammenfassung

Die *Information* wird durch ihren *Neuigkeitswert* bestimmt. Das mathematische Maß ist die *reziproke Wahrscheinlichkeit* eines Ereignisses, dessen Eintritt vorhergesagt wird:

$$\frac{1}{p} = \frac{\text{Zahl der möglichen Fälle}}{\text{Zahl interessierender Ereignisse,}}$$

ausgedrückt in 2-er Logarithmen:

$$\text{ld} \quad \text{(logarithmus dualis).}$$

Je seltener ein Ereignis erwartet wird, umso größer sein Neuigkeitswert und damit auch sein ld-Wert. Weil die Logarithmen die Exponenten (Hochzahlen) der Basis — im Falle des ld: von 2 — sind, unterscheiden sich die niedrigen Werte sehr deutlich, während mit abnehmender Wahrscheinlichkeit (höhere Werte der reziproken Wahrscheinlichkeit) die bit-Zahl verhältnismäßig weniger stark anwächst (s. Abbildungen 6 und 7).

Die Anwendung dieses *objektiven Maßes für die Information* im betriebswirtschaftlichen Bereich *scheitert* meistens daran, daß zuverlässige Ausgangszahlen nicht zur Verfügung stehen und nur (mehr oder weniger gut) *geschätzt* werden können. Außerdem ist das *Verständnisvermögen* — vor allem auch bei (qualitativen) Textinformationen — auf Seiten der Informationsempfänger *unterschiedlich* gut entwickelt.

Von betriebswirtschaftlicher Bedeutung ist daher in erster Linie die *subjektive Information*, wie sie vom einzelnen *Informationsempfänger je nach seinem Kenntnisstand und geistigen Verarbeitungsvermögen* (Vorkenntnisse und Vorbildung, Begabung usw.), aber *auch abhängig von seiner Aufnahmebereitschaft*, verstanden wird.

Diesem Tatbestand ist nicht nur bei der Gestaltung eines Informationssystems Rechnung zu tragen, sondern auch durch Benutzerschulung im weitesten Sinne, um die Unterschiedlichkeiten abzubauen.

Die Informationsvermittlung vollzieht sich durch die *Kommunikation:* Grundsätzlich wird die *Information* vom *Sender* aus *in Richtung Empfänger übertragen.* Danach bestätigt der Empfänger, ob er sie richtig verstanden hat. Diese Rückbestätigung — technisch auch als *Rückkoppelung* ("feedback") bezeichnet — ist erforderlich, weil *Störungen* den Informationsfluß *beeinträchtigen* können. Der ganze Kommunikationsprozeß kann somit als ein *Regelkreis* verstanden werden (s. Abbildung 8).

Der *kybernetische Regelkreis* (H. Schmidt 1940/N. Wiener 1947) ist ein wichtiges Grundprinzip, das — weit über rein technische Anwendungen hinaus — nicht nur in der Informationstheorie, sondern u. a. auch in wirtschaftlichen und sozialen Bereichen Gültigkeit hat. Während bei der Steuerung eine *Steuergröße vorgegeben* wird und *Soll-Ist-Abweichungen* zu einer Neufestlegung dieser *Führungsgröße* Anlaß geben bzw. zu korrektiven Maßnahmen mit dem Ziel, diese Abweichungen in Zukunft möglichst klein zu halten, setzt sich die *Regelung* eine *fortlaufende* Anpassung der sogenannten *Regelgröße* zum Ziel. Infolge der *Rückkoppelung* ("feedback"), d. h. des Signalflusses von der Regelgröße zurück zur Führungsgröße (s. Abbildung 9) erfolgen *automatisch korrektive Maßnahmen,* sobald die Regelgröße von der Führungsgröße abweicht. Daß der Mensch als Unsicherheitskomponente (,,menschliches Versagen") im Regelkreis der Kommunikation und auch innerhalb anderer betriebswirtschaftlicher Regelkreise mitwirkt, kann u. E. nicht die grundsätzliche Gültigkeit dieses wichtigen Wirkungsablaufs abwerten.

Der *rationellen Kommunikation* dienen *Begriffe,* d. h. *Allgemeinvorstellungen,* denen *sprachliche Ausdrücke* (Worte) *entsprechen.* Informationen werden unter Begriffen zusammengefaßt und *Daten* — als *geronnene* Informationen — *mit* Begriffen bezeichnet. Da die (zugehörigen) *Begriffe* die *Erkenntnis-* und *Verständnisquelle* für den Menschen darstellen, sind *eindeutig* (unverwechselbar) und *klar definierte* Datenbezeichnungen — von der Eingabe über die eventuelle Verknüpfung mit anderen Daten, die zu neuen Datenbegriffen führen, bis zur Ausgabe bzw. Wegspeicherung auf externen Datenträgern (Datenbank) besonders wichtig, um Mißverständnisse und Überschneidungen zu vermeiden.

Von grundlegender Bedeutung ist folgende Unterscheidung:

Betriebswirtschaftslehre	
Elementarbegriffe	Grunddaten

Quantitätsbegriffe
— Gütermengen
— Werte
  — Preise (spezifische Werte)
  — Menge x Preis = Wert
Qualitätsbegriffe
(z. B. Texte)
Zeitbegriffe
	quantitative Daten
	— Mengendaten
	
	  — Preisdaten
	  — Wertdaten
	qualitative Daten
	(Textdaten)
	(z. B. gregorianisches Datum/Werks-
	kalender-Arbeitstage/Computerzeit
	usw.

Da Informationen — sobald in die EDV-Anlage eingegangen — zu Daten verdichtet werden, um — danach ausgegeben — als Informationsquelle zur Verfügung zu stehen, ist dafür Sorge zu tragen, daß (möglichst) nur betriebswirtschaftlich *relevante* Daten verarbeitet und weggespeichert werden.

Übungsfragen zum Zweiten Kapitel

1. Wie lautet das mathematische Maß für den Neuigkeitswert einer Information?
2. Weshalb ist die subjektive Information betriebswirtschaftlich von ausschlaggebender Bedeutung?
3. Von welchen Bedingungen ist die subjektive Information abhängig?
4. Aus welchem Grunde ist die Rückkoppelung für einen effektiven Kommunikationsprozeß notwendig?
5. Welche wesentlichen Unterschiede bestehen zwischen der Steuerung und Regelung?
6. Nenne je ein Beispiel aus der betriebswirtschaftlichen Praxis für einen Steuerungs- und Regelungsvorgang.
7. Durch welche Merkmale wird der Unterbegriff „Zahlungsansprüche an die Firma Müller & Co." eines bestimmten Unternehmens festgelegt, wenn man die Aufgliederung des Umlaufsvermögens (Begriffshierarchie) entsprechend dem Anlagevermögen (s. Abschnitt II. C. dieses Kapitels) vornimmt?
8. Erläutere anhand des vorerwähnten Beispiels — spezieller Unterbegriff und Allgemeinbegriff („Umlaufvermögen") —, daß Begriffsumfang und -inhalt in einem umgekehrten Verhältnis zueinander stehen.
9. Inwiefern erleichtern eindeutig und klar definierte Begriffe den Informationsaustausch?
10. Informationen werden vom . . . . verstanden, ... von der . . . . verarbeitet.
11. Welches sind die zwei wichtigsten Grundbegriffe der Betriebswirtschaftslehre, denen unterschiedlich strukturierte Daten entsprechen? (Nenne die beiden Grundbegriffe und die unterschiedliche Art der datenmäßigen Darstellung.)

Literatur zum Zweiten Kapitel

Autrum, H.: „Biologie — Entdeckung einer Ordnung", 1970.
Cube, F. von: „Kybernetische Grundlagen des Lernens und Lehrens", 1965.
DIN 19226 vom Mai 1968: „Regelungstechnik und Steuerungstechnik".
Flechner, H. J.: „Grundbegriffe der Kybernetik", 5. Aufl., 1970.
Frank, H. (Hrsg.): „Kybernetik. Brüche zwischen den Wissenschaften", 1970.
Frank, H./Meder, B. S.: „Einführung in die kybernetische Pädagogik", 1971.
Glaser, H. (Hrsg.): „Kybernetikon", 1971.
IBM Deutschland GmbH (Hrsg.): „Überblick über das System /370", 1971 (IBM Form A 12-1040-0).
Jenal, C.: „Entstehung des Lebens", 1969.
Koreimann, D. S.: „Methoden der Informationsbedarfsanalyse", 1976.
Lehmann, M. R.: „Allgemeine Betriebswirtschaftslehre", 2. Aufl., 1949.
Lehmann, M. R.: „Grundfragen und Sachgebiete der industriellen Betriebsstatistik", 1953.
Schulz, A.: „Strukturanalyse der maschinellen betrieblichen Informationsbearbeitung", 1970.
Stahl, K. H.: „Kommunikation als sprachliches Problem und politische Aufgabe" (s. *Glaser, H.*, 1971, S. 114 ff.).
Weltner, K.: „Sprachliche Information und Pädagogik" (s. *Frank, H.*, 1970, S. 229 ff.).
Wiedemann, H.: „Psychologische Aspekte bei der Einführung neuer Organisationsformen" — Vortragsmanuskript IBM Seminar: „Einführung und Nutzung von Datenverarbeitungssystemen" vom 22.–25. 9. 1974 in Düsseldorf.

Drittes Kapitel:
Wichtige Prinzipien und Möglichkeiten
der Datenverarbeitung

Lehr- und Lernziele

Im dritten Kapitel werden einige wichtige Hard- und Software-Einrichtungen, Verfahren und Hilfen aufgezeigt, die dem Betriebswirt, der um ein vertieftes Verständnis der EDV bemüht ist, bekannt sein sollten.

Voraussetzungen für ein effizientes EDV-gestütztes Informationssystem sind

- die Spezialisierung (Arbeitsteilung) der EDV (Kanäle und SPOOL),
- die Möglichkeit, auf weggespeicherte Daten effizient zugreifen zu können (z. B. über die Index-sequentielle Speicherorganisation, mit Hilfe von Massenspeicher-Systemen),
- der virtuelle Speicher (VS),
- die Möglichkeiten der Datenfernverarbeitung (DFV).

I. Das Ziel: EDV-unterstützte Informationssysteme

Die hier interessierenden Beziehungen zwischen den in der Betriebswirtschaft tätigen Menschen, die Verbindungslinien der Elemente des betriebswirtschaftlichen Sozialsystems, bestehen in der Kommunikation, und zwar hauptsächlich durch die Sprache, in Wort und Schrift. Insofern ist das Sozialsystem zugleich auch das zwischenmenschliche Informationssystem. Personen sind die wichtigsten Elemente des betriebswirtschaftlichen Informationssystems. Sie bedienen sich bekanntlich verschiedener technischer Hilfen, wie des Schriftverkehrs und des Telefons (um die wichtigsten herkömmlichen Kommunikationshilfen zu nennen), mit dem Ziel einer Beschleunigung und Erleichterung der Informationsweitergabe.

Bei EDV-unterstützten Informationssystemen werden die Daten zunächst eingegeben bzw. eingelesen, gegebenenfalls durch Verknüpfungen aufbereitet (Verarbeitung) und auf Anforderung ausgegeben. Diese bekannten Hauptfunktionen schließen eine Fülle vielfältiger EDV-systemtechnischer Möglichkeiten ein. Zielsetzung eines EDV-unterstützten Informationssystems ist es, die Informationsbedürfnisse der durch das System verbundenen Personen *möglichst*

- schnell (in kürzester Zeit über Entfernungen hinweg)
- vollständig, dabei gezielt und nicht redundant informierend,

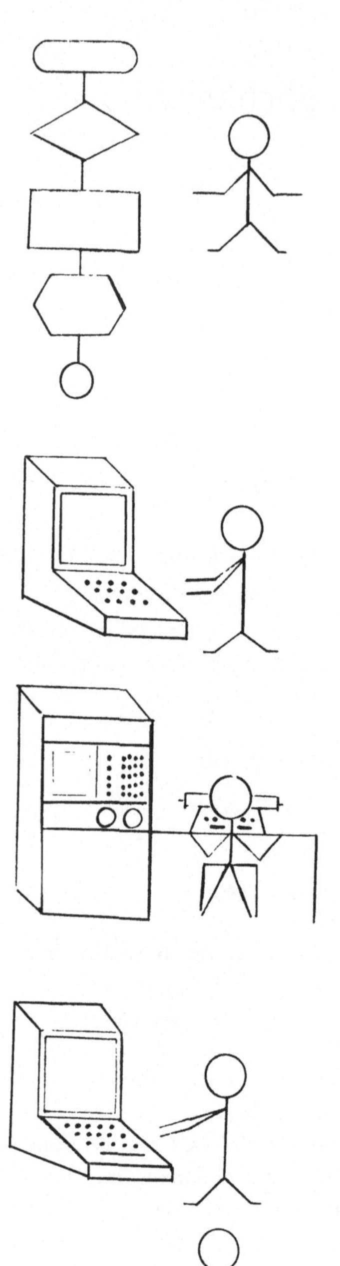

Abb. 14: „Mensch-Maschine-Kommunikation"

■ durch richtige Informationen — wahrheitsgemäß, genau und auch sicher übermittelt —

zu treffen.

Auch das EDV-unterstützte Informationssystem ist — nicht nur von seiner Zweckbestimmung her — letztlich ein personelles Informationssystem (s. Abbildung 14).
Nach Kenntnis der Natur subjektiver Informationen dürfte verständlich sein, daß
die erwähnten (hochgesteckten) Ziele den Charakter von Leitbildern haben. Wir
müssen uns bei der praktischen Gestaltung eines Informationssystems — soweit
möglich und vernünftig (Wirtschaftlichkeit!) — diesen Zielvorstellungen nähern.
Wirkungsvolle Hilfen bieten geeignete EDV-Verfahren, -Methoden und -Einrichtun-
gen.

II. Spezialisierung (Arbeitsteilung) der EDV

A. Das Kanalprinzip

Wie im Falle der Wirtschaft, die sich von der geschlossenen Hauswirtschaft zur heutigen arbeitsteiligen Volkswirtschaft entwickelte, kann man auch — im Gegensatz zu
den früheren, einfacher aufgebauten „Maschinen" — bei modernen EDV-Anlagen
von einer „Arbeitsteilung" zwischen Hauptspeichersteuerungs- und -verarbeitungsauf-
gaben einerseits und der Nachrichtenverteilung über Kanäle und periphere Einheiten
andererseits sprechen. Dies führt zu einem weitgehenden „Parallelismus" (Ganz-
horn/Walter, S. 64) im Interesse einer besseren Nutzung aller Anlageteile. Sowohl
im volkswirtschaftlichen wie im Falle der EDV hat diese Entwicklung zu einem gün-
stigeren Zweck-Mittel-Verhältnis (Wirtschaftlichkeitsprinzip) geführt.
Der Ausdruck „Kanal" kommt aus der Nachrichtentechnik: Kanäle dienen der
Übermittlung von Signalen bzw. Nachrichten. Auch der Kanal einer EDV-Anlage
dient der Signalübertragung, nämlich zwischen der Zentraleinheit und den peripheren Geräten (in beiden Richtungen). Es handelt sich aber nicht um eine Leitung
o. Ä. (wie man bei elekr(on)ischen Anlagen vielleicht vermuten könnte), sondern
um eine Anlage bzw. Einheit, die — ähnlich der übergeordneten Zentraleinheit —
Daten verarbeitet. Daher bezeichnet man auch Kanäle als „Computer innerhalb des
Computers" (Schmoldt, R., S. 88). Daten, die von den angeschlossenen peripheren
Geräten kommen, werden über den Kanal geleitet, bevor sie in den Hauptspeicher
eingelesen werden können. Auf dem umgekehrten Wege nehmen die Kanäle der
Zentraleinheit die beschwerliche und eigentlich nicht zur Hauptaufgabe, der (mög-
lichst schnellen) internen Programmabwicklung passende Arbeit ab, die langsamen
Eingabe-/Ausgabe-Einheiten mit Signalen entsprechend ihren Laufrhythmen zu ver-
sorgen. Dadurch wird eine wirkungsvolle Entlastung der Zentraleinheit erreicht.
Diese beiden wichtigen Komponenten einer modernen EDV-Anlage können über-

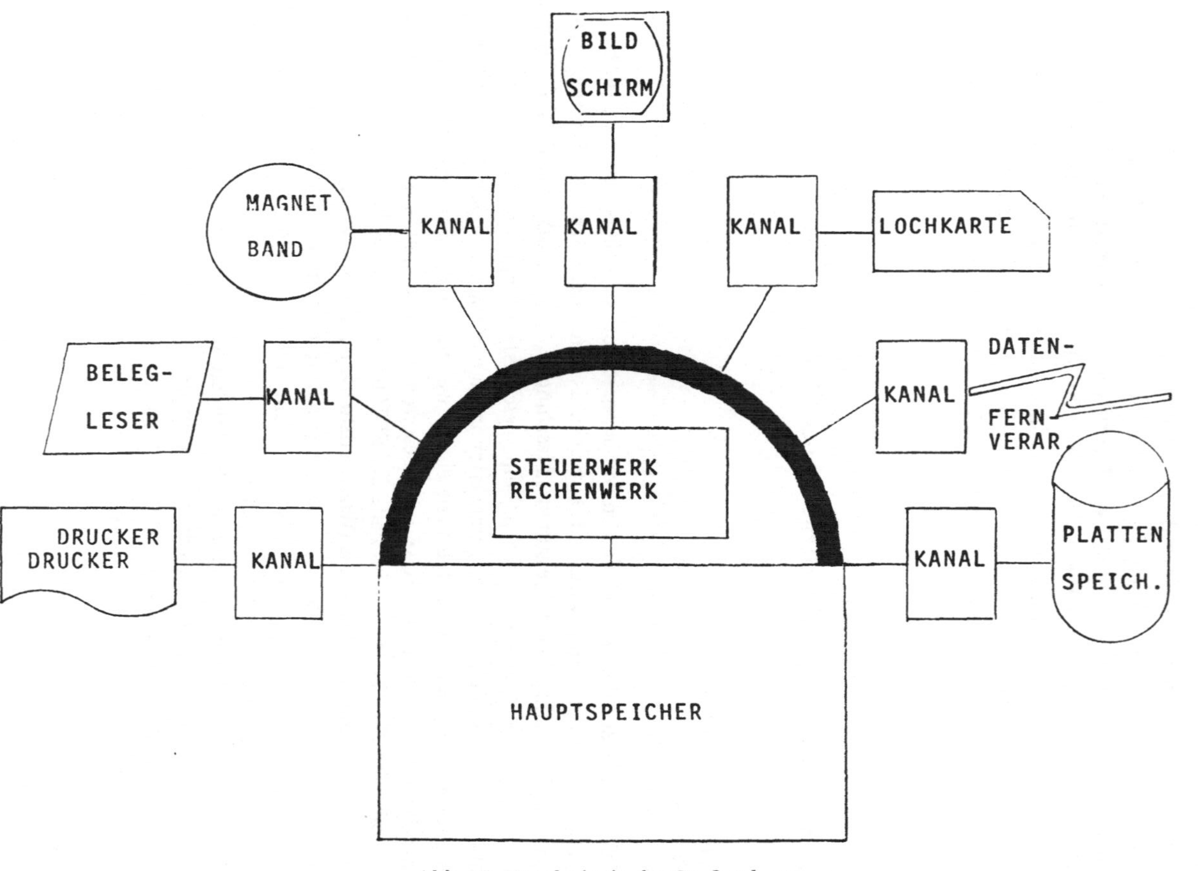

Abb. 15: Kanalprinzip des Großrechners

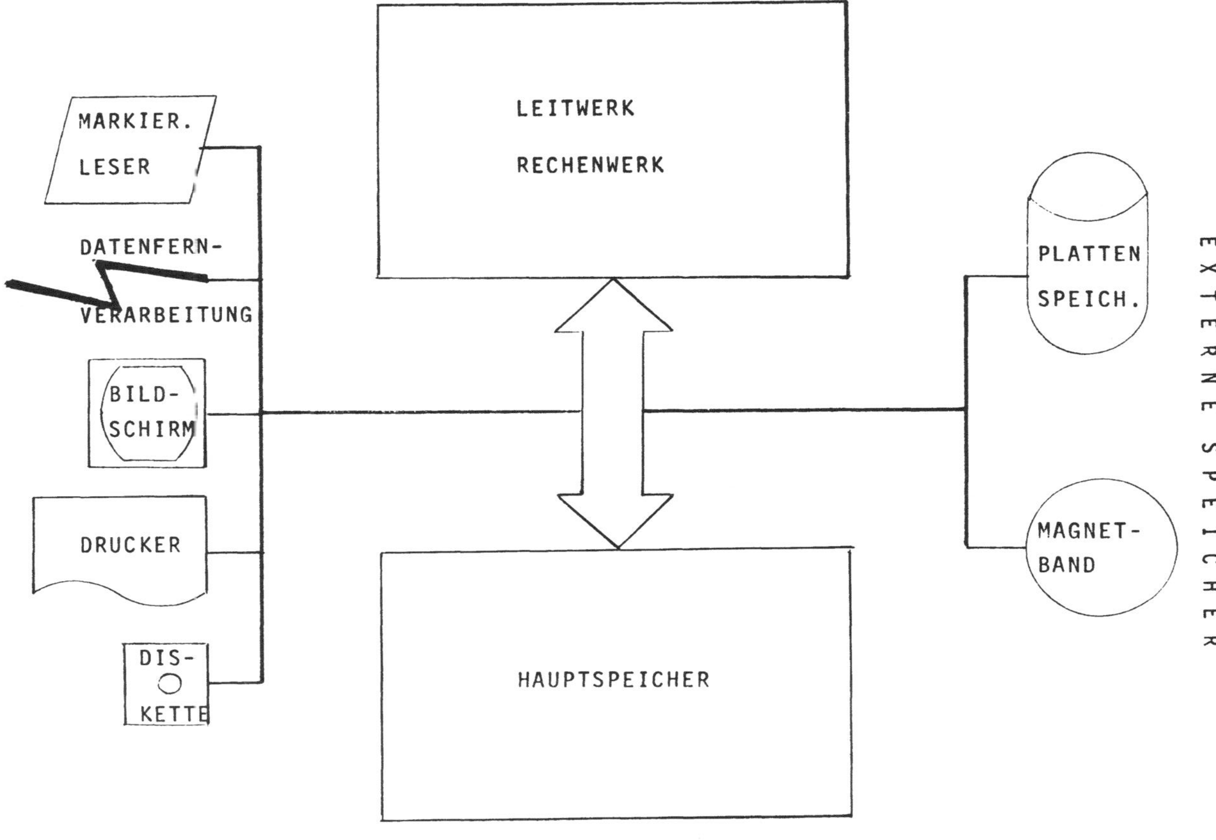

Abb. 16: Kleinrechner

lappt arbeiten: Die Computer-Peripherie hält nunmehr den internen Ablauf innerhalb der Zentraleinheit kaum noch auf, beide arbeiten weitgehend parallel nebeneinander. Dies ist eine wichtige Voraussetzung für die erstrebte möglichst optimale Nutzung der wertvollen EDV-Kapazität.

Die verschiedenen Kanäle ermöglichen auch untereinander eine parallele Arbeitsweise, so daß z. B. die peripheren Geräte gleichzeitig nebeneinander lesen, drucken und/oder Bildschirmanzeigen ausgeben bzw. Dateneingaben entgegennehmen können. Die hervorragende Bedeutung der Kanäle für eine moderne EDV-Anlage ist in der Abbildung 15 dargestellt — im Gegensatz zum Kleinrechner (s. Abbildung 16), der diesbezüglich im großen und ganzen noch entsprechend dem ursprünglichen (früheren) Konzept einer EDV-Anlage aufgebaut ist.

Die Kanäle, wie sie in der Abbildung 15 dargestellt sind, können außerhalb der Zentraleinheit als gesonderte Einheit (bei großen Rechnern) oder aber auch als Rechnerfunktion physisch integriert in die Zentraleinheit ausgeführt sein.

Wichtig für das Zusammenspiel der Kanäle mit der Zentraleinheit bei der Datenübertragung von und zu den peripheren Einheiten (Eingabe-/Ausgabegeräte, externe Speicher) folgende Vorgänge:

(1) Befehle der Zentraleinheit werden von den Kanälen entgegengenommen.
(2) Die Kanäle melden ihrerseits die Beendigung einer Datenübertragung an die Zentraleinheit.

Die Kanäle einer modernen EDV-Anlage erfüllen somit eine wichtige Funktion bei der Datenein- und -ausgabe sowie bei dem Datenverkehr mit externen Speichern. Sie entlasten die Zentraleinheit vom Datenverkehr mit den peripheren Einheiten und ermöglichen eine parallele, überlappende Arbeitsweise.

B. Die SPOOL-Funktion[1]

Ein SPOOL-Programm kann das Betriebssystem ergänzen, falls es diese Fähigkeit noch nicht besitzt.

Wie bereits oben (Abschnitt II. A.) erwähnt, besteht grundsätzlich ein Mißverhältnis zwischen der Arbeitszeit der peripheren Einheiten — hier gibt es verhältnismäßig langsame (z. B. Kartenleser und Drucker) und schnellere Geräte (z. B. Magnetplattenspeicher) — und der Verarbeitungszeit der Zentraleinheit. So wird die Ausführungszeit von Zentraleinheits- und Hauptspeicherbefehlen in millionstel, die Zugriffszeit zu Magnetplattenstapeln in tausendstel und die Zeit für das Einlesen von Karten oder Drucken von Buchstaben/Zahlen in hundertstel Sekunden gemessen. Ein Programm, das auf eine Karteneingabe warten muß, verzögert sich in der Ausführung länger, als wenn es diese Daten aus Magnetplattenspeichern einlesen kann.

---

1 SPOOL = Abkürzung von "Simultaneous Peripheral Operations On Line" (gleichzeitiger peripherer On-Line Betrieb).

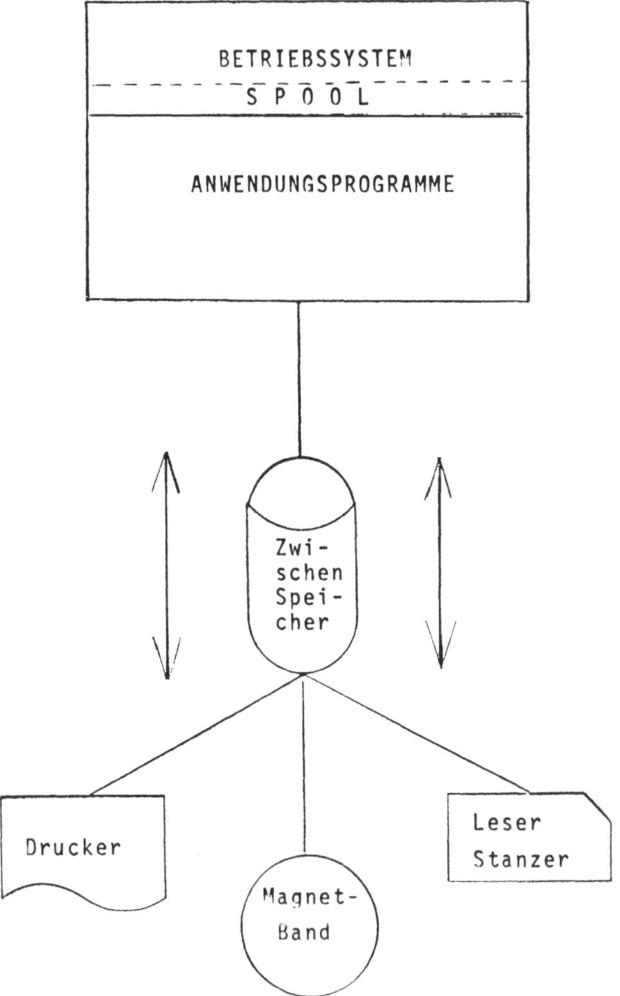

Abb. 17: Arbeitsweise von SPOOL
(Schematischer Datenfluß)

Beim SPOOL-Betrieb werden die Daten unabhängig vom Programm eingelesen und zunächst auf Magnetplattenspeicher gebracht. Wenn das betreffende Programm diese Daten benötigt, stehen sie unmittelbar zur Verfügung.

Ausgabedaten, z. B. Listen, werden ebenfalls zunächst auf Magnetplattenspeicher gebracht. Sie können später — oder kurz danach, jedoch unabhängig von der Programmausführung — über den in Frage kommenden Kanal ausgedruckt werden. Es braucht nur 1 Drucker wirklich zu existieren, auf den die Daten nacheinander (die Prioritäten können vom Konsol-Bediener gesteuert werden!) physisch ausgegeben werden. Innerhalb des Systems dagegen kann die Existenz von mehreren Druckern (z. B. für jedes im Multiprogrammbetrieb laufende Programm) angenommen, eigentlich vorgetäuscht, durch das SPOOL-Programm „simuliert" werden, so daß

kein Programm auf die Durchführung warten muß (die schnellen Magnetplatteneinheiten nehmen die Daten fast verzögerungslos auf).
Durch das SPOOL-Programm bzw. die entsprechende Funktion wird eine gleichmäßige Auslastung des Systems und damit eine beträchtliche Leistungssteigerung erreicht.

III. Das Speichern und Wiederfinden von Daten

A. Externe Datenspeicher (Überblick)

Die Lochkarte, die Dr. Hollerith für seine Maschinen entwarf und welche in dem
von ihm aufgebauten Unternehmen später zu der heutigen Form weiterentwickelt
wurde, bietet die Möglichkeit, Daten — numerische wie auch alphabetische — zu
speichern. Sie hat aber nicht nur den Vorteil, auf maschinellem Wege die Daten wiederzufinden, sondern man konnte sie „mit eigenen Augen" auf der Lochkarte lesen
(notfalls kann eine Lochkartendatei auch als manuelle Sichtkartei, z. B. im Bibliothekswesen, eingesetzt werden).
Beim Magnetband war eine ausgesprochene Satzadresse — als Teil des Bandsatzes —
nicht erforderlich, weil man wegen der sequentiellen Verarbeitung normalerweise
immer wieder von vorne an (ab der Bandmarke) lesen mußte. Ist ein Satz einzufügen, muß das ganze Band physisch neu geschrieben werden, gleichfalls beim Umsortieren der Sätze. Der Ordnungsbegriff — das Schlüsselfeld, welches dazu erklärt
wird — ist für diesen Zweck wichtig.
Anders verhält es sich dagegen bei Plattenspeichern! Hier ist man bekanntlich *nicht*
auf die sequentielle Bearbeitung beschränkt — man kann direkt auf irgendeine
x-beliebige Speicherstelle zugreifen, kann sie auslesen, beschreiben, verändern. Dazu
benötigt man eine Satzadresse, die durch Plattenspeicher-, Zylinder-, Spur-(Kopf-)
und Satz-Nr. bestimmt wird.

B. Datenorganisation und Datenzugriff

1. Merkmale der Magnetband- und Magnetplattenspeicher

Während die Datenorganisation bei der Lochkarte an das Kartenformat gebunden
ist (80 bzw. 96 Zeichen je Lochkarte), ist man beim Magnetband schon freier in der
Gestaltung der Bandsätze — sie können länger oder kürzer sein, bei variablem Format sogar von unterschiedlicher Satzlänge innerhalb des gleichen Datenbestandes.
Andererseits ist es weniger die große Betriebssicherheit, als die „Handlichkeit" und
Transparenz, welche (nicht zu umfangreiche) Lochkarten-Dateien bieten, die diese
schon seit Ende des vorigen Jahrhunderts bekannte Form der Datenaufbewahrung
am Leben erhalten.

Es bedarf keiner weiteren Erörterung, daß Lochkarten sowohl als Speichermedien als auch für die Dateneingabe nur noch eine sehr begrenzte Bedeutung besitzen. Daten auf Magnetbändern oder -platten können mindestens hundertmal schneller verarbeitet werden, und diese Speichermedien sind auch betriebssicher. Außerdem kann man viel mehr Daten auf wesentlich kleinerem Raum, als dies bei Lochkarten möglich ist, speichern.

Bei der sequentiellen Verarbeitungsweise des Magnetbandes werden die Daten in der gleichen Reihenfolge der Eingabe auf das Band geschrieben. Beim Auslesen bzw. Suchen wird das Band meistens von Anfang an gelesen. Die Identifizierung gesuchter Daten erfolgt durch Vergleich des Suchschlüssels: Satz für Satz wird eingelesen und verglichen, bis das in Frage kommende Datenfeld des eingelesenen Satzes mit dem gesuchten Begriff (Suchschlüssel) übereinstimmt. Wegen dieser Verfahrensweise brauchen die einzelnen Bandsätze nicht mit Adressen versehen zu werden: Es genügt prinzipiell, daß dem Programm der Suchschlüssel (d. h. ein Begriff, z. B. Teilnummer, Personal-Nr. u. ä., mit dessen Hilfe man die gesuchten Daten auffinden kann) bekannt ist, damit die gesuchten Daten geortet werden können.

Anders dagegen liegen die Verhältnisse beim Plattenspeicher. Während das Band meistens von Anfang bis zum Ende abläuft (ein Magnetband ist hunderte von Metern lang!), sind die Daten auf den Platten — meistens auf beiden Seiten und mehrere Platten übereinander angeordnet — in einigen hundert kreisförmigen Spuren einer Plattenoberfläche auf verhältnismäßig engem Raum untergebracht. Während des Betriebs drehen sich die Platten mit großer Geschwindigkeit und die Daten werden über die Schreib-/Leseköpfe mit außerordentlicher technischer Präzision aufgebracht und ausgelesen. Die Verarbeitung geht wesentlich schneller als beim Magnetband vor sich.

Bei der Plattenorganisation sind die Daten mit physischen Speicheradressen (Zylinder-Nr./Kopf-Nr./Satz-Nr.) versehen — jeder einzelne Plattensatz beginnt mit einer besonderen Adresse. Man kann mit Hilfe dieser Adresse auf jeden einzelnen Satz direkt zugreifen — man kann es bei der index-sequentiellen Methode, auf die wir hier näher eingehen wollen, über den Suchschlüssel.

2. Die Index-sequentielle Speicherorganisation

Einleitend möchten wir darauf hinweisen, daß das in den Abbildungen „Index-sequentielle Speicherorganisation" und „Index-sequentieller Zugriff" wiedergegebene Beispiel frei erfunden ist. Es kann daher keine Gewähr für die Richtigkeit und Vollständigkeit aller darin angegebenen Einzelheiten übernommen werden, weil es uns in erster Linie auf die *prinzipielle* Darstellung der index-sequentiellen Speicher- und -Zugriffsmethode ankommt.

Zunächst sollte man sich über die Bedeutung der Zahlen und Bezeichnungen auf den genannten Abbildungen klar werden. Wir wissen, daß einige Magnetplatten übereinander angeordnet sind und mit „rasender" Geschwindigkeit rotieren (mehrere tausend Umdrehungen je Minute), zwischen die sich ein kammartiger Zugriffsmechanismus entsprechend vieler, sogenannter „Schreib-/Leseköpfe" schiebt. Weil die Schreib-/Leseköpfe fest übereinander angeordnet sind, können gleichzeitig alle Spuren eines Zylinders gelesen oder beschrieben werden (s. Abbildung 18).

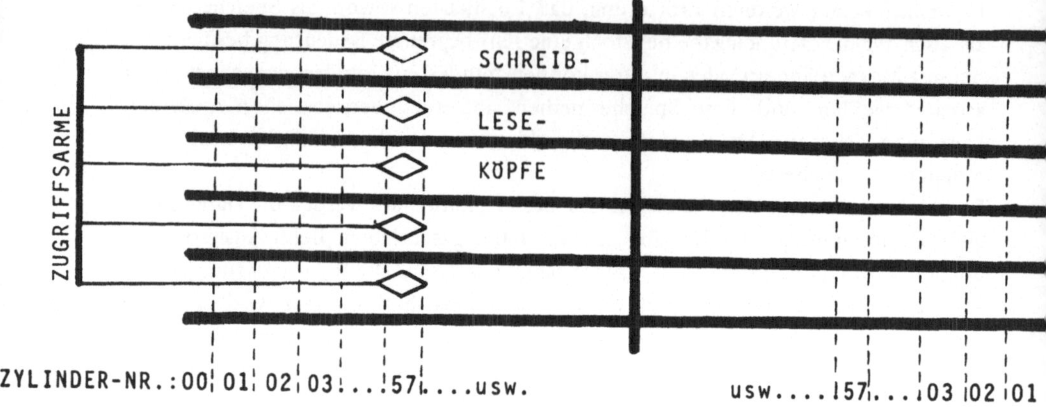

M A G N E T P L A T T E N S P E I C H E R (SCHNITTSCHEMA)

Abb. 18: Magnetplattenspeicher (Schnittschema)

Die vielen Spuren der Platten sind zu Zylindern zusammengefaßt (vertikal überein-
anderliegend, wie Jahresringe der Bäume), die von „außen" nach „innen" gezählt
werden. Für jeden einzelnen Zylinder werden die Spuren nach Kopf-Nr. identifi-
ziert: Verfügt ein Plattenstapel z. B. über 6 Platten, so können 10 Oberflächen
für die Speicherung von Daten genutzt werden, auf die 5 „Arme" mit entsprechenden Lese-/Schreibköpfen zugreifen, um jede der 10 Speicherflächen erreichen zu
können. Die Kopf-Nr. wird innerhalb eines Zylinders von der Spur „00" aus beginnend an der Unterseite der oberen Deckplatte des Plattenstapels von oben nach unten gezählt (unterste Spur auf der Oberseite der unteren Deckplatte). Die Spur-
Adresse setzt sich somit aus der Zylinder-Nr. und angehängter Kopf-Nr. zusammen,
wie aus den erwähnten Abbildungen ersichtlich.

Auf der ersten Spur eines jeden Zylinders mit der Kopf-Nr. „00" (auf der obersten
Spur, die auf der Innenseite der oberen Deckplatte gelegen ist) befindet sich der
Spur-Index. Der Spur-Index des Zylinders 57 unserer Abbildungen 19 und 20 ist
auf der Spur untergebracht, die mit 5700 adressiert werden kann.

Der Zylinder-Index dagegen befindet sich auf einer (bzw. mehreren) *anderen*
Spur(en), in unserem Beispiel mit der Adresse 5703. Hier werden die höchsten
Schlüsselwerte eines jeden Zylinders aufgeführt, anschließend die Adresse des Spur-
indexes dieses Zylinders. Über die (Such-)Schlüssel kann die Satzadresse gefunden
werden.

Ursprünglich werden die Sätze in auf- oder absteigender Folge des Schlüssel geladen.
Wird später ein weiterer Satz eingefügt (z. B. mit dem Schlüssel 017 auf der Abbil-

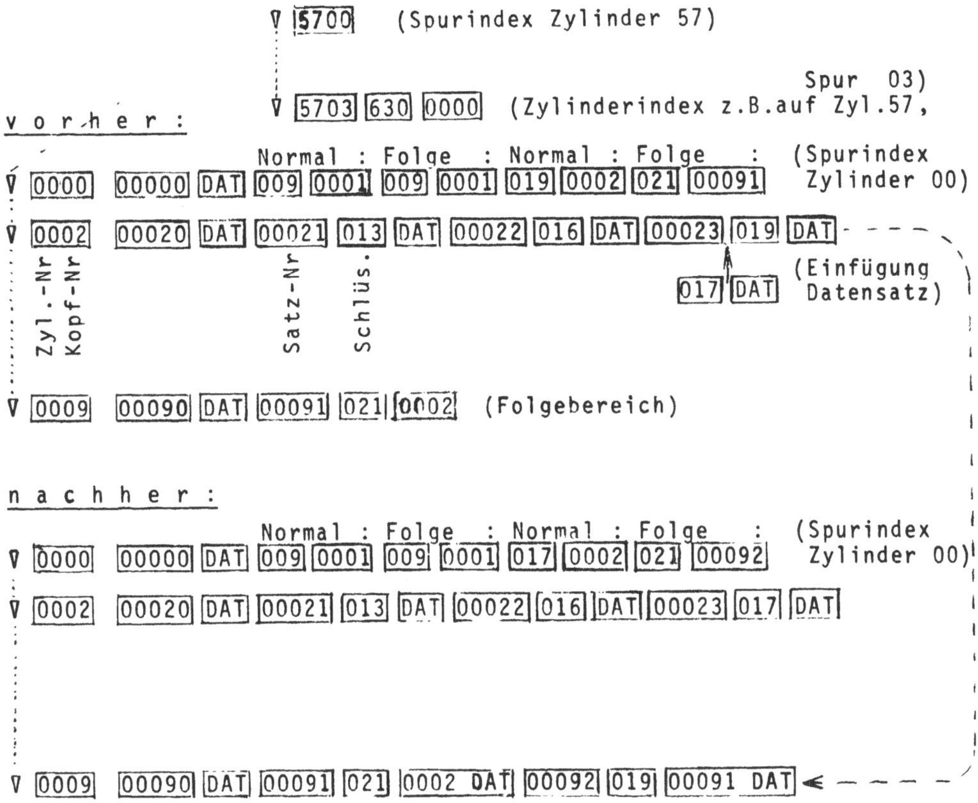

V 5700 (Spurindex Zylinder 57)

Spur 03)
V 5703 630 0000 (Zylinderindex z.B.auf Zyl.57,

vorher:

Normal : Folge : Normal : Folge : (Spurindex
V 0000 00000 DAT 009 0001 009 0001 019 0002 021 00091 Zylinder 00)

V 0002 00020 DAT 00021 013 DAT 00022 016 DAT 00023 019 DAT - - - -

(Einfügung
017 DAT Datensatz)

Zyl.-Nr Kopf-Nr Satz-Nr Schlüs.

V 0009 00090 DAT 00091 021 0002 (Folgebereich)

nachher:

Normal : Folge : Normal : Folge : (Spurindex
V 0000 00000 DAT 009 0001 009 0001 017 0002 021 00092 Zylinder 00)

V 0002 00020 DAT 00021 013 DAT 00022 016 DAT 00023 017 DAT

V 0009 00090 DAT 00091 021 0002 DAT 00092 019 00091 DAT ◄ - - - - -

Abb. 19: Index-sequentielle Speicherorganisation
(Zylinder entrollt)

dung 19), so rückt der letzte Satz der Spur in den Folgebereich. Der Spurindex, der
die höchsten Schlüsselwerte anzeigt, wird verändert: Bei der Spur 02 wird der
Schlüssel 017 nunmehr als höchster Wert angegeben, für den Folgebereich bleibt es
zwar bei Schlüssel 021 — die daneben stehende Satzadresse 00092 bezieht sich jedoch auf den in die Spur 09 gerutschten Satz mit dem Schlüssel 019. Dieser letzte
Satz des Folgebereichs wird automatisch mit der Anschlußadresse 00091 des in der
aufsteigenden Ordnung nachfolgenden Schlüssels 021 versehen, so daß der Anschluß
in der richtigen Reihenfolge gegeben ist.
Beim Datenzugriff (s. Abbildung 20) kann nun z. B. speziell der Schlüsselwert 021
über den Zylinder-Index und den in Frage kommenden Spur-Index gesucht werden.
Es wird (bei aufsteigender Ordnung) durch eine spezielle Funktion des Betriebssystems immer verglichen: Ist der im Index angegebene Schlüsselwert *noch* größer als
der gesuchte Schlüssel oder ist er sogar gleich? Vom Zylinderindex aus ist auf den
angegebenen Spurindex zuzugreifen — in unserem Falle mit der Adresse 0000. Der
Spurindex wird auch wieder von Anfang an durchsucht, bis der Schlüsselwert 021
gefunden ist.

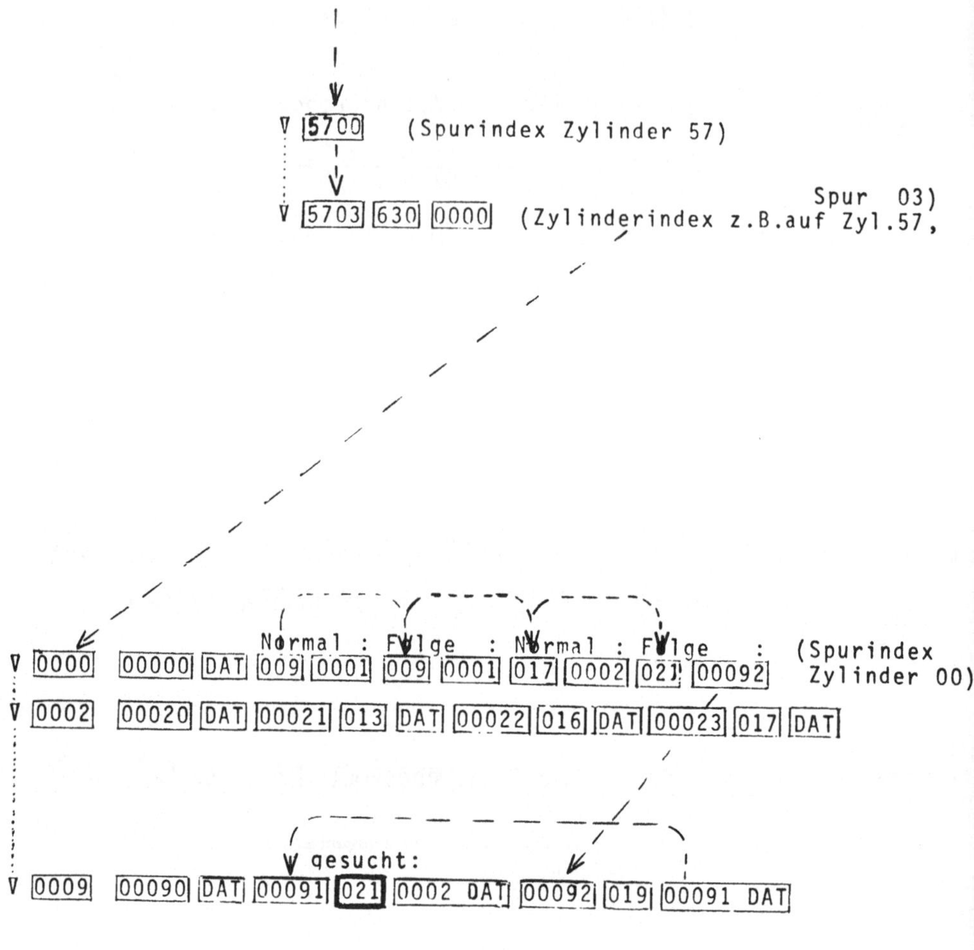

Abb. 20: Index-sequentieller Zugriff
(wahlweise)

Die angegebene Adresse verweist auf die Folgespur 0009, genau auf die Satzadresse 00092, die — wie wir uns erinnern (s. o.) — die Adresse des letzten auf die Folgespur gerückten Satzes ist (der Schlüsselwert 021 stellt dagegen den höchsten Schlüsselwert der Folgespur dar). Nun wird rückwärts die Folgespur durchsucht — die Anschlußadresse 00091 führt in unserem Beispielsfalle direkt zum Satz mit dem Schlüsselwert 021.

Index-sequentielle Datenorganisationen ermöglichen einerseits die sequentielle Verarbeitung — dann wird Satz für Satz zunächst der Normalspur und anschließend werden die Folgesätze rückwärtsgehend in der angegebenen Weise verarbeitet —, andererseits auch den direkten Zugriff in der Weise, wie im Beispielsfalle dargestellt. Wenn nicht *zu* häufig Ergänzungen während einer bestimmten Zeit erfolgen und sowohl die sequentiell-fortlaufende (Stapel-)Verarbeitung sinnvoll ist als auch der direkte Zugriff zu einzelnen Sätzen gewünscht wird, bringt die index-sequentielle Datenorganisation sicher Vorteile gegenüber den anderen beiden Verfahren — der einfachen rein sequentiellen und der direkten Datenorganisation.

Häufige Einfügungen von Datensätzen lassen eine Reorganisation des Datenbestandes erforderlich werden, damit das zeitaufwendige Suchen in der Folgespur unterbleiben kann. Denn durch eine Reorganisation werden alle Daten entsprechend der Ordnung der Suchschlüssel nur in den Normalspuren untergebracht.

Wir haben die index-sequentielle Datenorganisation auf Plattenspeichern als Beispiel hier ausgewählt und in dieser ausführlichen Form dargestellt, um den Leser mit der Problematik entweder vertraut zu machen oder — falls sie ihm schon bekannt war — sie ihm wieder ins Bewußtsein zurückzurufen. Wir möchten dabei herausstellen und deutlich machen, welche Einzelheiten man kennen und beurteilen muß, wenn es um die Zweckmäßigkeit einer Datenorganisation im Einzelfalle geht — sicher mehr ein Problem des EDV-Systemspezialisten, als des betriebswirtschaftlich orientierten Systemanalytikers, an den wir uns hauptsächlich wenden (dem das Problem aber auch nicht unbekannt sein sollte!).

Die index-sequentielle Speicher- und Zugriffsmethode ist sicher nicht nur aus praktischen Gesichtspunkten von Bedeutung und wissenswert, sondern sie stellt auch ein „anschauliches" Beispiel für die zweckvolle Nutzung von Hardware-Möglichkeiten durch die Software dar — aufschlußreich für das Verständnis von EDV-Problemstellungen überhaupt.

3. Das Massenspeicher-System (MSS)

Das MSS der IBM (IBM World Trade Corporation 1975) dürfte von seiner Speicherkapazität (max. 472 Mrd. Bytes) her vielleicht nicht die äußerste Grenze des (technisch) Möglichen darstellen, bestimmt aber *allen* kommerziellen Anforderungen, d. h. den Speicherbedürfnissen betriebswirtschaftlicher Informationssysteme, genügen. Wenn man eine Schreibmaschinen-Seite mit ca. 2 000 Zeichen veranschlagt, so würde (wie sich leicht errechnen läßt) ein MSS max. 236 Mill. Schreibmaschinen-Seiten Text und Zahlen fassen — eine Bibliothek von 500 000 bis 1 000 000 Bänden!

Wichtiger noch als die Speicherkapazität ist die effiziente Zugriffsmöglichkeit zu den Daten, die das MSS bietet. Seine Hauptelemente (oder besser: Subsysteme) sind

- der eigentliche Massenspeicher, d. h. spezielle Bandkassetten,
- Magnetplattenspeicher als sogenannte „Pufferspeicher" und
- Systemsoftware zur Steuerung des MSS.

Die Daten sind auf den erwähnten speziellen Bandkassetten, d. h. Magnetbandspulen von ca. 10 cm Länge und ca. 5 cm Durchmesser, gespeichert, die ähnlich Kleinbildfilmen in Hülsen verpackt sind. Diese Bandkassetten passen in entsprechend große sechseckige (und -kantige) Fächer bzw. Zellen, die das Aussehen vergrößerter Bienenhonigwaben haben (Draufsicht vertikal):

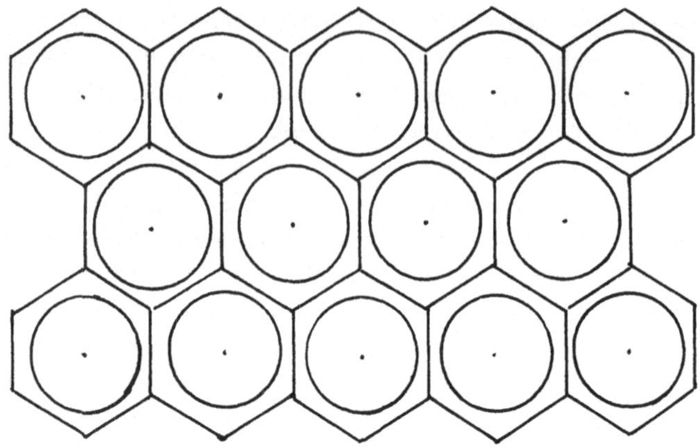

Daher spricht man auch von „Wabenspeichern".

Jede einzelne Bandkassette kann ca. 50 Mill. Bytes aufnehmen. Die Bandkassetten tragen die Daten in Einheiten der Datenmenge eines Magnetplattenspeicherzylinders (insgesamt kann eine Bandkassette 202 Zylinder des IBM-Plattenspeichers 3330 — also die halbe Speicherkapazität — aufnehmen). Die Magnetplatten-Pufferspeicher (mindestens 2 Plattenspeichereinheiten) stehen mit der Zentraleinheit in Verbindung: Auf Anforderung des Betriebssystems werden bestimmte Magnetplattenspeichereinheiten mit Daten gewünscht. Wenn sich diese Daten nicht bereits auf dem Pufferspeicher befinden, müssen sie aus dem Wabenspeicher bezogen werden. Ein besonderer Zugriffsmechanismus zieht die in Frage kommende Bandkassette aus der 6-eckigen Zelle des Wabenspeichers heraus, öffnet sie und entrollt das Band zum Einlesen der gewünschten Zylinderinhalte. Dieser Vorgang nimmt — wie man sich vorstellen kann — *schon* etwas Zeit in Anspruch.

Weshalb die Zugriffszeit trotzdem normalerweise nicht viel länger sein dürfte als die der angeschlossenen Plattenspeicher, liegt an dem sogenannten „virtuellen" Speichereffekt. Das Wort ist eine Übersetzung des englischen Ausdrucks "virtual" und bedeutet sowohl im Englischen als auch im Deutschen (in unserer Sprache ist es vom französischen Ausdruck „virtuel" hergeleitet) so viel wie „möglich, können, fähig, vermögend, kräftig, wirksam". Ein virtueller Speicher bietet die Möglichkeit, wesentlich *mehr* (ein Mehrfaches der real vorhandenen Speicherkapazität) Speicheradressen anzusprechen, als es dem physisch verfügbaren (realen) Speicherpotential entspricht. Dies ist vor allem eine Wirkung der System-Software, welche die Steuerung der Hardware-Einrichtungen übernimmt. Obgleich z. B. nur 2 reale Platteneinheiten angeschlossen sind (es dürfen auch mehr sein), können bis zu 64 „virtuelle" Adressen von Platteneinheiten durch laufende Programme der Zentraleinheit angesprochen werden.

Wie ist das möglich? Erfahrungsgemäß wird von einem Anwendungsprogramm nicht der ganze Umfang der gespeicherten Daten angesprochen, sondern meistens konzentriert sich die Zugriffsaktivität schwerpunktmäßig auf bestimmte, mehr oder weniger zusammenliegende Daten. Diese Daten nur hält man „auf Abruf" bereit auf den Plattenspeichern mit verhältnismäßig schnellem direktem Zugriff, und zwar im Umfange von 8 fortlaufenden Zylinderinhalten einer jeden virtuellen Speichereinheit. Kriterium ist die Häufigkeit des Zugriffs während einer (vom Anwender festzulegenden) Zeiteinheit: Je seltener die Daten von den in der Zentraleinheit laufenden Programmen angesprochen wurden (sogen. "least recently used" = LRU-Algorithmus), umso früher sind sie durch andere aus dem Wabenspeicher zu ersetzen, die gerade benötigt werden. Dann — wenn solche noch nicht auf dem Direkt-Zugriffsspeicher befindlichen Daten angefordert werden — muß das betreffende Anwendungsprogramm allerdings länger warten, bis die in Frage kommenden 8 Zylinderinhalte auf der Bandkassette gefunden und in den Magnetplattenspeicher eingelesen sind.

Eine Effizienzsteigerung des virtuellen Massenspeichers läßt sich u. a. erreichen durch

- zweckmäßige Anwendungsprogrammgestaltung einerseits und entsprechende Datenorganisation andererseits (so daß möglichst nur Daten angesprochen werden, die auf zusammenliegenden Zylinder-Nr-Gruppen untergebracht sind),
- eine größere Zahl angeschlossener realer Plattenspeichereinheiten, die auch entsprechend mehr direkt verfügbare Daten zugriffsbereit halten.

Das virtuelle Speicherprinzip wird uns in anderer Form im Abschnitt IV dieses Kapitels weiter beschäftigen.

Einsatzmöglichkeiten des MSS zur Unterstützung betriebswirtschaftlicher Informationssysteme sind dort gegeben, wo riesige Datenmengen — u. U. über Jahre hinweg — abrufbereit gehalten werden müssen, z. B. im Rechnungs- und Finanzwesen einiger Großunternehmen mit sehr vielen Konten (Großbanken) und Abrechnungen (Versicherungen).

4. Speicherhierarchie

So läßt sich in groben Zügen folgende allgemeine Speicherhierarchie aufstellen (s. Abbildung 21).

Größe (Kapazität in Bytes)	Speicher	Zugriffsgeschwindigkeit (Sekunden)
	Primärspeicher:	
Millionen	Hauptspeicher	Millionstel (Mikro-)
	+ Pufferspeicher[2]	Milliardstel (Nano-)
	Sekundärspeicher:	
Millionen	Magnetband	Tausendstel bis hundertstel
Hundert(e) Millionen	Plattenspeicher	Tausendstel
Hundert Milliarden	Massenspeicher (MSS)	Tausendstel

---

2 Pufferspeicher integriert in den Hauptspeicher arbeiten z. B. in den EDV-Systemen IBM /370-158 und /370-168 (IBM Deutschland 1972). Es handelt sich um verhältnismäßig kleine (8K oder 16K), schnelle Speicher, welche die Effizienz der Zentraleinheit wesentlich erhöhen.

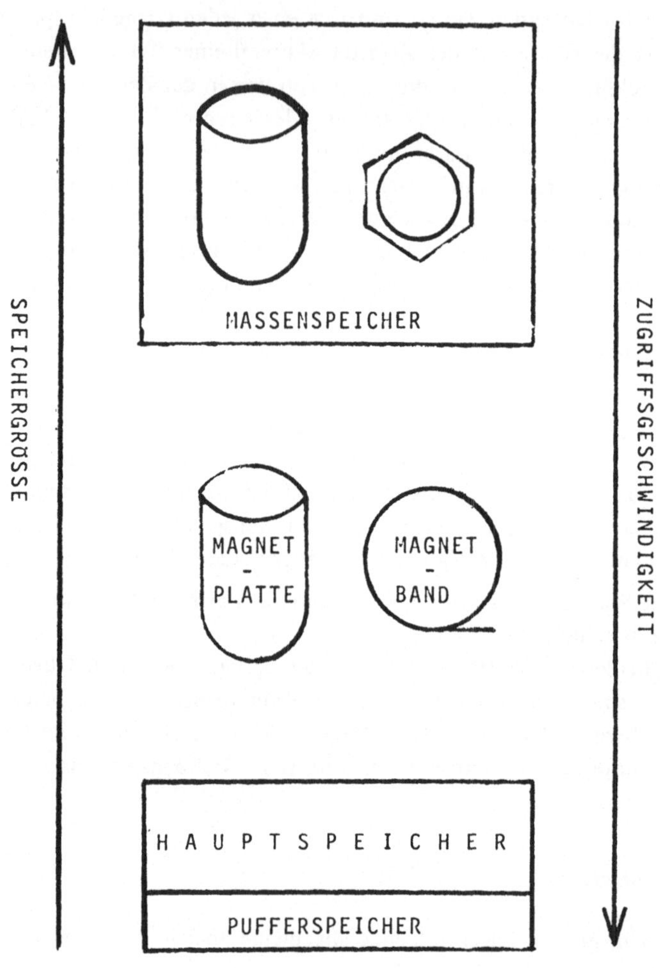

Abb. 21: Speicherhierarchie

Speicherkapazität und Zugriffsgeschwindigkeit verhalten sich gegenläufig: Je größer die Speicherkapazität umso kleiner die Zugriffsgeschwindigkeit und umgekehrt. Da sich die Zugriffszeit der Hauptspeicher immer mehr in Richtung „Nano-" (milliardstel) Sekunde bewegen wird, ist unschwer zu erkennen, daß zwischen Primär- und Sekundärspeichern eine „Lücke der Zugriffszeit" (T. Einsele) klafft (milliardstel gegenüber tausendstel Sekunden). Hier können z. B. die Magnetblasenspeicher (Zugriffszeit zehntausendstel Sekunde und länger), die bereits entwickelt werden, in Zukunft eingreifen.

IV. Virtueller (Haupt-)Speicher (VS)

A. Das Problem: Begrenzter realer Hauptspeicher

Die Möglichkeiten einer EDV-Anlage werden oft durch die Hauptspeichergröße beschränkt. Anspruchsvolle Anwendungsprogramme (z. B. für die Steuerung der Datenfernverarbeitung) konnten aus diesem Grunde bei kleineren Anlagen nicht eingesetzt werden, weil ihr Hauptspeicherbedarf den verfügbaren Rahmen überschritt.

Überdies können die Vorteile des Mehrprogrammbetriebs sich besser auswirken, wenn möglichst viele Programme (gleichzeitig) nebeneinander arbeiten und sich in ihren Hauptspeicher- und Kanalaktivitäten ergänzen. Durch die Betriebssystem-Funktion des virtuellen Speichers werden diese Begrenzungen und Einschränkungen *erheblich* abgebaut.

B. Arbeitsweise des virtuellen Speichers

1. Virtueller und realer Hauptspeicher

War durch Einführung des Betriebssystems früher schon eine bessere System-Auslastung gegenüber der bis dahin üblichen Arbeitsweise erreicht worden, so bewirkt die Zusatzfunktion VS nicht nur eine noch günstigere *Systemnutzung*, sondern darüber hinaus eine wesentliche *Erweiterung* des verfügbaren Arbeitsspeichers (IBM Deutschland 1972).

Auf einem externen Direkt-Zugriffsspeicher werden die Programme in kleine, gleichgroße Abschnitte, sogenannte „Seiten" aufgeteilt (siehe Abbildung 22). Diese Seiten (engl. "pages") umfassen 2048 Bytes (2 K) bei kleineren und 4 K (4096) Bytes bei größeren Systemen. 16 bzw. 32 Seiten zusammengefaßt ergeben jeweils ein Segment von 64 K. Max. können auf diese Weise bis zu 16 777 216 Bytes adressiert werden, dem größtmöglichen virtuellen Speicherraum auf einem Direkt-Zugriffsspeicher.

Der reale Hauptspeicher, in dem nach wie vor die Programme ausgeführt werden, ist in sogenannten „Rahmen" (engl. "frames") entsprechend der Seitengröße von 2 K bzw. 4 K Bytes aufgeteilt. In diese Rahmen wird der Seiteninhalt nach Bedarf geladen, d. h. immer dann, wenn gerade *dieser* Teil eines Programms, das sich in Ausführung befindet, angesprochen wird. Man lädt also nicht das gesamte Programm, sondern anfangs immer nur *die* Seite, die gerade zur Ausführung ansteht. Außerdem bleiben die Rahmen im Hauptspeicher aktiv, die am *häufigsten* angesprochen werden (damit sie nicht immer wieder neu geladen werden müssen!) und möglichst auch die Rahmen, die während der vorhergehenden Programmausführung *verändert* worden sind (um eine Auslagerung des veränderten Programminhalts auf externe

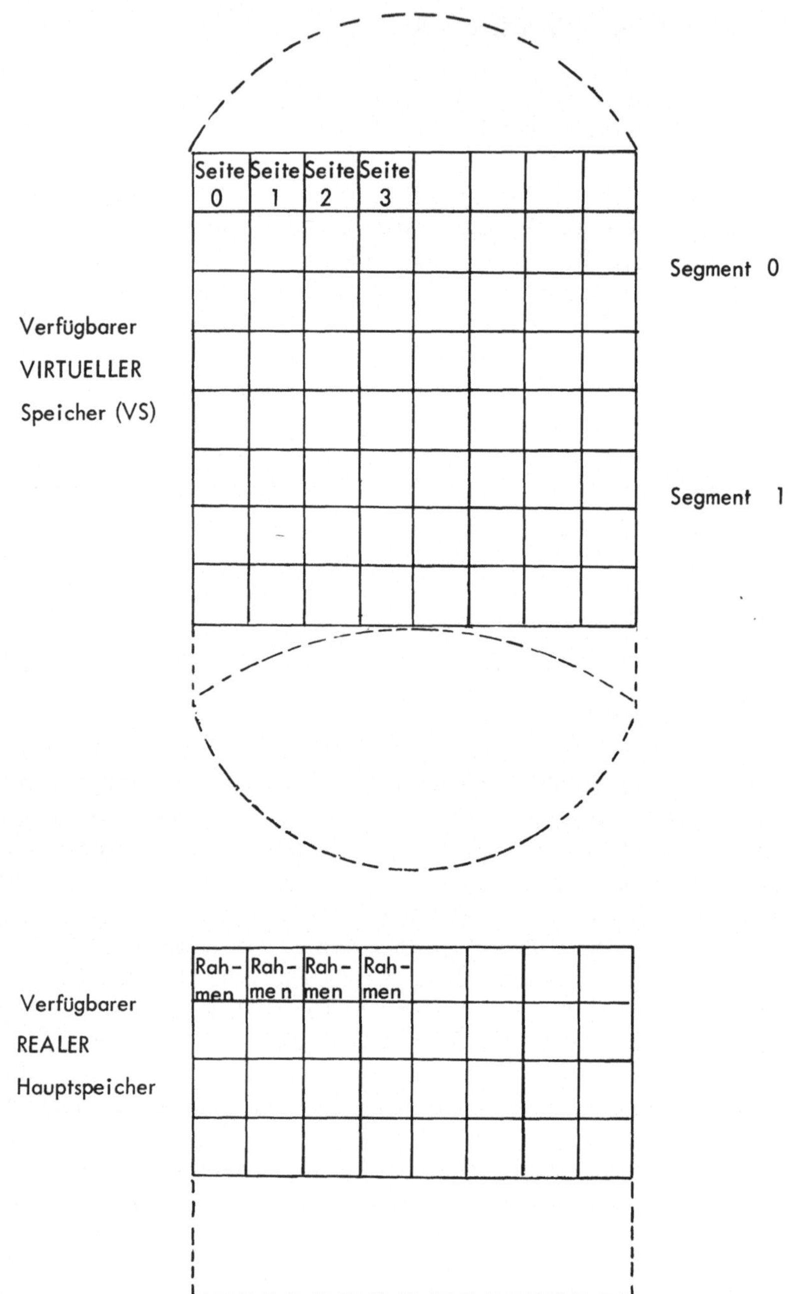

Abb. 22: Einteilung virtueller und Realspeicher

Speicher zu vermeiden). Andere Rahmen, für die diese Bedingungen nicht oder weniger zutreffen, werden überschrieben, sobald eine Adresse angesprochen wird, die sich nicht im Hauptspeicher befindet. Dann muß diese betreffende Seite aus dem externen Speicher in den realen Hauptspeicher übertragen werden. Dieser zeitaufwendige Vorgang ist jedoch der *seltenere* Fall — die am meisten benötigten Rahmen befinden sich während der Programmausführung im Hauptspeicher.

2. Adressumsetzung des virtuellen Speichers

Die Adressumsetzung ist eine wichtige VS-Funktion. Wenn eine Seite vom externen Speicher in den Hauptspeicher geladen wird, ist anfangs nur die *virtuelle* Adresse bekannt:

Segment — Nr. / Seiten — Nr. / Abstand (vom Seitenanfang an gerechnet)

Für die Ausführung des Programms bzw. der Seite, die gerade in einen Rahmen gebracht worden ist, benötigt die Zentraleinheit jedoch *echte* Hauptspeicheradressen. Dies geschieht über die Adressumsetzung, eine Steuerfunktion, mit welcher der Programmierer direkt nichts zu tun hat. Dabei werden verschiedene Tabellen durchsucht: Ein sogenanntes „Assoziativregister" (eine Hardware-Einrichtung der Zentraleinheit, die praktisch ohne Verzögerung, also *direkt* die gesuchte Rahmenadresse anzeigt), die Segment- und Seitentabellen des Steuerprogramms.

Zum Verständnis der Abbildung 23 muß man sich die Situation vorstellen: Für ein Programm wird eine Adresse gesucht (sie liegt zunächst nur als virtuelle Adresse vor), um die nächstfolgende Instruktion ausführen zu können (was nur über eine echte Hauptspeicheradresse möglich ist). Das Steuerprogramm wendet sich zunächst an das Assoziativspeicherregister, um die *Anfangsadresse* des Rahmens zu erfahren, in dem sich die Seite mit der betreffenden Instruktion befindet. Meistens ist die Suche erfolgreich — dann wird über die Rahmenanfangsadresse und den Abstand der Instruktionsadresse vom Seitenanfang (Wieviel Bytes ist die infrage stehende Instruktion vom Seitenanfang entfernt?), letztlich durch *Addition* beider Werte, die *echte* Hauptspeicheradresse festgestellt.

Sollte die Rahmenadresse *nicht* im Assoziativspeicherregister auffindbar sein, besteht noch die Möglichkeit, daß sie in der *Seitentabelle* verzeichnet ist, zu der man über die *Segmenttabelle* gelangt. Ist auch diese Anfrage ergebnislos verlaufen, so kann das nur bedeuten, daß die Seite *noch nicht* in den Hauptspeicher geladen worden ist. Das Programm muß dann *unterbrochen* werden, um die gesuchte Seite aus dem externen Speicher zu laden.

Die Programmkontrolle wird an den betreffenden Kanal übergeben. Die Zentraleinheit jedoch setzt während dieser Zeit die Verarbeitung eines anderen Programmes fort oder beginnt mit einem neuen Programm, das sich bereits im Hauptspeicher befindet.

Wenn es uns auch nicht möglich war, alle Einzelheiten darzustellen, die zum Verständnis und zur Beurteilung des VS erforderlich sind, so hoffen wir doch einen

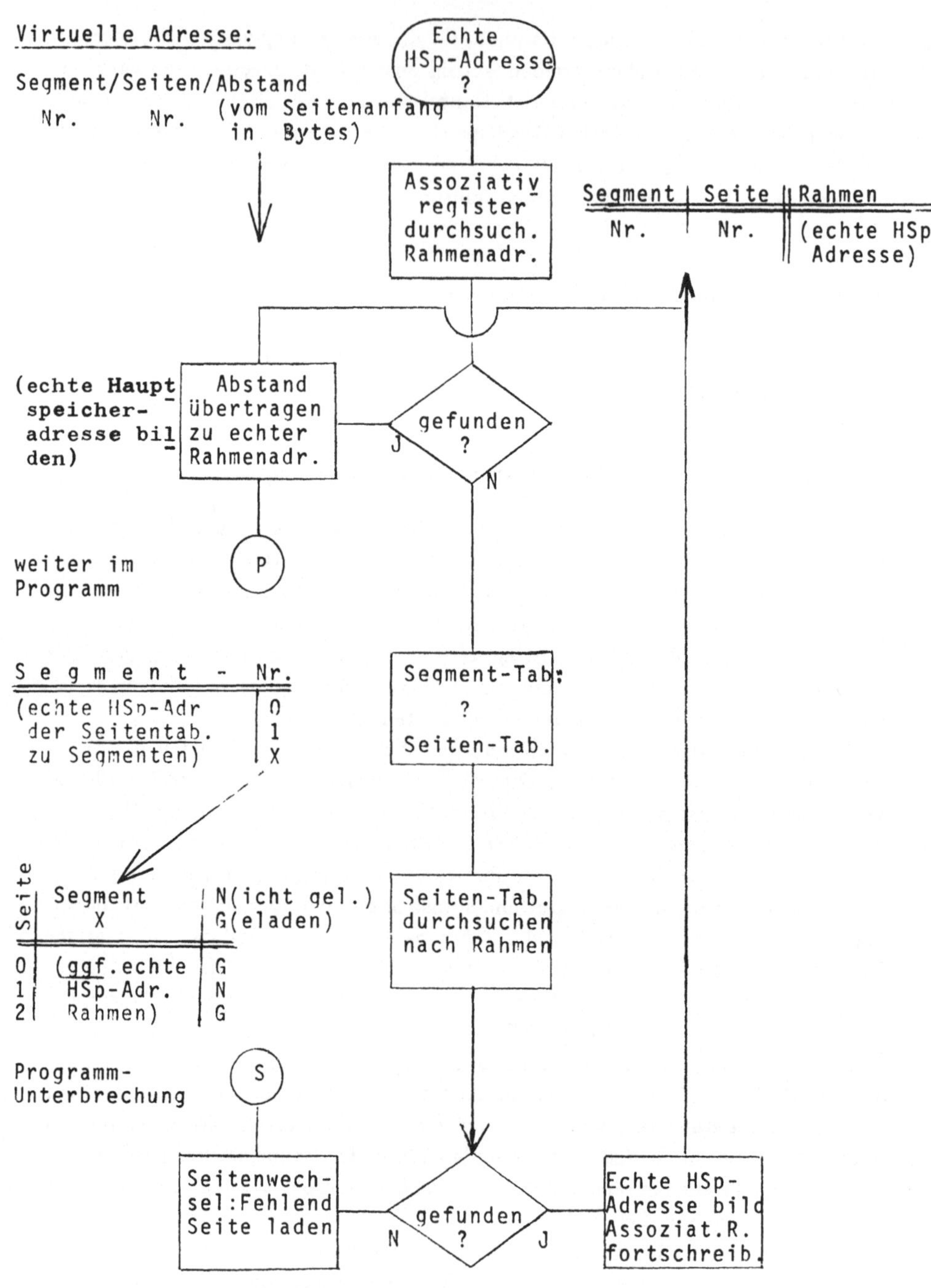

Abb. 23: Adressumsetzung des virtuellen Speichers
(Überblick)

Einblick in die Arbeitsweise des VS ermöglicht zu haben — eine Funktion des Betriebssystems, die sich als nützlich erwiesen und daher in der Praxis weitgehend durchgesetzt hat.

IV. Datenfernverarbeitung (DFV)

A. Telefon und/oder Datenfernverarbeitung?

Verglichen mit dem Telefon bietet die DFV (s. Abbildung 24) wesentlich umfassendere und intensivere Möglichkeiten der Information für den Teilnehmer. Man kann sich vorstellen, daß der Buchhalter in einem mit konventionellen Methoden geführten Rechnungswesen z. B. von der Verkaufsabteilung angerufen wird, um Auskunft über den Kontenstand eines bestimmten Kunden zu geben. Das mag — wenn man den zuständigen Buchhalter sofort am Telefon hat — schnell erledigt sein. Sobald jedoch mehr Einzelheiten — z. B. über die Umsatzentwicklung und Zahlungsweise in der Vergangenheit — gewünscht werden, dauert es länger. Wir wissen aus der Praxis, daß sich der Auskunftssuchende dann oft nicht mehr mit mündlichen Informationen begnügt, sondern Zahlenaufstellungen haben möchte, welche die Zeit des Buchhalters in Anspruch nehmen. Oft kann man auch darauf nicht warten und möchte einige wichtige Zahlen mündlich vorab haben — Gespräche, welche den Telefonanschluß und den Buchhalter für einige Zeit blockieren, während der andere Auskunftssuchende sich gedulden muß. Durch die fernmündliche Kommunikation können sich auch Mißverständnisse ergeben.
Vergleichsweise kommuniziert man dann direkt mit dem Computer über die Datenstation (s. Abbildung 25) weniger personalaufwendig, dafür aber sicherer und schneller, um sich gezielt zu informieren. Aus dieser Bildschirmwiedergabe erhellt auch, daß die Einzelheiten nur schwierig und verhältnismäßig umständlich mit Worten über das Telefon genau zu schildern sind.
Damit soll nun nicht die Bedeutung des Telefons als äußerst anpassungsfähige und nützliche Kommunikationshilfe ersten Ranges herabgesetzt werden: Es sollte jedoch der schnellen Übermittlung einfacher Sachverhalte, die man in wenigen Worten einfach darstellen kann, vorbehalten bleiben und nur in Ausnahmefällen für die Mitteilung komplizierter Zusammenhänge (dann dauert das Gespräch wesentlich länger und die Gefahr von Mißverständnissen wächst) benutzt werden. Solche Ausnahmefälle können gegeben sein, wenn

- ein entsprechendes computergestütztes Informationssystem nicht besteht (weil es sich aus Gründen der Wirtschaftlichkeit nicht lohnt) und
- der Schriftverkehr sich der Eilebedürftigkeit der Angelegenheit wegen verbietet.

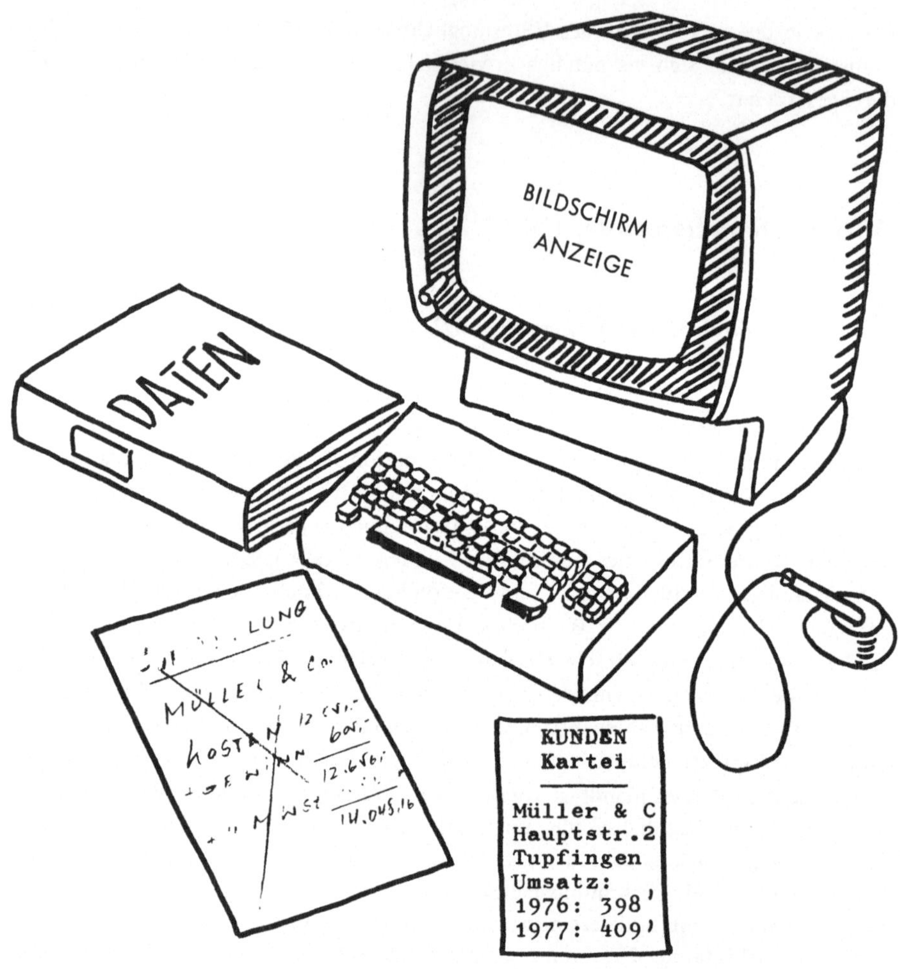

Abb. 24: Kommunikation mit dem EDV-System über die Datenstation

Die DFV ist wegen ihrer besonderen, anders liegenden Qualitäten kein Ersatz für das Telefon, sondern ergänzt es mit seinen vielfältigen Einsatzmöglichkeiten, um das betriebswirtschaftliche Informationssystem wirkungsvoller zu gestalten.

B. Hardware-Funktionen der Datenfernverarbeitung

DFV bedeutet Datenübertragung zwischen dem Computer und der örtlich entfernt liegenden Datenstation. Die Datenübertragung erfolgt mit Signalen, d. h. durch elektrische Impulse, die sowohl von der EDV-Zentraleinheit als auch von der Datensta-

```
KONTO-NR.: 140-05
KUNDE:     MEIER & CO
           GROSSHANDEL
           BACHSTR. 17
           6000 FRANKFURT

DATUM:    BUCHUNG:        SOLL (S): HABEN (H): SALDO:

01.01.76 VORTRAG                               4.872,14 S
08.01.76 SCHECK                    1.392,14
12.01.76 RECHNUNG       24.387,86
20.01.76 UEBERWEISUNG             10.000,00
03.02.76 GUTSCHRIFT                  682,13
23.02.76 RECHNUNG          823,17
28.02.76 SCHECK                      806,70
28.02.76 SKONTO                       16,47
10.03.76 RECHNUNG        3.291,00
01.04.76 SCHECK                    3.258,09
01.04.76 SKONTO                       32,91
10.04.76 WECHSEL                  13.705,73


UMSATZ 01.01.-15.04.76  28.502,03 29.894,17  3.480,00 S

UMSATZ 01.01.-15.04.75  25.341,84 24.273,16  1.752,18 S
```

Abb. 25: Bildschirm-Buchhaltung: Kundenkonto

tion aus gesendet und empfangen werden können, je nachdem ob die Zentraleinheit oder die Datenstation als Datenquelle (Sender) oder als Datensenke (Empfänger) arbeitet. Die Datenquelle erzeugt (nacheinander) Binärsignale, die vom Modem (Datenwandler) in eine für die Übertragung über das öffentliche Fernsprechnetz geeignete (elektrische Wellen-)Form gebracht, „moduliert" werden. Am Bestimmungsort werden sie durch ein anderes Modem demoduliert, damit sie von der Datensenke empfangen und entschlüsselt werden können (s. Abbildung 26).

Diesem (hier stark vereinfacht dargestellten) technischen Funktionsablauf dienen eine Reihe technisch äußerst komplizierter (weil wirkungsvoller) Geräte und Einrichtungen, von denen — weil mehr oder weniger unentbehrliches technisches Requisit eines Informationssystems — hier zusammenfassend die wichtigsten erwähnt seien:

(1) Modems
für verschiedene Übertragungsgeschwindigkeiten (z. B. von 200 Bit/Sekunde bis zu 960 000 Bit/Sekunde)

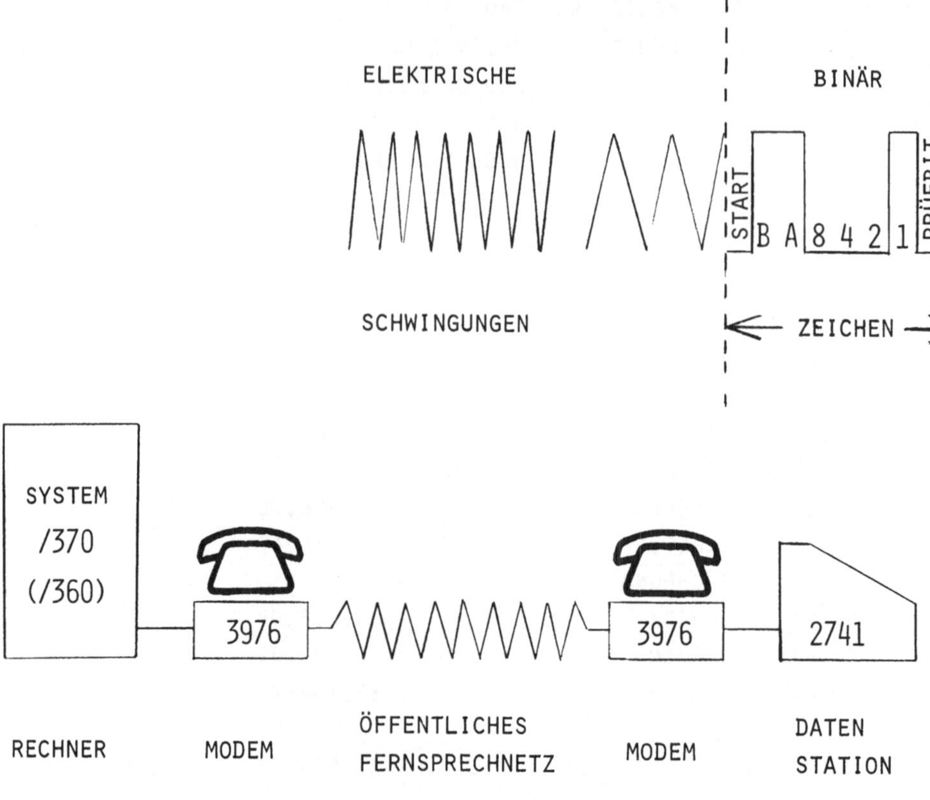

Abb. 26: Datenfernübertragung

(2) Übertragungswege
(hauptsächlich das öffentliche Fernsprechnetz der Bundespost, die das Fernsprechhoheitsrecht ausübt)

(3) Ferndaten-Steuereinheiten
welche die Zentraleinheit mit den DFV-Leitungen verbindet (entweder als separate Einheit oder als integrierter Anschluß für DFV der Zentraleinheit)

(4) Datenendgerät-Steuereinheiten
(s. Abbildung 27) vor allem zur Zwischenspeicherung („Pufferung") der Daten (kann auch in der Datenstation eingebaut sein)

(5) Datenstationen
als Endgeräte
(Benutzerschnittstellen),
und zwar

■ Bildschirmgeräte
(s. Abbildung 27)
■ Schreibmaschinenstationen
(mit Kugelköpfen ausgestattet, die es erlauben, verschiedene Schriftarten wiederzugeben)

- Kleinrechner mit peripheren Einheiten
- Andere Datenstationen
  (z. B. elektronische Kassen, Ausweisleser, Plotter, Drucker usw.)

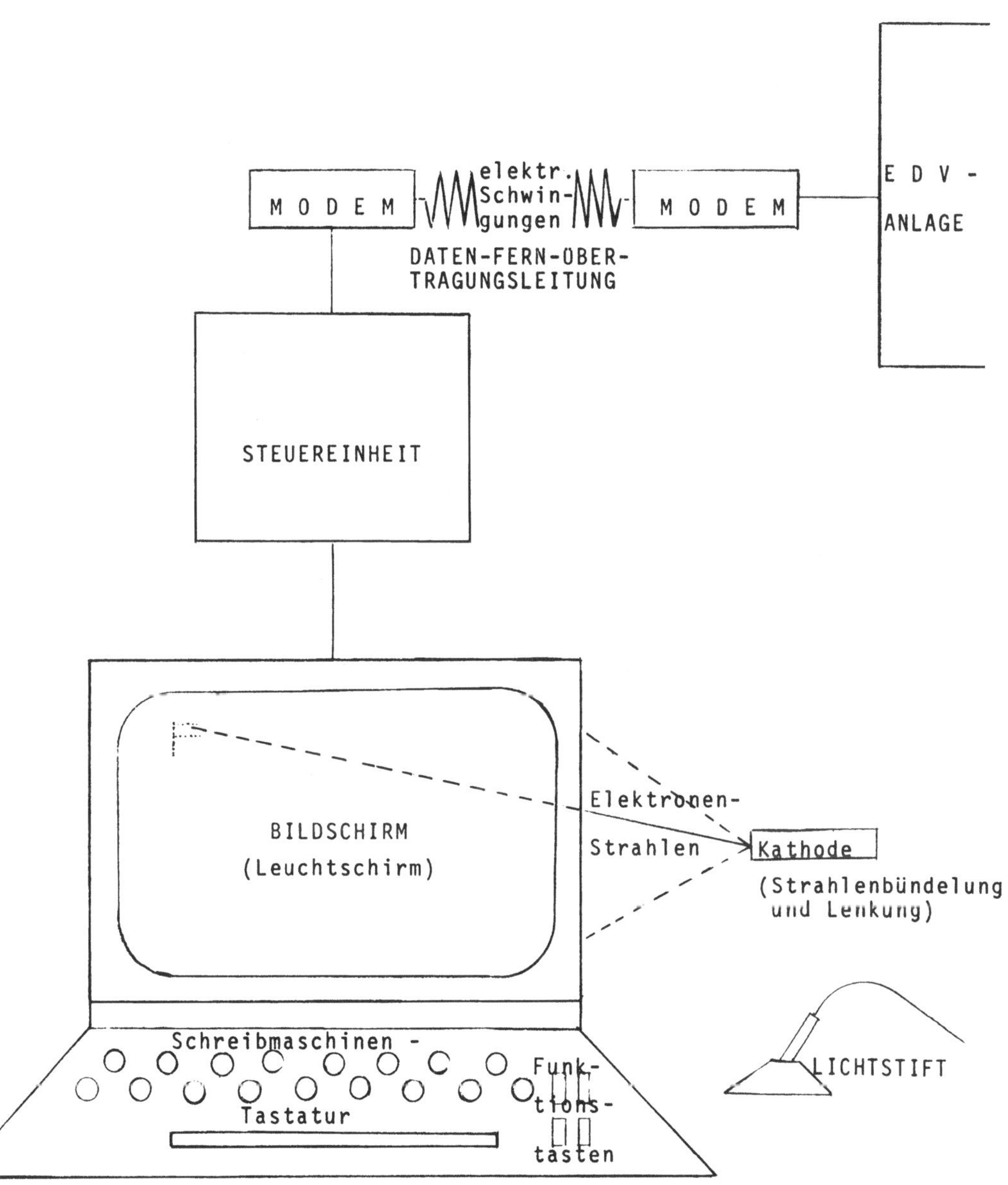

Abb. 27: Bildschirmgerät für die Dateneingabe und -abfrage

C. Die Steuerung der Datenfernverarbeitung

Bei der DFV geht es darum, den Datenfluß von der Datenstation zur Zentraleinheit und in umgekehrter Richtung möglichst optimal zu steuern. Erwünscht ist meistens eine kurze Antwortzeit an der Datenstation, d. h. der Endbenutzer an der Datenstation möchte möglichst schnell eine Antwort auf die von ihm (über die Tastatur) eingegebene Frage erhalten.

Ein annehmbares Antwortzeitverhalten (im Sekundenbereich) ist das Ergebnis eines wirkungsvollen Zusammenspiels von Hard- und Softwarefunktionen. Wie bei jeder Datenverarbeitung werden Programme ausgeführt, die vorformuliert bereits fertig verfügbar sein können oder aber erst an der Datenstation vom Endbenutzer entwickelt werden. Vorformulierte Programme werden durch einen sogenannten „Transaktionskode" aufgerufen — das ist eine (meistens alphanumerische) Zeichenfolge oder ein (rein alphamerisches Kunst-)Wort, das an der Datenstation eingegeben wird. Diese Zeichenfolge — über die Leitung geschickt — bewirkt, daß das Programm aufgerufen wird.

Was kann das Programm ausführen? Es kann Eingaben der Datenstation verarbeiten und die Ergebnisse entweder an die Datenstation zurücksenden oder auf externen Einheiten wegspeichern. Es kann aber auch Datenbanken „befragen" und verändern. Schließlich — und damit sind die Möglichkeiten nicht ausgeschöpft — kann es nur Eingabedaten prüfen und (auf Zwischenspeichern) sammeln, damit sie später durch andere (z. B. Stapel-)Programme verarbeitet werden können.

Wie wird dies (umfangreiche) „Geschäft" nun so schnell erledigt, daß die mehr oder weniger große Zahl von Endbenutzern eine *zumutbare* (in Sekunden bemessene) Antwortzeit an den Datenstationen „erlebt"? Die einfache Prioritätszuweisung, wie wir sie im Abschnitt II. A. dieses Kapitels kennen gelernt haben, wonach ein Programm solange im Hauptspeicher arbeitet, bis es durch eine Eingabe-/Ausgabeoperation (oder eine andere — seltene — Unterbrechungsart) unterbrochen wird, dürfte diesen Anforderungen allein in vielen Fällen nicht genügen können. Dann würde nämlich ein Endbenutzer nur in *dem* Falle zufriedengestellt sein, wenn das Programm eine recht kurze Verarbeitungszeit hat. Dieser Fall wird tatsächlich oft auftreten — der andere Fall, der längere Zeit in Anspruch nimmt, ist jedoch auch so häufig, daß er nicht vernachlässigt werden darf. Man hilft sich in der Weise, daß sogenannte „Zeitscheiben" ("time slices"), d. h. eine gleich große Zeiteinheit (z. B. einige hundertstel Sekunden) für die Ausführung eines jeden Programms vergeben wird. Nach Ablauf dieser Zeit (falls das Programm bis dahin noch nicht beendet ist), wird es abgebrochen und das nächste in der Warteschlange von angeforderten Programmen wird verarbeitet, dem gleichviel Zeit zur Verfügung steht. Im einfachsten Falle des „Ringelreihen-Verfahrens" ("Round Robin Technique") wird jede Datenstation reihum gleichmäßig bedient, d. h. es gibt keine ausgesprochene Priorität, weil die Warteschlange — in der zeitlichen Reihenfolge, wie die Transaktionskodes eingegangen sind — nacheinander abgearbeitet wird.

Man kann nun auch — entweder zusätzlich oder ausschließlich — mehr oder weniger komplizierte Prioritäts(rechen)regeln (immer in Ergänzung zur Priorität des Betriebssystems, die grundsätzlich für DFV-Programme sehr hoch sein sollte) einsetzen, z. B. maximale Wartezeiten festlegen, die nicht überschritten werden dürfen, oder solche Programme bevorzugt abfertigen, die dialogintensiv sind usw.

Eine Reihe von Einflußgrößen können wahlweise zum Zuge kommen, die in verschiedenartigen Kombinationen in die Prioritätsregeln der DFV-Software von EDV-Herstellern usw. einfließen.

Allerdings möchten wir nicht unerwähnt lassen, daß es außerhalb dieser Prioritätsregeln noch weitere wichtige Bedingungen sowie Soft- und Hardwarehilfen gibt, die vor allem das Antwortzeitverhalten und damit die Effizienz von DFV-Systemen sehr günstig beeinflussen können. So kann der virtuelle Speicher im Verhältnis zum Realspeicherraum nicht unbegrenzt groß sein, sondern es sollte ein bestimmtes Größenverhältnis nicht überschritten werden (wie das Optimum aussieht, hängt hauptsächlich von der Art der Software ab, die verarbeitet wird), damit nicht (oder doch nur selten) zu den Programmteilen zugegriffen werden muß, die auf Sekundärspeichern ausgelagert sind. — Auch bieten sogenannte „Interpreter"-Systeme (wie APL in der IBM-Implementierung) gegenüber Compilern den Vorteil, daß sie die einzelnen Programm-Instruktionen unmittelbar in Maschinenbefehle umwandeln und ausführen, ohne den zeitaufwendigen Umweg über Compiler, die erst von den externen Speichern abgerufen werden müssen.

Dies waren sicher nicht alle Faktoren, welche die Zeitspanne wesentlich beeinflussen können, die der Endbenutzer zuwarten muß, bis er eine Antwort vom System erhält — es sind so viele Einflußgrößen, daß er ihre Auswirkung am besten selbst ausprobiert und an der Datenstation erfährt.

D. Einsatzmöglichkeiten der Datenfernverarbeitung

Um die wichtigsten betriebswirtschaftlichen Einsatzmöglichkeiten aufzuzeigen, kann man von folgender Untergliederung ausgehen:

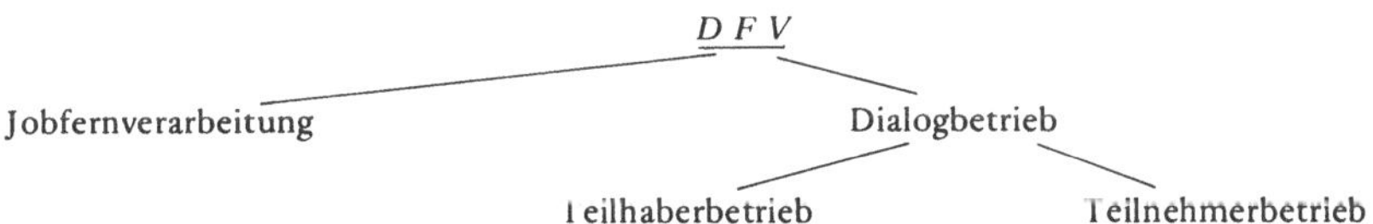

Bei der *Jobfernverarbeitung* ("remote job entry" = RJE) werden die Daten meistens (u. U. auch die Programme) von den Datenstationen aus eingegeben und von der EDV-Anlage als Stapelprogramme (meistens von der Programmbibliothek abgerufen) verarbeitet. Die Ausgabe kann anschließend entweder an der gleichen Datenstation (oder einer anderen Datenstation) oder am Ort der EDV-Anlage erfolgen (anschließend Postversand).

Der Eingebende weiß im voraus, daß er einige Zeit zuwarten muß, bis er eine Antwort erhält, nämlich solange wie die Ausführung der Arbeit andauert.

Die *Dialogverarbeitung* ist dagegen gekennzeichnet durch eine unmittelbare Reaktion des Systems, die der Benutzer an der Datenstation erwartet: Der Benutzer gibt eine Anfrage ein und kann darauf normalerweise ohne Verzögerung mit einer Antwort rechnen. Dadurch ist die Dialog-Betriebsweise eine besonders wichtige Form der Mensch-Maschine-Kommunikation, von der starke Motivationseffekte ausgehen. Der Bildschirm oder die Schreibmaschinenstation üben eine Art Anziehungskraft aus, weil der Kommunikationspartner (die Person an der Datenstation) gehalten ist, auch seinerseits zu reagieren (mit neuen Fragen oder — wenn das System fragt — mit Antworten) und ihn zwingt, sich zu konzentrieren, um den Dialog weiterzuführen.

Beim *Teilhaberbetrieb* sind — im Gegensatz zum Teilnehmerbetrieb — Aufgaben- und Lösungsart für den Benutzer an der Datenstation weitgehend vorstrukturiert. Viele Benutzer können sich an einem (Software-)System beteiligen — z. B. an dem Platzbuchungssystem einer Fluggesellschaft.

Einfache, direkte *Datenbankabfragen und -änderungen* sind die wichtigste Ausprägung eines Teilhabersystems, vor allem wenn die Anfragen und Änderungen in Form von Transaktionen als fertige Programme vorformuliert sind. Hier partizipieren alle gemeinsam am Datenbanksystem und bringen gegebenenfalls Änderungsinformationen ein, welche die gemeinsam genutzte Datenbank immer auf den neuesten Stand halten sollen.

Auch die *Datenerfassung* über Datenstationen wird von einem Teilhabersystem gesteuert, wenn es die Daten "on line" entgegennimmt und nach Prüfung weiterverarbeitet.

Wird der Teil*haber* vom gemeinsamen Software-System weitgehend geführt, so hat der Benutzer eines *Teilnehmer-Systems* vergleichsweise viel mehr Freiheiten in der Gestaltung seiner Programme und Abfragen. Er löst seine individuellen Aufgaben und Probleme unabhängig von (aber gleichzeitig neben) den übrigen System-Teilnehmern.

Die *benutzerkontrollierte Dialogverarbeitung* (U. E. Fischer 1973, S. 48) ist somit die reinste Form des Teilnehmer-Systems. Man kann sich z. B. vorstellen, wie ein APL-Benutzer seine finanzmathematischen oder Planungs-Probleme an der Datenstation mit frei formulierten Programmen löst.

Sind die (beispielsweise APL-)Programme dagegen bereits vorformuliert, so kann damit eine *programmkontrollierte Dialogverarbeitung* (U. E. Fischer 1973, S. 47 f.) vorgesehen sein: Durch das Programm wird festgelegt, wann ein Dialog mit dem Benutzer stattfindet. Er wird beispielsweise aufgefordert, Daten einzugeben oder Fragen zu beantworten.

Eine weitere, betriebswirtschaftlich wichtige Variante des Teilnehmerbetriebs ist die *Dialogprogrammierung* an der Datenstation. Es können nicht nur die Dialogprogramme selbst, sondern auch andere Stapelprogramme sehr effizient z. B. am Bildschirm entwickelt werden, wie mit Hilfe des PL/1 Checkout-Compilers (G. Manowski).

E. Ausblick: Computer am Arbeitsplatz

Wir können im Rahmen dieses Buches nur in die Grundbegriffe der DFV einführen
und müssen uns weitere wichtige Einzelheiten über dieses umfangreiche Fachgebiet
hier versagen. So können wir nicht auf die Datennetze für die Übertragung von z. B.
Datenbankinhalten auf weite Entfernungen eingehen, über welche die Möglichkeiten des Großcomputers in Zukunft praktisch allen angeschlossenen Teilnehmern
zugänglich gemacht werden können und die Steuerung durch SNA ("Systems
Network Architecture" — IBM Deutschland 1975) mit seinen weitreichenden Möglichkeiten.
Vor allem sind auch diese Mittel der DFV, die teilweise schon in der Praxis Eingang
gefunden haben, geeignet, den insbesondere auch betriebswirtschaftlich sinnvollen
Anspruch: „Computer am Arbeitsplatz" zu verwirklichen. Am Arbeitsplatz kann
der Computer als *hand- und funktionsgerechtes Werkzeug* (A. Winter, April 1976)
genutzt werden, weil er über die Datenstationen der DFV auch für den Sachbearbeiter zugänglich ist, um geeignete Anwendungsprogramme direkt für die Fachabteilung auszuführen.
Die direkte Kommunikation mit dem Computer mit Hilfe von benutzerfreundlichen
Dialogsprachen führt über einen Lernprozeß zur Verständniserweiterung auf Seiten
des Sachbearbeiters. Dieser motivierende Vorgang kann auch als *ein* Schritt auf dem
Wege zur angestrebten Selbstverwirklichung des in der Betriebswirtschaft wirkenden
Menschen angesehen werden.

Zusammenfassung

(1) Durch ein *EDV-unterstütztes Informationssystem* wird bezweckt, die Informationsbedürfnisse der angeschlossenen Personen möglichst
- *schnell*
- *gezielt* und
- durch Mitteilung *richtiger* Informationen
zu erfüllen.
Auch ein EDV-unterstütztes Informationssystem wird nach
- *Zweckbestimmung,*
- *Gestaltung* und
- *Arbeitsweise*
von den damit befaßten Personen her bestimmt.

(2) Arbeitsteilige Funktionen einer modernen EDV-Anlage
- *Kanäle* sind Einheiten innerhalb eines EDV-Systems, welche die Nachrich-
  tenübertragung von und zu den peripheren Einheiten steuern. Sie ermöglichen eine weitgehend *parallele* Arbeitsweise von Zentraleinheit und Periphe-
  rie.

■ *SPOOL* ist eine Funktion des Betriebssystems, durch die eine Angleichung verhältnismäßig langsamer peripherer Einheiten (Drucker, Stanzer) an schnellere Ein- und Ausgaben, wie sie z. B. mit Magnetplattenspeichern möglich sind, erreicht wird. Die Daten werden auf Magnetplatten zwischengespeichert und können von dort aus (Eingabedaten) vom Programm abgerufen werden oder aber (Ausgabedaten) ausgegeben werden, je nach Verfügbarkeit der benötigten Kapazitäten der Zentraleinheit bzw. der in Frage kommenden Ausgabegeräte.

(3) Datenspeicherung
■ *Externe Speicher*

Speicher-Technologie	Datenorganisation	Daten-Zugriffsmöglichkeiten
Karten	sequentiell	sequentiell
Magnetband	starr sequentiell	sequentiell
Magnetplatte (Trommel-, Streifen-, Magnetkartenspeicher)	a) (starr) sequentiell b) index-sequentiell	sequentiell aa) sequentiell bb) direkt über (mindestens) Zylinder- und Spurindex
	c) gestreut aa) durch *direkte* Umrechnung adressierbar bb) über Algorithmus (*indirekt*) adressierbar	direkt direkt

■ *Datenorganisation und Datenzugriff*
Wichtig ist insbesondere die *index-sequentielle* Datenorganisation, die sowohl die sequentielle Verarbeitung als auch den Direkten Zugriff (über mind. Zylinder- und Spurindex) ermöglicht.
Sehr große Datenmengen können mit Hilfe des *Massenspeicher-Systems* (MSS) wirkungsvoll organisiert werden („virtueller" externer Speichereffekt).
Die *Speicherhierarchie* ordnet die verschiedenen Datenspeicher in der Rangfolge ihrer Kapazität und (gegenläufig) Zugriffsgeschwindigkeit, beginnend am einen Ende mit dem Massenspeichersystem und am anderen Ende mit dem (äußerst schnellen) Pufferspeicher des Hauptspeichers (s. Abbildung 21).

(4) Virtueller Speicher
Diese von der derzeitigen Technologie her beeinflußte Speicherhierarchie wird in ihrer Wirkungsweise durch das virtuelle (Haupt-)Speicherprinzip (VS) *we-*

102

sentlich verbessert. VS bedeutet einen vom Programm aus adressierbaren und verfügbaren Speicherraum, der *weit* über den realen Hauptspeicherplatz hinausgeht (bis zu 16 000 K!). Der VS ist auf externe Direkt-Zugriffsspeicher ausgelagert und in „Seiten" von je 2 K bzw. 4 K eingeteilt. Diese „Seiten" werden *nach Bedarf* während der Programmausführung in entsprechend gleichgroße (bzw. -kleine) „Rahmen" — in die sich der reale Hauptspeicher aufteilt — geladen.

VS ermöglicht, daß

- auch (un-)verhältnismäßig *große* Programme auf kleineren Anlagen,
- *mehr* Programme nebeneinander laufen können und
- dadurch eine bessere *Nutzung* des zur Verfügung stehenden Hauptspeichers erreicht wird,
- *ohne* (ein vernünftiges Verhältnis zwischen Realspeicher und genutztem VS vorausgesetzt) wesentliche Verlängerung der Ausführungzeit der Programme.

(5) Datenfernverarbeitung (DFV)

Die DFV kann für viele betriebswirtschaftliche Zwecke eine *Verbesserung* der Kommunikation zwischen Mensch und EDV-System bringen (für die zwischenmenschliche Kommunikation, die allerdings durch die Kommunikation mit dem EDV-System verdrängt bzw. verändert wird, bleiben das Telefon und das Schriftstück nach wie vor die wichtigsten Kommunikationshilfen).

- *DFV-Hardware*

  Die Übertragung von Daten an entfernt oder nahe gelegene Datenstationen erfolgt mit Hilfe von *Signalen* (elektrischen Impulsen), die folgende technische Einrichtungen erfordert:

  Gegebenenfalls MODEMS zur Umwandlung der Computer- oder Datenendstationssignale, welche sie zum Zwecke der Übertragung durch das *öffentliche Fernsprechnetz* umwandeln;
  Ferndaten-Steuereinheiten als Bindeglied zwischen Zentraleinheit und *Übertragungsweg* (insbes. öffentliches Fernsprechnetz),
  Datenendsteuereinheiten, die vor allem zur Zwischenspeicherung vor die eigentliche
  Datenstation (Bildschirmgeräte, Schreibmaschinenstationen, Kleinrechner usw.)

  geschaltet sind.

- *DFV-Steuerung durch die Zentraleinheit*

  Ziel ist eine möglichst *kurze Antwortzeit* für den Benutzer an der Datenstation. Programme können durch *Transaktionskodes*, die an der Datenstation eingegeben worden sind, ausgelöst werden. Da diese Programme einen unterschiedlichen Umfang haben können (es kann sich ja um die verschiedenartigsten Anwendungen handeln), ist eine Prioritätssteuerung bzw. Verarbeitungszeitzuteilung (z. B. durch das Zeitscheibenverfahren) erforderlich.

- *DFV-Einsatzmöglichkeiten*

   Bei der *Jobfernverarbeitung* wird ein Stapelprogramm vom Benutzer der Datenstation ausgelöst: Er gibt an der Datenstation die Daten und eventuell auch das Programm ein und viel später oder bald danach erhält er die gesamte Ausgabe.

   Im Falle der *Dialogverarbeitung* dagegen muß das DFV-System möglichst schnell reagieren: Der Benutzer, der Daten an der Datenstation eingegeben hat, erwartet unverzüglich eine Antwort des Systems. Hier gibt es verschiedene Ausprägungen:

   Beim *Teilhabersystem* beteiligen sich viele Benutzer an der Lösung einer gemeinsamen Aufgabe und/oder sie partizipieren an den Ergebnissen — wie z. B. bei einem Platzbuchungssystem der Fluggesellschaften, bei der Datenerfassung über Datenstationen, bei einfachen Datenbank-Abfragen und Eingaben u. a.

   Jeder einzelne Teilnehmer eines *Teilnehmersystems* kann dagegen an der Datenstation seine besonderen Probleme selbständig und unabhängig von anderen lösen. Er ist Teilnehmer an einem EDV-DFV-System, braucht aber nicht unbedingt mit der gleichen Anwender-Software wie ein anderer Teilnehmer zu arbeiten.

- *Ausblick*

   Die DFV ist ein EDV-Einsatzgebiet mit vielen, zukunftsweisenden Möglichkeiten. So kann die Fachabteilung über DFV mit dem EDV-System kommunizieren, was insbesondere durch benutzerfreundliche Dialogsprachen (wie APL u. a. m.) erleichtert wird. Diese Erweiterung des Wirkungsfeldes des Sachbearbeiters, des Ingenieurs usw. am Arbeitsplatz ist außerordentlich motivierend und kann — über die Problemlösungsmöglichkeiten hinaus — vom einzelnen in der Betriebswirtschaft wirkenden Menschen als seinem Streben nach Selbstverwirklichung förderlich aufgefaßt werden.

Übungsfragen zum Dritten Kapitel

1. Welche Ziele werden mit der Einführung EDV-gestützter Informationssysteme angestrebt?
2. Worin besteht die Aufgabe der Kanäle einer EDV-Anlage?
3. Was ist SPOOL?
4. Wie arbeitet die Index-sequentielle Zugriffsmethode?
5. Mit Hilfe welcher Technik ist es möglich, auf Hunderte Milliarden im Massenspeicher-System gespeicherter Bytes in annehmbarer Zeit zuzugreifen?
6. Was sind Pufferspeicher?
7. Wofür wird die Adressumsetzung des virtuellen Speichers benötigt?
8. Welche Funktionen erfüllt das MODEM?
9. Nenne die wichtigsten Datenstationen.
10. Warum ist eine wirkungsvolle Steuerung der Datenfernverarbeitung notwendig?
11. Welcher Unterschied besteht zwischen der benutzerkontrollierten und der programmkontrollierten Dialogverarbeitung?
12. Welche Vorteile bietet der „Computer am Arbeitsplatz"?

Literatur zum Dritten Kapitel

Fischer, U. E.: Teilnehmerbetrieb, 1973.

Ganzhorn/Walter: Geschichtliche Entwicklung der Datenverarbeitung, 1975 (überarbeitete und erweiterte Fassung der Ersterscheinung 1966).

Einsele, T.: Entwicklungstendenzen der Rechnertechnologie und Rechnerstruktur, in: DV Aktuell 1976 (hrsg. von K. Nagel), SRA 1975.

IBM Deutschland (Hrsg.):
Das IBM System /370 Modell 158, 1972 (IBM Form-Nr. F 12-1046-1).
Datenorganisation auf Speichereinheiten mit direktem Zugriff — DASD-Handbuch, Januar 1969 (IBM Form-Nr. 79966-1).
Der virtuelle Speicher, 1972 (IBM-Form-Nr. F 12-1044.10.72).
DV — Datenübertragung und Fernmeldetechnik, Februar 1974 (IBM Form-Nr. A 12-1048-5).
Grundlagen der Datenübertragung, Juli 1973 (IBM Form-Nr. E 12-1187-1).
Systems Network Architecture, 1975 (IBM Form-Nr. A 12-2137).

IBM World Trade Corporation (Hrsg.):
Introduction to IBM Direct-Access Storage Devices and Organization Methods, New York 1976 (IBM Form-Nr. C 20-1649-9).
Introduction to the IBM 3850 Mass Storage System (MSS), New York 1975 (IBM Form-Nr. A 32-0028-2).

Pieper, E.: Was ist virtuelle Speicherung? In: Elektron. Rechenanlagen 1974, S. 230 ff. und 1975, Heft 1, S. 28 ff.

Schmoldt, R.: Betriebssysteme. In: Was ist Software?, von Ganzhorn/Tjaden (Hrsg.), 1970, S. 88 ff.

Steinbuch/Weber (Hrsg.): Taschenbuch der Informatik, 1974, S. 104 ff., Bd. 3, insbes. Beitrag *A. Schmitt:* Teilnehmer-Rechensysteme (3. Aufl. des Taschenbuchs der Nachrichtenverarbeitung).

Sieber, D. M./Urmes, N. M.: APL Einführung, 1977.

Spruth, W. G.: Interaktive Systeme, SRA 1977.

Winter, A.: Computer am Arbeitsplatz des Buchhalters — Integrierte Finanzbuchhaltung. In: IBM-Nachrichten, April 1976, S. 125 ff.

Viertes Kapitel:
Die Datenbank im Mittelpunkt
EDV-gestützter Informationssysteme

Lehr- und Lernziele

Es sollen die grundlegenden Datenbank-Prinzipien, -Strukturen und -Konzeptionen verstanden werden, ohne auf alle Details bestehender DB-/DC-Systeme sowie konzeptionelle Begründungen usw. eingehen zu können.

Im einzelnen:

- wird das relationelle Datenbank-Konzept als richtungweisend vorangestellt, weil es die Möglichkeit der beliebigen Variierbarkeit der Datenstrukturen (bzw. -elemente) bietet,
- werden als Beispiele für praktisch erprobte Datenbankkonzepte vorgestellt
  - der BOMP als Prototyp einer Kettstruktur,
  - das hierarchisch strukturierte System IMS als voll ausgebildetes und vielseitig eingesetztes Datenbank-/Datenkommunikationssystem.

Die wesentlichen Zusammenhänge sollen deutlich werden, ebenfalls bestimmte, wichtige Einzelheiten, damit ein nicht nur oberflächliches Verständnis der beispielsweise dargestellten Datenbankstrukturen erreicht werden kann.

I. Die Daten in einer Datenbank

Man könnte versucht sein, die Daten innerhalb einer Datenbank (DB) — ähnlich wie das Linnésche Pflanzensystem — zu systematisieren und anzuordnen. Um bei dem Beispiel zu bleiben (s. Kapitel 2, Abschnitt III. B.) könnte man die einzelnen Begriffe des natürlichen Systems der Pflanzen als Daten wie folgt angeordnet in eine EDV-Anlage einspeichern:

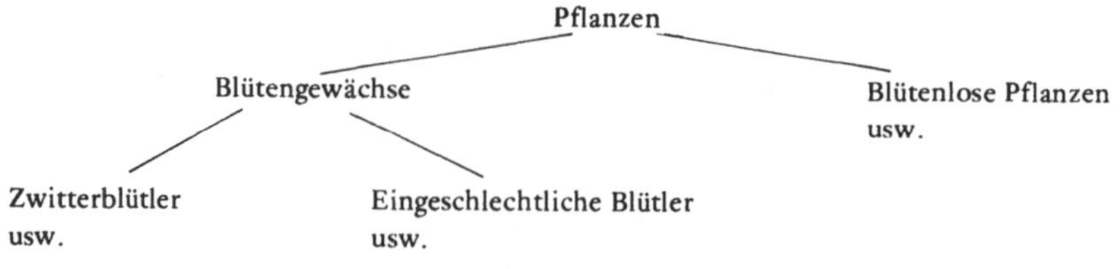

Will nun aber ein Pflanzensammler praktisch mit einem solchen System arbeiten und z. B. eine Pflanze, die noch keine Blüten trägt, auf Grund anderer Merkmale bestimmen, muß er erkennen, daß dieses System seinen Zwecken nicht gerecht werden kann. Man müßte ein anderes System aufbauen, das beispielsweise von Größe, Form und Farbe der Blätter ausgeht. Sicher ergibt sich eine völlig andersartige *Datenstruktur,* wenn von den Merkmalen der Blätter ausgegangen wird. Die Anordnung und Gestaltung eines solchen Systems ist nämlich von den *Zwecken und Zielen* abhängig, die damit verfolgt werden.

Genauso wenig ist ein solches System geeignet — es handelt sich um eine (hierarchische) *Baumstruktur* —, ein Schema abzugeben, in das man betriebswirtschaftliche Daten ein für allemal einordnet, um sie später auf Grund logisch-schlüssiger Deduktionen wiederfinden zu können. Es finden sich auch im betriebswirtschaftlichen Bereich vielfach Daten, die *datenlogisch* in Form einer Baumstruktur aufgebaut sind. Um *verschiedenen Zwecksetzungen* gerecht werden zu können (und das soll mit einer Datenbank erreicht werden!), müssen die Daten *beliebig kombinierbar* sein.

II. Wichtige Grundbegriffe einer Datenbank (DB)

A. Definition der Datenbank

Eine DB dient der Speicherung und späteren Wiedergewinnung großer Datenmengen. Die verschiedenen Daten werden *zentral gesammelt* und (möglichst) *nur einmal* — ohne Mehrfachbelegungen (redundanzfrei) — weggespeichert. Man kann daher von einer redundanzfreien „Datenintegration" (Döringer, H. — 1976, S. 40) sprechen.

Eine DB wird sich sinnvollerweise auf einen bestimmten — sachlich und funktionell abgegrenzten — Bereich beziehen, z. B. Personal, Einkauf, Verkauf, Stücklisten usw.

Die Abbildungen 28, 29 und 30 verdeutlichen den Fortschritt, den eine *Datenintegration* für das betriebswirtschaftliche Informationssystem bringt. Hinzu kommt heute die Möglichkeit, über die Datenstation mit der DB im Dialog zu kommunizieren, um Informationen in Realzeit zu gewinnen.

B. Formatierte und Nicht-formatierte DB

1. Formatierte DB

Wie der Name schon sagt, sind die Daten an bestimmte *Formate* (bestimmte Länge — in Bytes — der numerischen oder alphanumerischen Felder bzw. Segmente) gebunden. Das ermöglicht auch die genaue begriffliche Festlegung des Datenfeldes bei der Erstellung der Datenbank: Im Falle der Gehaltsdatenbank würde z. B. unter dem Feld „Grundgehalt" der DM-Betrag zu verstehen sein, den der betr. Mitarbeiter als sein monatliches Grundgehalt zu betrachten hat.

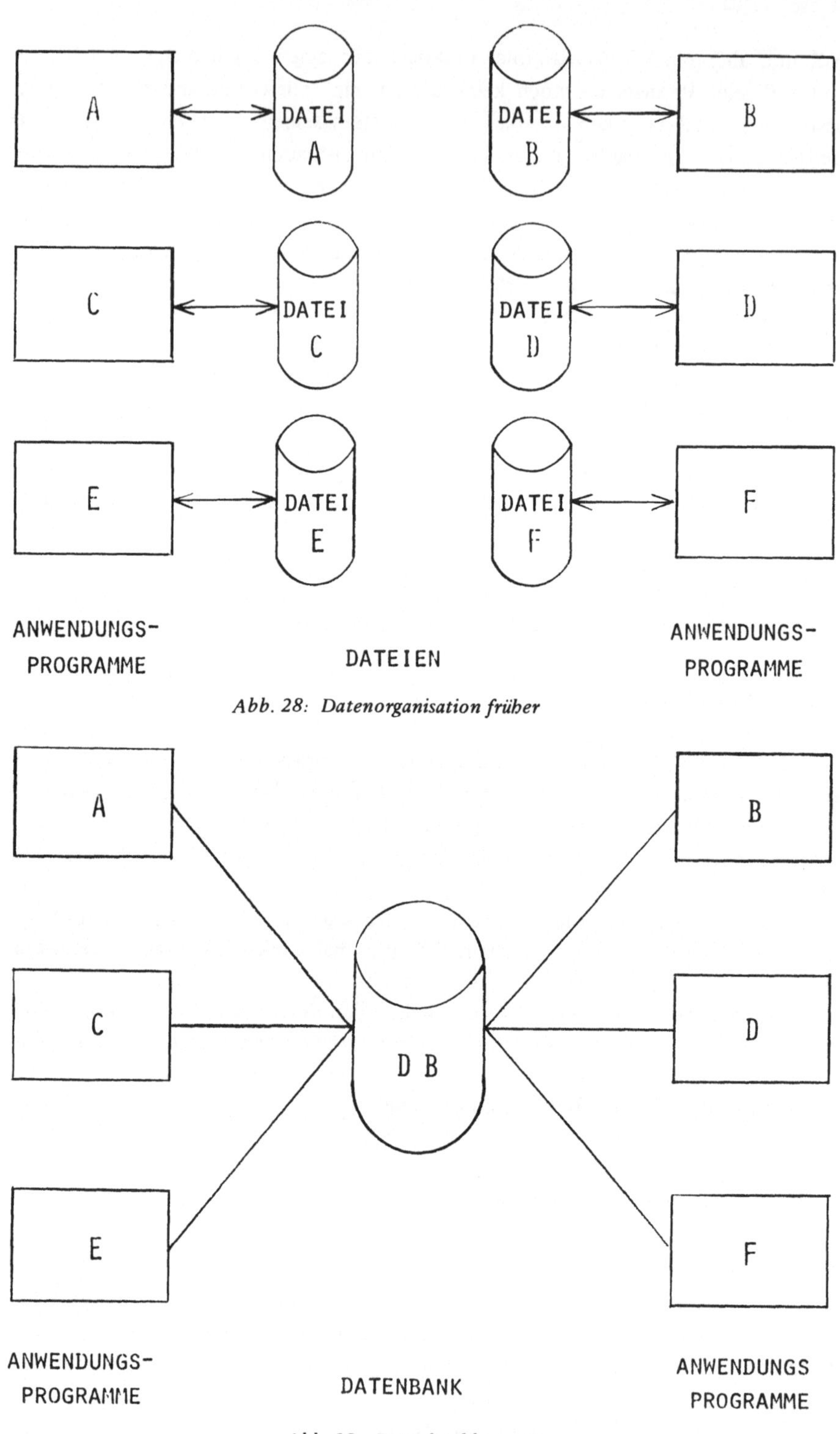

Abb. 28: Datenorganisation früher

Abb. 29: Datenbankkonzept

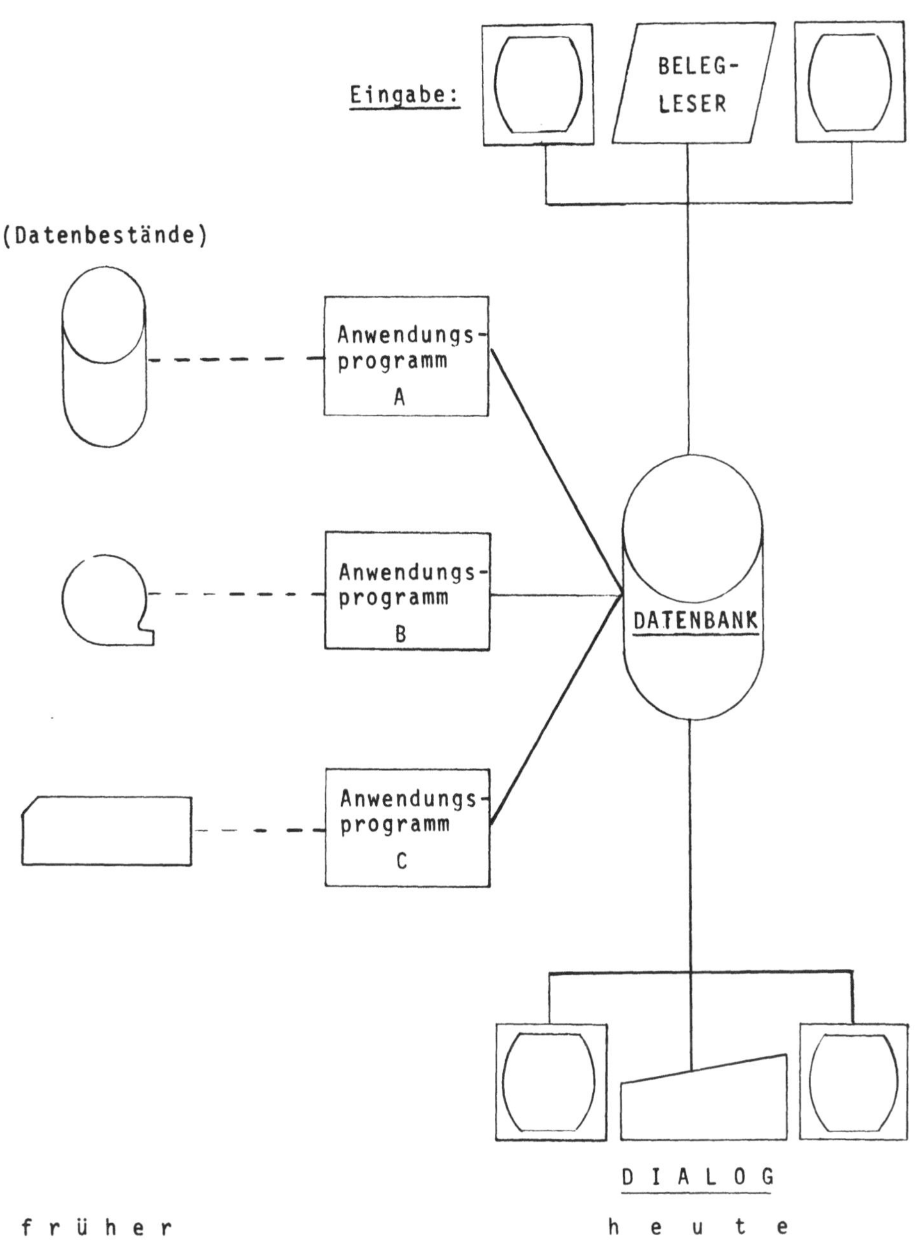

Abb. 30: Datenintegration

2. Nicht-formatierte DB

Die Felder einer Nicht-formatierten DB werden grundsätzlich als Zeichenfolgen ("character strings") von variabler (unterschiedlicher) Byte-Länge aufgefaßt. Sie sind darüber hinaus nicht an ein bestimmtes Format gebunden.

Beispiel:
Die einzelnen Worte des Bestelltextes einer Einkaufs-Bestellungs-DB oder die erfaßten steuerrechtlichen Begriffe einer Steuerrechts-DB, die sich auf alle steuerrechtlichen Bestimmungen, Gerichtsentscheidungen usw. bezieht.

C. Datenelemente und -felder

1. Das Datenelement

Ein Datenelement ist die *kleinste adressierbare Einheit* eines DB-Systems (s. Abbildung 31). Ein Datenelement besteht aus mindestens einem Datenfeld — meistens sind es mehrere Felder.

Beispiel:
Das Datenelement „Mitarbeiter" der (formatierten) Gehaltsdatenbank kann folgendermaßen aufgebaut sein:

Datenfeld:	Personal-Nr.	Name	Vorname	Geburtsdatum	usw.
Länge (Bytes)	5	13	4	6	

Bei jeder Abfrage dieser DB z. B. nach dem Geburtsdatum eines bestimmten Mitarbeiters würde das ganze Datenelement „Mitarbeiter" zur Verfügung stehen, wobei es möglich ist, z. B. nur die Personal-Nr. und das Geburtsdatum (bei Unterdrückung des Namens und Vornamens usw.) auf dem Bildschirm zu zeigen oder etwa nur den Namen/Vornamen sowie das Geburtsdatum (und die Personal-Nr. wegzulassen) usw.

2. Das Datenfeld

Datenfelder sind die *kleinsten Dateneinheiten*, die bei Bezugnahme auf eine DB (Abfrage, Programm) interessieren und kombiniert werden können. Sie beinhalten (qualitative/quantitative) Begriffe bzw. Begriffsmerkmale (Attribute).

Beispiele:
- Qualitätsbegriffe wie das Wort „Gewährleistung" im Text(zusammenhang) einer (Nicht-formatierten) Einkaufs-Bestellungs-DB.
- Quantitätsbegriff bzw. quantitatives Begriffsmerkmal, wie das Feld „Grundgehalt" einer (formatierten) Gehalts-DB.

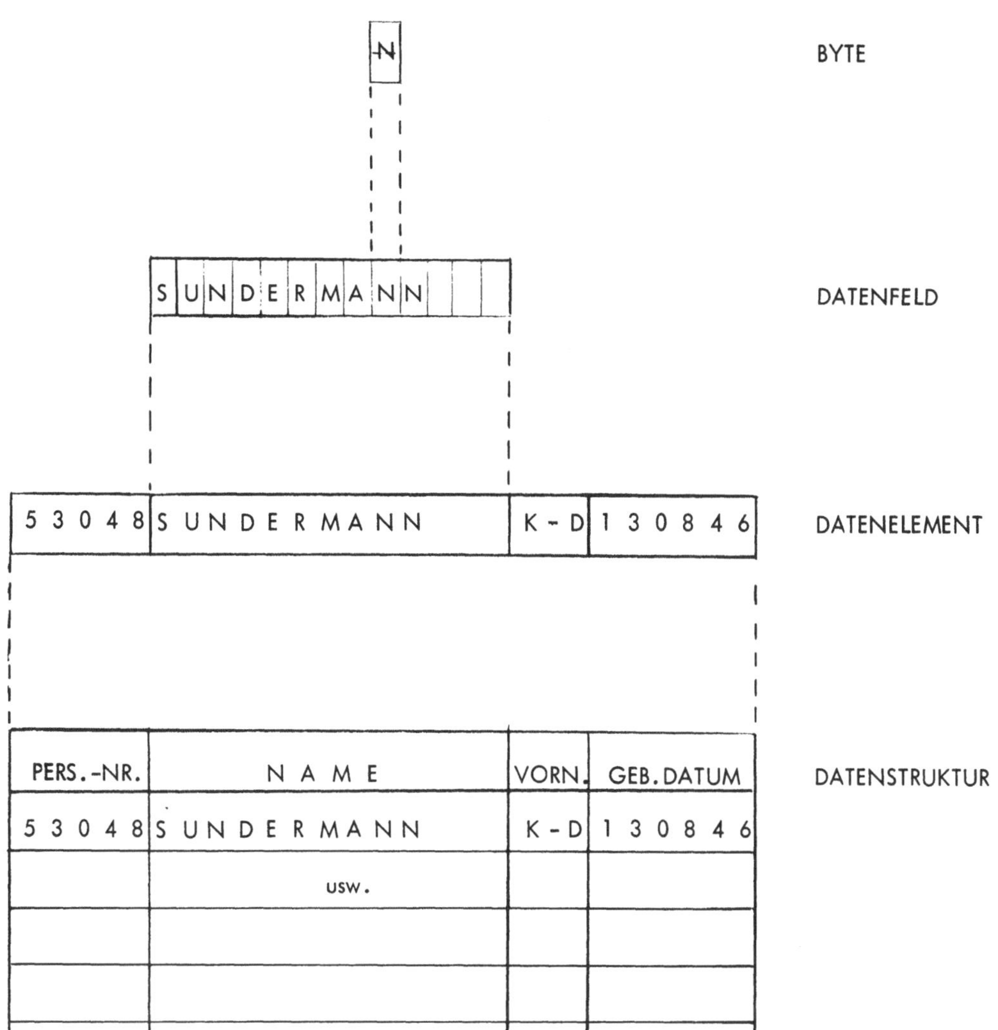

Abb. 31: Aufbau einer Datenbankstruktur

Unter den Datenfeldern einer formatierten DB kommt dem *Schlüsselfeld* eine besondere Stellung zu. Das Schlüsselfeld ("key") dient der **unverwechselbaren Identifikation** eines Datenelements.

Beispiel:

Das Feld „Personal-Nr." für das Datenelement „Mitarbeiter" der Gehalts-DB.

N. B.:

Nichtformatierte DB besitzen (je nach Länge variable) analoge *Schlüsselworte*, mit deren Hilfe man die in Frage kommenden textlichen Zusammenhänge durchsuchen (lesen) kann.

D. Die Datenbank-Struktur

Ihre besondere Struktur erst zeichnet die DB vor der einfachen Datei aus. Datenfelder zu Datensätzen zusammengefaßt (durch einen bestimmten Schlüssel eindeutig bestimmt) gab es schon auf Lochkarten und Magnetbändern, bevor externe Speichereinheiten mit direktem Zugriff bekannt waren. Was aber, wenn große Datenmengen so weggespeichert werden müssen, daß sie (möglichst) schnell später wiederzufinden sind? Hier sind besondere Anordnungen der Daten erforderlich, wie sie sich in den Daten- und Datenbankstrukturen zeigen, die sich in der Praxis bewährt haben.

III. Das Relationenmodell

Codd (Codd, E. F. — Juni 1970, S. 377 ff.) führt die Daten auf ihre „natürliche Struktur" zurück und bricht sie in kleinste, durch eindeutige *Schlüssel* identifizierbare Einheiten auf, die er als „Normalform" bezeichnet, um sie an (alle möglichen) Anwendererfordernisse anzupassen. Diese kleinsten Dateneinheiten (*Relationen* der Mengenlehre) können in beliebiger Weise zusammengefügt, selektiert und aufgegliedert werden, wie es den Informationsbedürfnissen des DB-Benützers entspricht. Ein solches Konzept, das wir nachfolgend in seinen uns wesentlich erscheinenden praktischen Möglichkeiten charakterisieren möchten, ohne auf die „Mathematik der Datenbank" einzugehen (s. aber Lutz, Th. — 1976, S. 55 ff.), auf der Codd sein Relationenmodell begründet, kann durchaus auch ein für die Wirtschaftspraxis wegweisendes Ziel darstellen.
Technisch stehen einer solchen wünschenswerten Variabilität und Flexibilität heute noch große Schwierigkeiten entgegen[1].
In der Abbildung 32, auf die wir hier näher eingehen möchten, ist ein frei erfundenes, stark vereinfachtes Beispiel einer Stückliste wiedergegeben. Ausgehend von einer hierarchischen Stücklistenstruktur, soll das Prinzip der „Normalisierung" (d. h. der Überführung in die *Normalform* nach Codd) erklärt werden. Unten rechts in der Abbildung findet sich eine Tabelle, in der vier Spalten TNR (Teilnummern) nebeneinander angeordnet sind — soweit sie ausgefüllt sind, bilden sie das *Schlüsselfeld*. Die Spalte M rechts außen zeigt die Menge an. Wie ersichtlich, besteht die *Normalisierung* darin, daß der Schlüssel der *untergeordneten* Baugruppen und Teile *durch* die *übergeordneten* TNR *erweitert* wird. Dadurch erhält auch das *unterste* Teil der Baum-Struktur einen *eindeutigen* Schlüssel, der eine *Verknüpfung* (Verkettung) der TNR aller übergeordneten Baugruppen mit der TNR für dieses spezielle Teil darstellt. Dadurch ist auch eine Kennzeichnung der Stellung der betreffenden Bau-

---

1 Man versucht jedoch schon diesem Ziel durch die Bildung von *Indices* bei verschiedenen DB-Systemen näher zu kommen, um die festgelegten Datenstrukturen bis zu einem gewissen Grade aufzulockern.

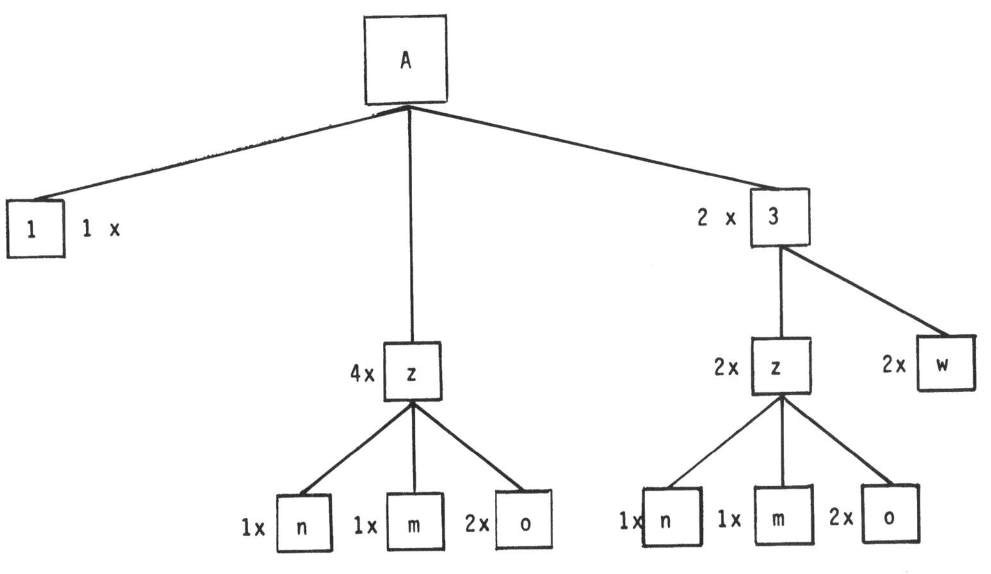

hierarchisch:

N O R M A L F O R M :

DATENELEMENT

(Teil-Nr. (TNR), Benennung, Spezifikation, Menge, Unter-TNR, Unter-Adressen)

TNR	BENENNUNG	SPEZIFIKATION
A	Laufschie-ne kompl.	Stahl verchromt
m	Mutter	sechskant 5mm
n	Gewinde-schraube	30 x 5 mm
o	Unterleg-scheibe	2 mm stark 5 mm
w	Aufsatz-element	Stahl verchromt
z	Verschrau-bung	Stahl verchromt
1	Lauf-schiene	2,20 x 0,10 m
3	Aufsatz	Stahl verchromt

TNR	TNR	TNR	TNR	M
A	1			1
A	3			2
A	z			4
A	3	w		1
A	3	z		2
A	z	n		1
A	z	m		1
A	z	o		2
A	3	z	n	1
A	3	z	m	1
A	3	z	o	2

Abb. 32: Die „Normalisierung" einer hierarchischen DB-Struktur

gruppe bzw. des Teils innerhalb der Stückliste (sie ist von Natur aus grundsätzlich hierarchisch aufgebaut!) gegeben. Das hat den *Vorteil*, daß jede Zeile über den *Schlüssel direkt ansprechbar* ist — man braucht also *nicht* die verschiedenen Instanzen einer *Hierarchie* von oben nach unten in die Verzweigungen der *Baumstruktur* hinein zu durchlaufen, um zu dem gesuchten Teil zu gelangen. Bei dieser „relational" — *Relationen-DB*, wie Codd sie nennt, werden die Datenelemente (Zeilen der Tabelle) über *Schlüssel* angesprochen. Die Frage der DB-technischen Adressierung soll den Benutzer nicht interessieren, wie er überhaupt bestrebt ist, den zukünftigen DB-Benutzer von der Kenntnis der (meist komplizierten) maschineninternen Datendarstellung abzuschirmen. Allerdings kann ein solcher *Schlüssel im echten Anwendungsfall* der Wirtschaftspraxis *sehr lang* ausfallen (so gibt es durchaus 7 Stellen — Bytes — lange Teilnummern!).

Da andererseits auch die Aufgliederung der Daten in kleinste Elemente von Codd gewünscht wird, sind die Bezeichnungen und Spezifikationen (in unserem Beispiel frei erfunden) gesondert gehalten. Das bietet den Vorteil, daß man bei vielen programminternen Vorgängen der Fertigungssteuerung nicht die verbale Benennung und die (nicht immer kurz gehaltenen) Spezifikationen „mitzuschleppen" braucht. Andererseits werden diese Daten zweckmäßig in die Datenelemente einer hierarchischen Datenorganisation (links unten in der Abbildung) aufgenommen und mitgeführt. Da bei einer streng hierarchisch organisierten DB bei Suchprozessen zunächst das Kopfelement (also in unserem Beispielsfalle das Datenelement der TNR A) angesprochen werden, müssen ihm Namen und Adressen aller untergeordneten Datenelemente bekannt sein, um z. B. auch bei einem Teileverwendungsnachweis (in welchen Baugruppen ist eine bestimmte TNR enthalten?) aussagefähig zu sein. In einer hierarchischen DB-Struktur müßten entsprechend viele Datenelemente — wie in der Baumstruktur der Abbildung angegeben — angelegt und geführt werden. Im Falle des normalisierten Relationenmodells dagegen interessieren die Adressen nicht — lediglich der (mehr oder weniger umfangreiche) *Schlüssel dient der Identifikation* der einzelnen Zeilen. Es werden also insgesamt weniger Daten mitgeführt und weggespeichert.

Die Datenstruktur wird also beim Relationenmodell in *kleinste ansprechbare Einheiten* zerlegt, die in Form von *Tabellen mit mindestens einem Schlüsselfeld und einem weiteren Datenfeld* zugriffsbereit zur Verfügung stehen. Die einzelnen Tabellenpositionen (Zeilen) können beliebig selektiert oder mit anderen aufgerufenen Feldern kombiniert werden, nachdem sie verhältnismäßig schnell und einfach durchsucht worden sind. Der Vorteil dieser „*schmalen*" Tabellen (mit möglichst nur 2 Feldern) ist auch darin zu sehen, daß sie *schnell durchgearbeitet* sind, auch wenn Daten, die nicht Schlüssel sind, gesucht werden. Auch ist der *Änderungsdienst* verhältnismäßig *leicht* durchzuführen, weil nur die in Frage kommenden Tabellen und Tabellenzeilen, die wegen ihrer Übersichtlichkeit bald gefunden sind, davon berührt werden.

Der *Nachteil* kann in einer gewissen *Redundanz der Schlüsselfelder* gesehen werden, die sich bei einer solchen Aufsplitterung in kleinste Einheiten ergeben muß (s. unser Stücklistenbeispiel), vor allem wenn die vielen Verknüpfungsmöglichkeiten gar nicht erforderlich sind. Auch ist anzumerken, daß bisher noch kein kommerzielles DB-

System die relationelle DB-Struktur, die auch bestimmte EDV-technische Voraussetzungen erfordern, verwirklicht hat.*)

Wir haben uns jedoch so eingehend mit dem Prinzip des *Relationenmodells* auseinandergesetzt, weil wir nicht nur in die Problematik der DB-Struktur einführen wollten, sondern auch weil wir dieses Konzept für *richtungweisend für zukünftige DB-Strukturen* halten (Date, C. J. — 1976, S. 50 ff.).

IV. Die Kettstruktur

A. BOMP

Beim BOMP handelt es sich um ein DB-Programm. Ursprünglich "Bill of Material Processor" (Stücklistenprozessor) genannt, wird heute darunter im weiteren Sinne ein "Basic Organization and Maintenance Processor" (frei übersetzt: Allgemeines Datenorganisations- und Verwaltungsprogramm — IBM Deutschland, Juli 1972) verstanden.

Der „Datenbankeffekt" (Lutz, Th./Klimesch, H. — 1971, S. 94) des BOMP-Prozessors ergibt sich aus dem wirkungsvollen Zusammenspiel von zwei Daten- und Adressebereichen,

- der Teile-Stammsatzdatei (TSS) und der
- Kettdatei (STS — Struktursatzdatei).

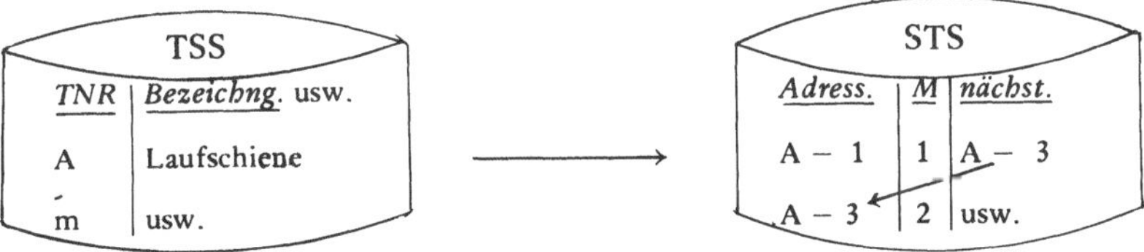

Während in den TSS die für die jeweiligen Erfordernisse benötigten *Stammdaten* (d. h. alle Angaben über ein Teil oder eine Baugruppe, die normalerweise unveränderlich sind) gespeichert werden, dienen die *Kettdaten* (STS) der Verknüpfung der Teile-Stammsätze. Eine Kette ist eine Speicheradressfolge — sie beginnt mit der *Ankeradresse* und wird mit einem ENDE beschlossen.

Das BOMP-Programmsystem verfügt über zwei Kettenzüge:

- Stücklistenkette,
- Teileverwendungskette.

Die *Stücklistenkette* beginnt mit dem übergeordneten Baugruppenteil, für das eine Stückliste aufgebaut wird. Sie setzt sich so fort, daß alle für die Erstellung dieses übergeordneten Baugruppenteils erforderlichen Einzelteile und Baugruppenteile erfaßt werden.

---

*) Anm.: Über den Datenbank-Computer IBM System 138 waren dem Verfasser z. Zt. des Manuskript-Abschlusses noch keine Einzelheiten bekannt.

Diese untergeordneten Baugruppenteile bilden wieder die Ankeradresse für eine weitere Stückliste.

Zur Abbildung 33 folgende Hinweise:

Teile-Stammsätze (TSS)

Relative Satz-Nr.	Teil-Nr.	Dispo-St.	1.Stückli-Position	1.Teile-Verwendg	Sonstige Angaben
T 01	A	0	S 01	–	usw.
T 02	m	3	–	S 07	usw.
T 03	n	3	–	S 06	usw.
T 04	o	3	–	S 08	usw.
T 05	w	2	–	S 04	usw.
T 06	z	2	S 06	S 03	usw.
T 07	1	1	–	S 01	usw.
T 08	3	1	S 04	S 02	usw.

Kettdatei (STS = Struktursätze)

Relative Satz-Nr.	Ü/O TNR.	zugeh.TNR	Menge	Ü/O Teile Stammsatz	Zugehörig. TSS	nächste Stüli-Pos.	nächste Teileverwend
S 01	A	1	1	T 01	T 07	S 02	ENDE
S 02	A	3	2	T 01	T 08	S 03	ENDE
S 03	A	z	4	T 01	T 06	ENDE	S 05
S 04	3	w	2	T 08	T 05	S 05	ENDE
S 05	3	z	2	T 08	T 06	ENDE	ENDE
S 06	z	n	1	T 06	T 03	S 07	ENDE
S 07	z	m	1	T 06	T 02	S 08	ENDE
S 08	z	o	2	T 06	T 04	ENDE	ENDE

TNR = Teil-Nr.
Ü/O = übergeordnet
zug.= zugehörig

Abb. 33: *BOMP-Stücklistenprozessor*
(stark vereinfacht)

Eingabe:
Lediglich die Teilnummer (TNR) *muß* für die Anlage des *Teilestammsatzes* (TSS) eingegeben werden – alle übrigen Daten (wie Bezeichnung, Spezifikation, Stückkosten usw.) sind *wahlweise*. Die angegebenen Felder der Teile-Stammsätze generiert sich das Programm selbst.

Für den Aufbau der *Kettdatei* (Erzeugnisstrukturdatei – STS) *müssen* die *übergeordneten* bzw. *zugehörigen* TNR und die *Menge* (wieviele dieser Komponenten sind für den Bau einer Einheit der übergeordneten TNR erforderlich?) angegeben werden. Darüber hinaus können noch weitere Daten im STS untergebracht werden.

Aufbau der DB:

TSS:

Die Angaben über die Relative Satz-Nr. und Dispositionsstufe, wie sie in den entspr. Feldern angegeben sind, generiert sich das Programm selbst, ebenso die 1. Stücklistenposition und 1. Teileverwendung.

Die Sätze der Stammdatei (TSS) werden ähnlich wie bei der index-sequentiellen Speicherung indiziert.

STS:

Ebenso werden alle angegebenen Felder des STS, deren Daten nicht eingegeben wurden, vom Programm mit den entspr. Satz-Nr. und Adressen bzw. dem Hinweis ENDE (einer Kette) gefüllt.

(Bei den eingegebenen Daten handelt es sich um das frühere Beispiel von Abschnitt III., Abbildung 32.)

Wer sich einmal die Mühe gemacht hat, die erwähnten Suchschritte des Programms auf dem dargestellten Beispiel gedanklich nachzuvollziehen, wird den Ausdruck „Kettdatei" verstehen. Die DB-Sätze, d. h. konkret die einzelnen Stücklistenpositionen, sind miteinander *verkettet* — das ist die besondere DB-Struktur des BOMP. Der Beginn der Kette findet sich im Stammsatz (STS), von dem aus es dann über die nächstfolgenden Sätze bis zum Ende der Kette geht. Die *Verkettung* besteht also in einem Hinweis auf die (logisch) nächstfolgende Adresse. Es wird lediglich die Erzeugnis-TNR angesprochen und daraufhin die gesamte Stückliste generiert.

B. Ablauf

Die Funktionen der einzelnen Satzadressen kann man sich am einfachsten klar machen, wenn ein Zugriff zu den gespeicherten Daten gezeigt wird. Wenn nach den Baugruppen und Komponenten für das Erzeugnis A gefragt wird, so findet das Programm unter T 01 der Teile-Stammdatei (TSS) nicht nur die Bezeichnung, Beschreibung und sonstige Angaben (soweit eingegeben) für dieses Erzeugnis, sondern auch den Hinweis auf die Stückliste S 01. Dieser Satz ist in der Kettdatei (STS) gespeichert. Hier ist die 1. Dispositionsstufe dargestellt: Das übergeordnete Teil Nr. A und das ihm untergeordnete, diesem Satz S 01 zugehörige Teil Nr. 1. Die Bezeichnung, Beschreibung usw. für TNR 1 kann sich nun das Programm vom TSS T 07 holen. Im S 01 ist auch angegeben, daß 1 Stück für die Fertigung eines Stückes des Erzeugnisses TNR A benötigt wird. Der Hinweis auf die nächste Stücklisten-Position (der gleichen Dispositionsstufe) gilt der Baugruppe Nr. 3. Hier vollzieht sich der gleiche Vorgang wie für S 01 beschrieben. Bei S 03 ist die „Stücklistenkette" an ihr Ende auf dieser Dispositionsstufe angelangt, daher der Hinweis ENDE.

Das Programm sucht nun in den TSS nach weiteren Stücklisten und findet unter Baugruppe TNR 3 (TSS T 08) den Hinweis auf die Stückliste S 04. In dieser Form werden die Teile-Stammsätze und die Kettdatei durchsucht.

Eine zweite Kettenformation bilden die Teileverwendungsadressen, die von der Ankeradresse (1. Teileverwendung) des TSS einer TNR mit der Dispositionsstufe

> 0 auf die Stückliste hinweist, in die das betr. Teil zum ersten Mal eingeht und —
falls nicht ein ENDE-Hinweis angegeben ist — über die Adresse der nächsten Teileverwendung weiterführt.

Das BOMP-Programm ermöglicht die Generierung und Ausgabe von Baukasten-,
Struktur- und/oder Mengenübersichts-Stücklisten. Dies ist (historisch gesehen) die
erste Ausformung einer echten *DB-Struktur*. Bei der Programmierung von Stücklisten hatte sich zum ersten Mal das Bedürfnis nach einer *besonderen Strukturierung* der *Daten* herausgestellt. Die Daten konnten nicht einfach unverbunden nebeneinander stehen (wie bei den herkömmlichen Datenorganisationsformen), sondern sie mußten *sinn- und zweckvoll* miteinander *verknüpft* werden (Gross, F. —
Oktober 1967, S. 692 ff.). Das erfordert ihre *natürliche Struktur* und die in größeren Betriebswirtschaften gegebene sehr große Anzahl von Stücklistenpositionen.

Es ist möglich, auch in den STS der Kettdatei noch weitere Benutzerdaten zu
speichern, z. B. bestimmte Schlüssel, ev. auch eine Kurzbezeichnung der TNR,
Auftrags-Nr. usw. So kann bei nicht wenigen Praxisanwendungen das Programm
innerhalb der Kettdatei auf mehrere STS Zugriff nehmen. Das ist programmtech-
nisch vorteilhaft (relativ kurze Verarbeitungszeit), wenn die Kettdatei für eine
TNR nur auf einem Zylinder eines Plattenstapels untergebracht ist (weniger zeitaufwendige Suchbewegungen des Schreib-/Lesekopfs!).

Der BOMP-Prozessor wird also dadurch zu einer DB, daß er benötigte Daten —
z. B. Stücklisten oder Teileverwendungslisten u. a. m. — relativ schnell mit Hilfe
des Kettenautomatismus zur Verfügung stellen kann. Obgleich diese Ketten nur in
zwei Richtungen wirken (für Stücklisten ist das normalerweise ausreichend — nämlich von „oben" nach „unten" innerhalb der graphischen Struktur für den Stück-
listenaufbau und der Teileverwendungsnachweis für die einzelnen Baugruppen —
wenn hier überhaupt eine „Adreßkette" gebildet wird — in anderer Richtung), wir
also die beliebige Varietät der Datenfelder (wie beim Relationenmodell) nicht haben, wird die BOMP-DB-Struktur auch für andere Zwecke mit Erfolg eingesetzt.
So findet es Verwendung für die Lösung betriebswirtschaftlicher Kostenrechnungs-,
Finanzbuchhaltungs-, Arbeitsplanverwaltungs-, Auftragsführungszwecke und andere
Aufgaben — ein bewährtes ausgereiftes Programmpaket.

V. Die Hierarchische Datenbank-Struktur

A. Das IMS — ein hierarchisch strukturiertes Datenbank-/Datenkommunikations-(DB/DC-) System[2]

Das IMS ("Information Management System") darf — obgleich mit den gleichen
Buchstaben, jedoch in anderer Reihenfolge gebildet *nicht* mit dem Wort MIS
("Management Information System") verwechselt werden, weil es sich beim IMS

---

2 Weil es sich beim IMS um ein vielseitig einsetzbares, umfassendes DB-/DC-System handelt,
kann *nicht* erwartet werden, daß es *einfach* aufgebaut ist. Um vielseitigen Ansprüchen zu genügen und um anpassungsfähig zu sein, ist es im Gegenteil ein sehr *komplexes* System. Im
(begrenzten) Rahmen unserer Arbeit haben wir uns auf die vereinfachende und abgekürzte
Darstellung einiger wichtiger, prinzipieller Zusammenhänge beschränken *müssen*.

um ein seit einer Reihe von Jahren erprobtes, immer wieder verbessertes Praxisprogramm handelt.

Das IMS (genau: IMS/VS — Virtueller Speicher) ist ein *voll entwickeltes DB/DC-System*, das eine Reihe von DB-technischen Eigenschaften und Merkmalen aufweist. Seine Grundstruktur ist *hierarchisch*. Die einzelnen *Datenelemente*, die als „Segmente" bezeichnet werden (s. Abbildung 34), sind in Form einer *Baumstruktur* angeordnet (s. Abbildung 35).

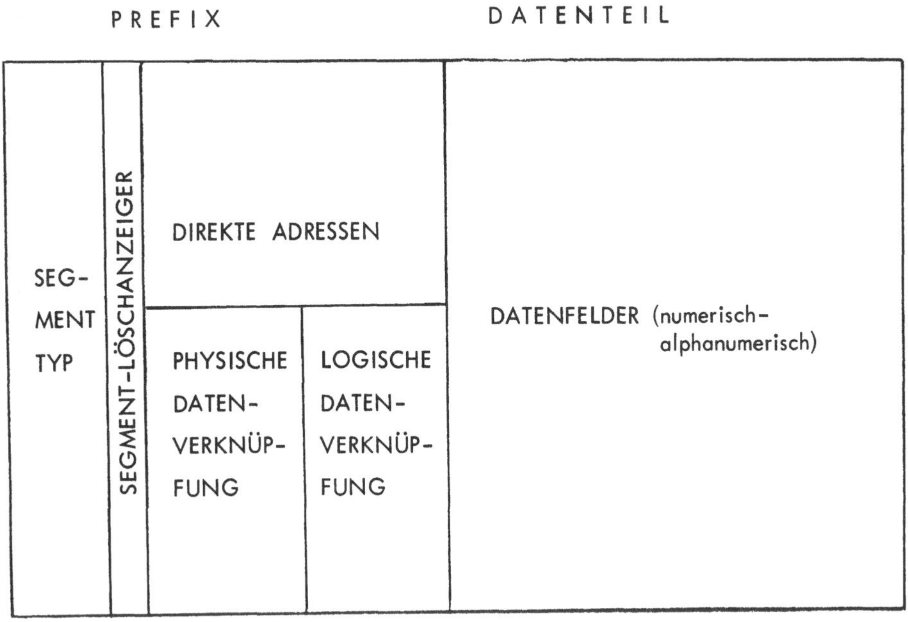

Abb. 34: IMS: Aufbau eines Datensegments

B. Anwendungsprogrammierung und DB-Aufbau
(Abbildung 36)

Ein wesentliches Merkmal des IMS ist die *strikte Trennung* der Anwendungsprogrammierung — gleich ob es sich um Stapelprogramme handelt oder um Dialogprogramme — vom DB/DC-System. Anwendungsprogramme können in den Programmiersprachen PL/1, COBOL usw. geschrieben werden. Der Zugriff zur DB erfolgt mit Hilfe von einfachen, kurzen Anweisungen ("CALL"), die einige spezifische Angaben enthalten, innerhalb des Anwendungsprogramms. Für jedes Programm wird eine sogen. PSB ("Program Specification Block") angelegt mit Angaben über die Programmiersprache, Zugriffsart zur DB usw. Innerhalb eines solchen PSBs wird für jede DB, auf die das Programm zugreifen will, ein sogen. PCB ("Program Communication Block") gebildet, in dem z. B. auch die sensitiven Segmente (s. Abschnitt D. dieses Kapitels: „Sensitivität von Segmenten") festgelegt sind.

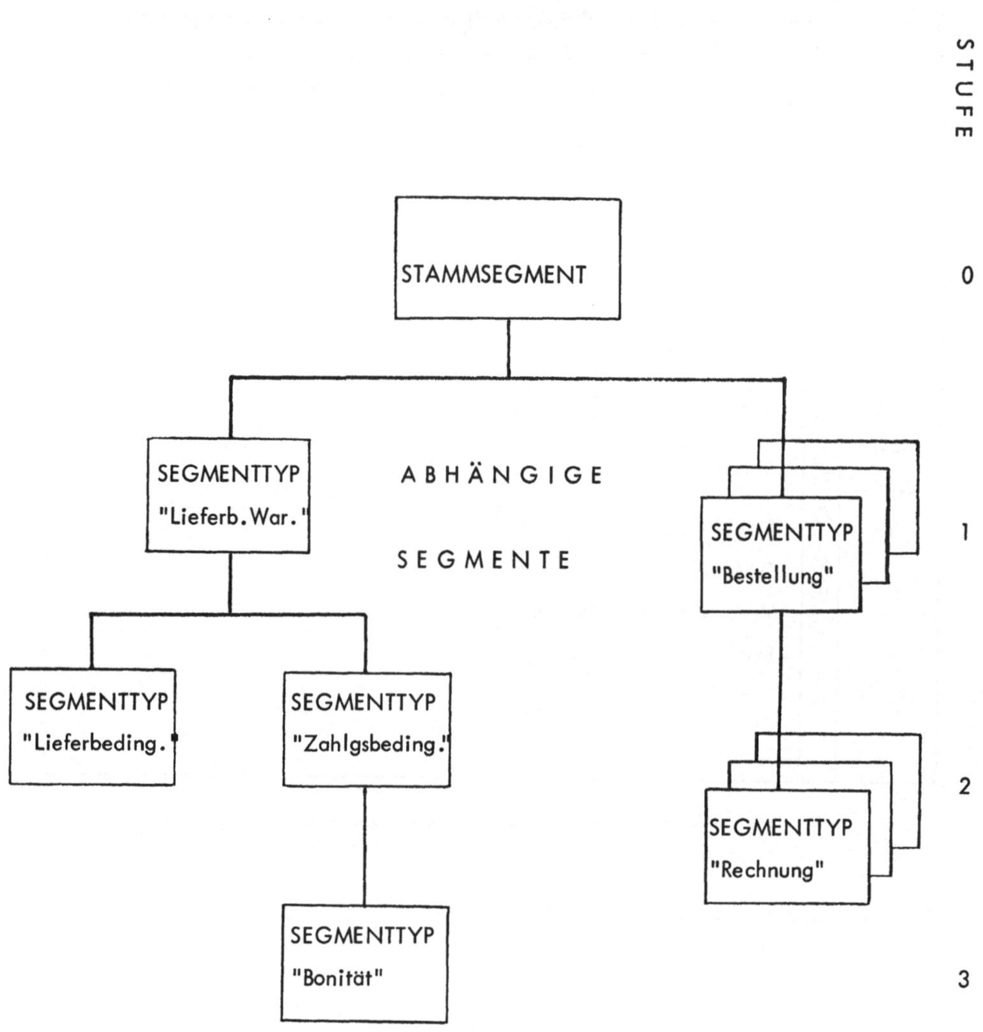

Abb. 35: Hierarchische Struktur des IMS

120

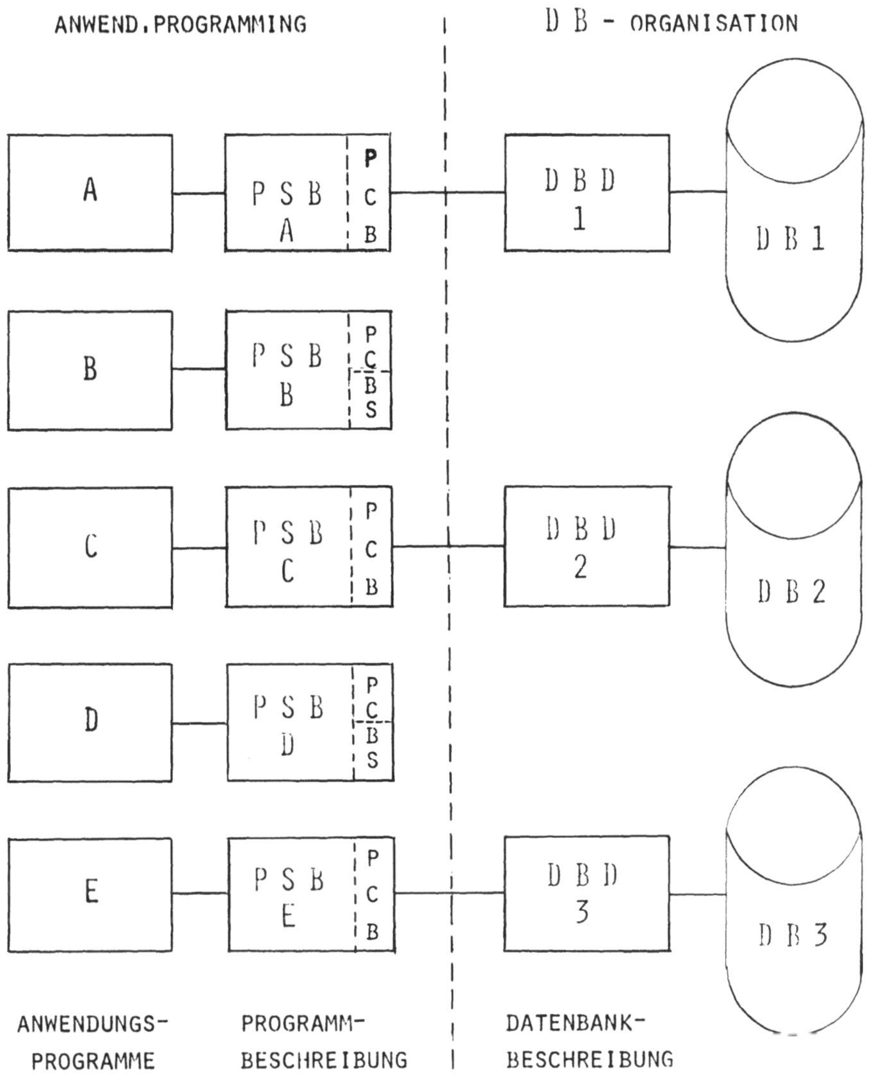

Abb. 36: Das IMS DB-Konzept

(Wenn es sich also um mehrere Datenbanken handelt, auf welche die Anwendungs-programme B und D unserer Abbildung zugreifen, müssen also mehrere „PCBS" — Program Communication Blocks" — gebildet werden).

Die Datenbank selbst wird — *unabhängig* von der Anwendungs-Programmierung — in der Datenbankbeschreibung ("Data Bank Description" — DBD des IMS vom DB-System-Programmierer festgelegt, so daß sich der Anwendungsprogrammierer *nicht* um DB-technische Einzelheiten zu kümmern braucht. So können Daten hinzugefügt werden, ohne daß bestehende Anwendungsprogramme angepaßt (verändert) werden müssen. Die Daten(bank)unabhängigkeit ist ein besonderer Vorteil des IMS.

C. Die Beziehungen zwischen den Segmenten

Die Abbildung 37 ist so zu betrachten, daß entsprechend der hierarchischen Struktur *zunächst* einmal die Beziehung zwischen Elternteil und Kind ("parent" und "child") als gegeben angesehen werden muß. Von dem *übergeordneten* Segment führt der (Zugriffs-)Weg *zum untergeordneten Segment*, und nicht umgekehrt. (Außer "parent-/child"-Segmenten gibt es auch "twins" — Geschwistersegmente (Mehrfachvorkommen des gleichen Segmenttyps)).

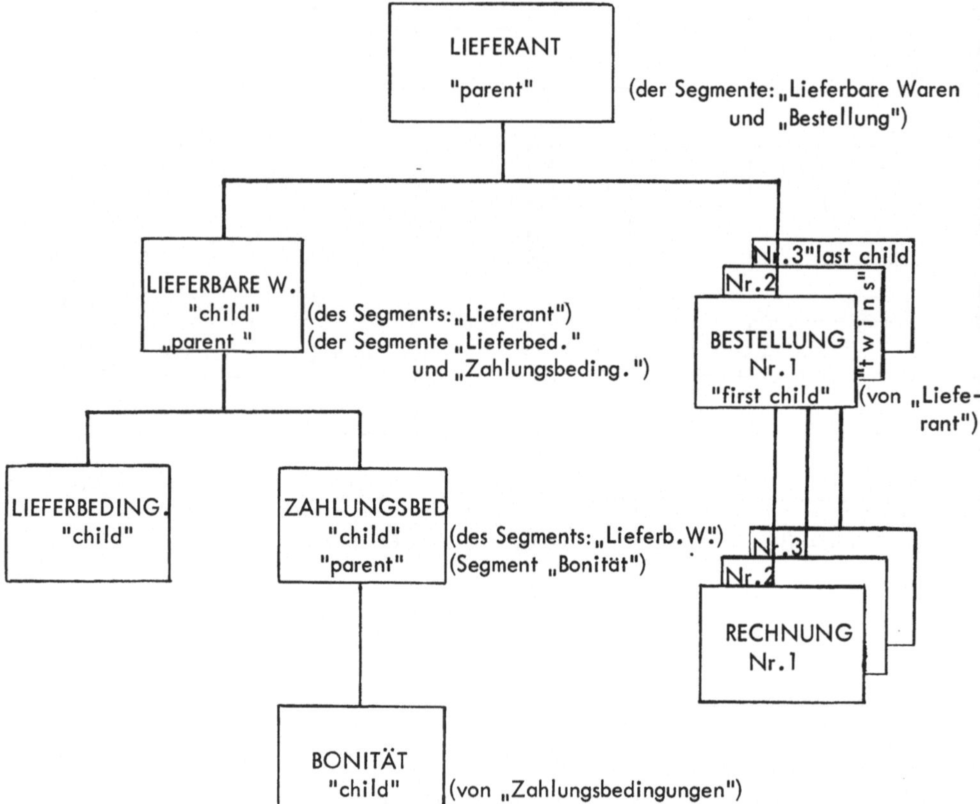

Abb. 37: ,IMS: „Verwandschaftliche" Beziehungen zwischen Segmenten der physischen Datenstruktur (Möglichkeiten)

Es besteht jedoch auch die Möglichkeit, in umgekehrter Richtung zu *suchen*, also von „unten" nach „oben" innerhalb der hierarchischen Struktur, wenn die Adressierung entsprechend angelegt wird. Durch Sekundär-Indices, auf die wir später (Abschnitt G.) noch näher eingehen, werden u. a. sogenannte „Zeiger"-Adressen ("Pointers") von untergeordneten nach übergeordneten Segmenttypen, die auf dem hierarchischen Zugriffspfad liegen, gebildet (im Falle unserer Abbildung 45 würde man vom Lieferanten-Segment zur „Warengruppe" gelangen).

D. Sensitivität von Segmenten

Nach dem IMS-Konzept müssen alle DB-Segmente, auf die von einem *Anwendungsprogramm* zugegriffen wird, „sensitiv" gemacht werden (wird im PCB festgelegt). Der *Hauptsinn* der Segment-Sensitivität (was in unserem einfachen Beispiel nicht so deutlich erkennbar wird) liegt darin, daß *nur* die sensitiven Segmente, auf die man zugreifen kann, vom betreffenden Anwendungsprogramm zu *sehen* sind (logische Datenstruktur). Bei komplexen DB-Strukturen können so ganze Zweige der *physischen* DB aus der Betrachtung des Anwendungsprogrammierers *ausscheiden*, wodurch die Übersicht und das Zurechtfinden in der Datenbank *erleichtert* wird.
Das bedeutet umgekehrt, daß auf alle nicht sensitiven Segmente von dem betreffenden Programm *nicht* zugegriffen werden kann. Die *Sensitivität* – oder Nicht-Sensitivität – bedeutet also einen gewissen Schutz gegen unbefugten Zugriff. Man kann nicht ohne weiteres auf eine IMS-DB zugreifen – die Datensegmente, deren Inhalt man erfahren oder die man verändern möchte, müssen vorher genau spezifiziert werden. In dem Beispiel der Abbildung 38 wurde das Segment „Bonität" als *nicht* sensitiv erklärt. Das könnte sich auf ein normales Anwendungsprogramm beziehen, das etwa die Lieferbedingungen oder Zahlungsbedingungen zum Gegenstand hat (man möchte z. B. die Informationen des vertraulichen Bonitäts-Segments nur ganz speziellen Abfragen durch die Geschäftsleitung zugänglich machen, für die es dann als „sensitiv" erklärt wird).

E. Die Zugriffsmethoden

Das IMS arbeitet mit einer Reihe von Zugriffsmethoden, von denen wir hier vier darstellen möchten:
- Sequentieller Zugriff ("HSAM" – "hierarchical sequential access method")
- Index-sequentieller Zugriff ("HISAM" – "hierarchical indexed access method")
- Indexierter direkter Zugriff ("HIDAM" – "hierarchical indexed direct access method")
- Direkter Zugriff ("HDAM" – "hierarchical direct access method")

Müssen bei der *sequentiellen Zugriffsmethode* (s. Abbildung 39) erst alle vorhergehenden Segmente eingelesen werden, bis das gesuchte Segment gefunden ist, so

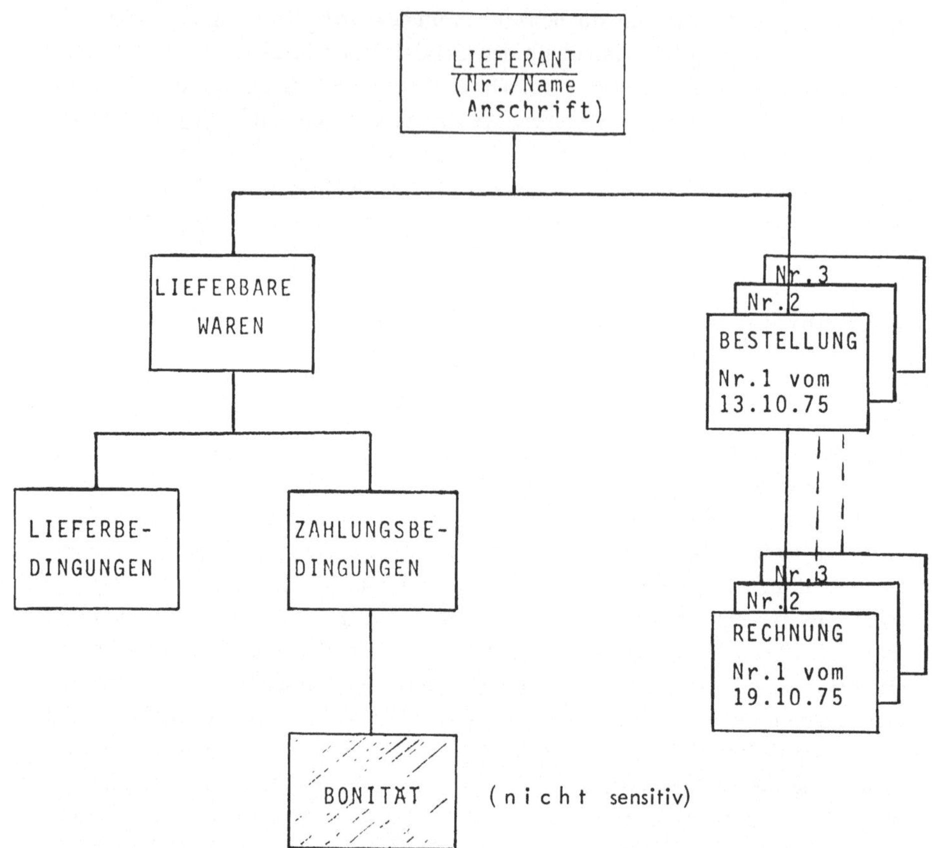

Abb. 38: Sensitivität Beispiel: IMS — Datenbank (Lieferantendatei)

ermöglicht die Index-sequentielle Zugriffsmethode (s. Abbildung 40) die vorherige Orientierung des Programms mit Hilfe des Primär-Indexes ("ISAM"), um bei der gefundenen Satzadresse „einsteigen" zu können, wo sich das gesuchte (Stamm-)Segment befindet (denn alle Stamm-Segmente sind im primären Indexbereich untergebracht). Von hier aus kann ein *abhängiges Segment* — eventuell über den Zeigerhinweis auf den Überlaufbereich ("OSAM") — gefunden werden.

Im Falle der Zugriffsmethode HIDAM (s. Abbildung 41) dagegen wird ein *getrennter Indexbereich* geführt, von dem aus *Zeigeradressen* auf die *Wurzelsegmente* der einzelnen Datenstrukturen im OSAM-Bereich verweisen.

Bei der Zugriffsmethode HDAM (s. Abbildung 42) sind das Wurzelsegment und eine (vom Anwender festzulegende) bestimmte Anzahl abhängiger Segmente in einem „Primärbereich" (auf unserer Abbildung der oberste Datenblock) untergebracht, während weitere abhängige Segmente im sogenannten „Sekundärbereich" (das sind die beiden unteren Datenblöcke) weggespeichert sind. (Die Adressen der Wurzelsegmente errechnen sich mit Hilfe eines Zufallszahlen-Algorithmus über den Schlüssel.)

Abb. 39: IMS: Sequentielle Zugriffsmethode „HSAM" (Physische Speicherung)

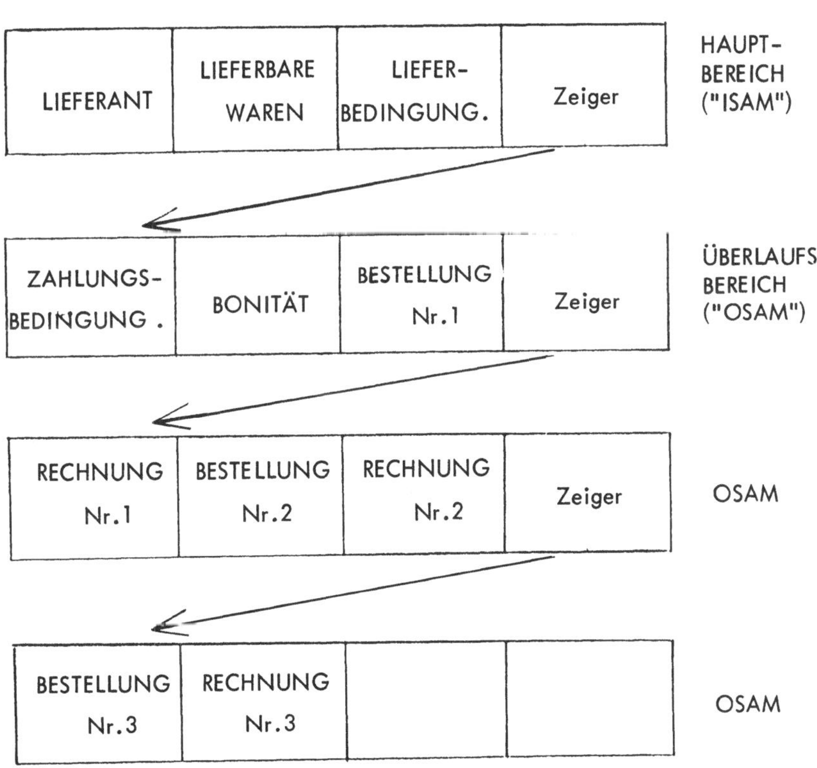

Abb. 40: IMS: Index-sequentielle Zugriffsmethode „HISAM" (Physische Speicherung)

125

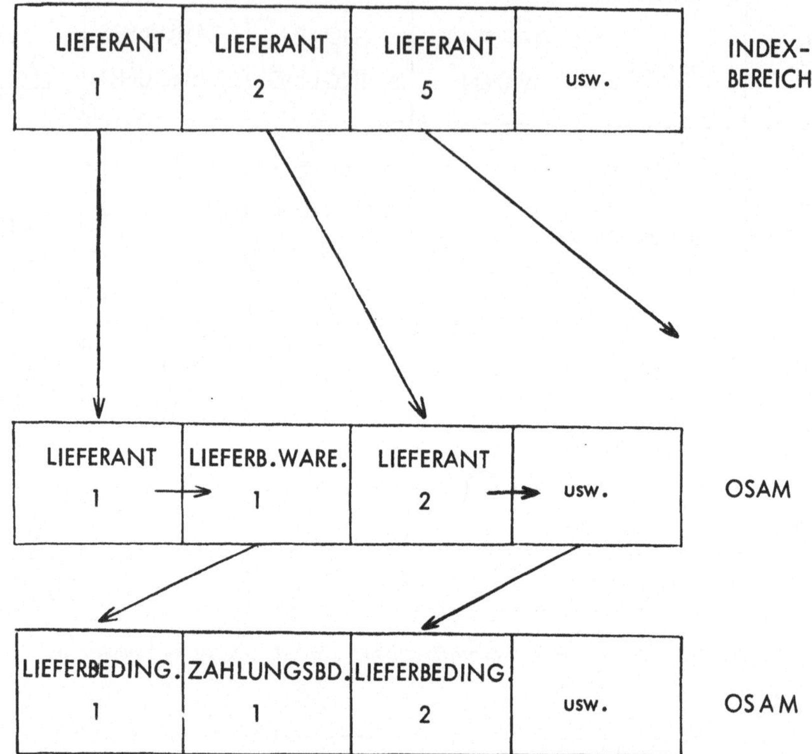

Abb. 41: IMS: Hierarchisch-indexierte direkte Zugriffsmethode „HIDAM"

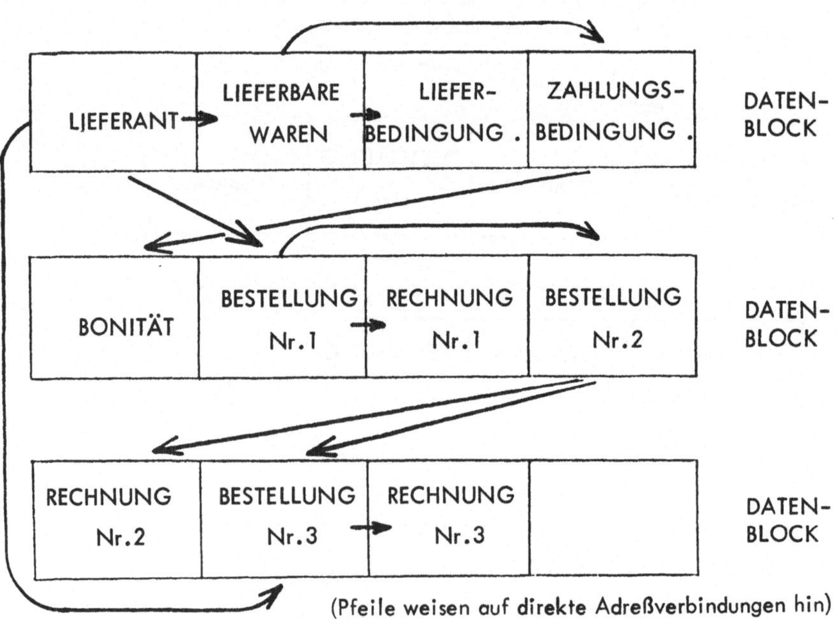

Abb. 42: IMS: Hierarchisch-direkte Zugriffsmethode „HDAM" (Physische Speicherung)

F. Logische DB-Struktur und Einrichtungen

1. Der Begriff „logisch"

Logik ist die Lehre von den Gesetzen des Denkens — *logisch* heißt nach allgemeinem Sprachgebrauch: *vernunftgemäß, richtig.* Das gilt auch für die englische Sprache, in der die hier zu behandelnden Ausdrücke „logische DB" ("logical data-base") und „logisches Terminal" ("logical terminal") ursprünglich geprägt worden sind. In Verbindung mit der Datenverarbeitung kann der Ausdruck *„logisch"* die Bedeutung haben, daß man innerhalb einer gegebenen Systemkonzeption von einem bestimmten *„logischen" Zusammenhang der Elemente* sprechen kann, *ohne* die *konkrete Verwirklichung* dieses Systemzusammenhangs in Betracht zu ziehen (s. Stichwort "logic" in Chandor, A./Graham, J./Williamson, R. — 1970). So ist die Programmlogik aus einem Flußdiagramm erkennbar — die Codierung der einzelnen Programmschritte (Elemente des Programmsystems) und die Realisierung durch die EDV-Anlage ist bei der Betrachtung des logischen Programmablaufs zunächst von untergeordnetem Interesse.

Analog wird im Zusammenhang mit dem IMS von *logischen Datenbanken* gesprochen, d. h. ein *folgerichtiger Zusammenhang* der Datenelemente, wie er sich aus einer bestimmten Aufgabenstellung ergibt (s. Abbildung 43).

Logisch aufgebaut ist diese *Datenstruktur* dann unter dem Gesichtspunkt dieser ganz *bestimmten Problemlösung.* Im Gegensatz zur logischen DB dürfen die *physischen Datenbanken* auch nicht „unlogisch" aufgebaut sein (diesmal im allgemeinen Sprachsinn gemeint!) — vielmehr so, daß möglichst viele logische Datenbanken, wie für Anwenderprogramme benötigt, realisiert werden können. Es wird deutlich, daß ein vernünftiger Aufbau der physischen DB — die Art der Speicherung usw. — wesentlich zur Effizienz einer hierarchisch strukturierten DB (und nicht nur dieser DB!) beiträgt.

2. Logische Datenstrukturen und logische Datenbanken

Eine *logische* Datenstruktur (s. Abbildung 44) zeigt das *Grundschema* einer hierarchischen Anordnung (Baumstruktur) verschiedener zusammengehöriger Segmenttypen, unabhängig von der physischen Speicherung[3]. Nach H. Beutler (Hansen, H. R. (Hrsg.) — 1973, S. 172) ist eine logische *Datenbank* „nichts anderes als die Verbindung einer oder mehrerer logischer Datenstrukturen".

Eine solche logische Datenbank *kann* — wie im Beispielsfalle — durch eine *logische* Zeigeradresse in einem speziellen Zeigersegment (s. Abbildung 43) gebildet werden (und erforderlichenfalls auch durch eine logische Zeigeradresse in umgekehrter Richtung, nämlich im Zielsegment „TNR", die auf das Zeigersegment zurückver-

---

3 Die logischen *Datenstrukturen* werden mit Hilfe von PCBs ("Program Control Blocks") definiert, in denen die *sensitiven* Segmente festgelegt sind. Somit scheiden *nicht* sensitive Segmenttypen aus der Betrachtung des Anwendungsprogrammierers aus.

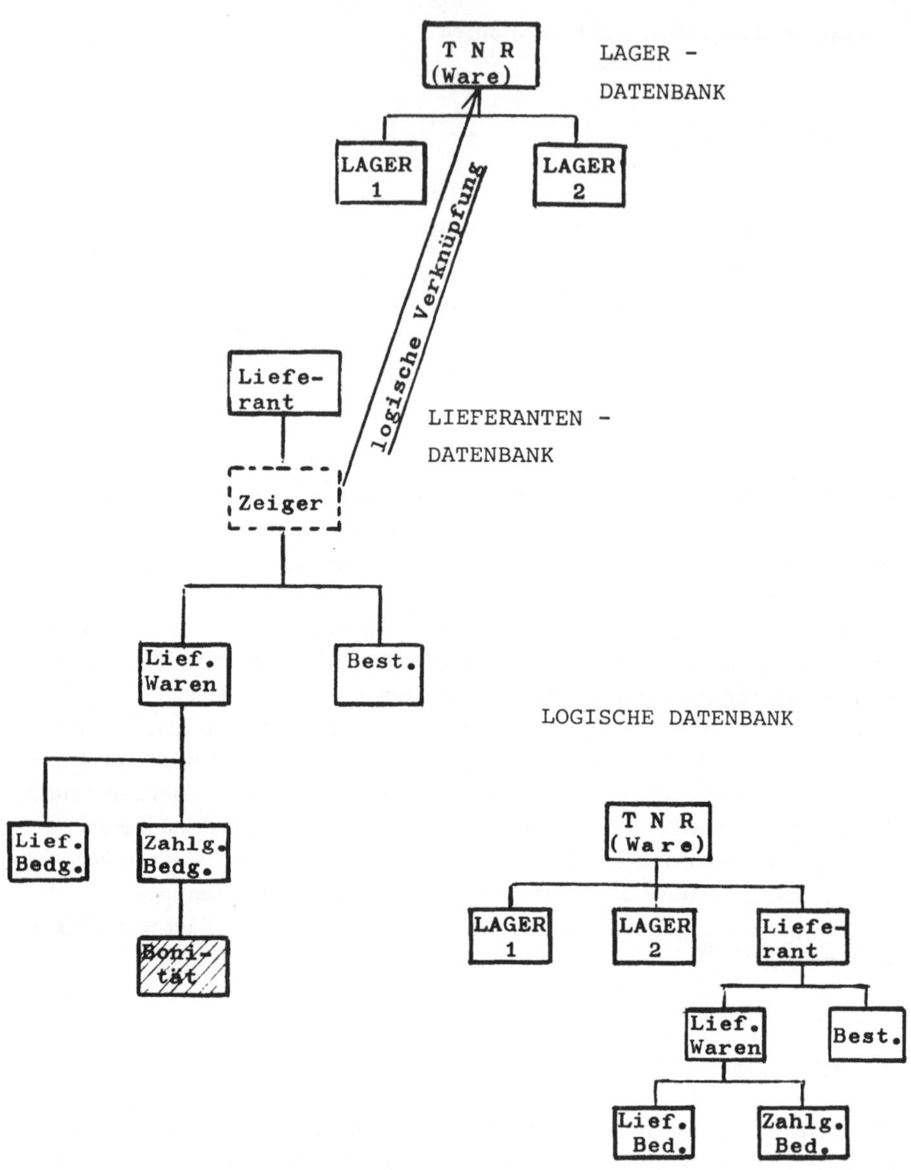

Abb. 43: IMS: Verknüpfung von physischen Datenbanken (Datenstrukturen) zur logischen Datenbank

weist). Im Unterschied und *zusätzlich* zu den physischen Verknüpfungen entstehen so "logical parent"-, "logical child"- und/oder "logical twins"-Beziehungen, die — wie die physischen Datenbanken — in entsprechenden DBDs ("Data Bank Descriptions") definiert werden müssen.

Diese zusätzlichen Zugriffsmöglichkeiten und Verbindungen haben für den Anwendungsprogrammierer eine *erweiterte* Sicht, eine neue *Betrachtungsweise* der Daten-

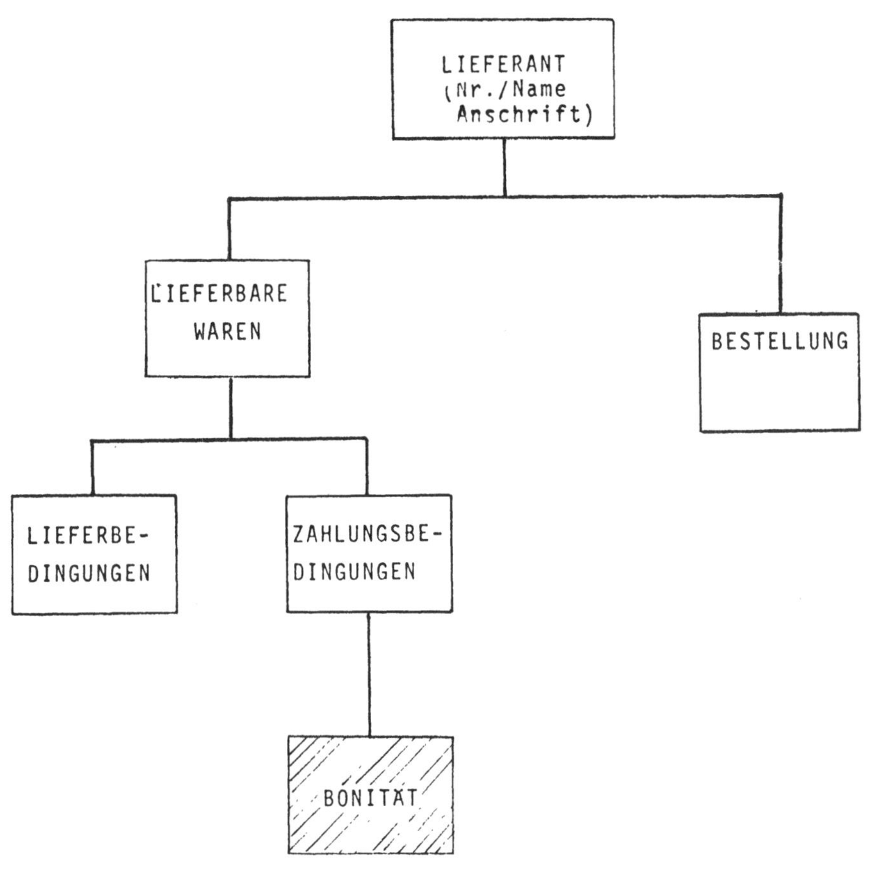

BEISPIEL: I M S - Datenbank

(Lieferantendatei)

Abb. 44: Logische Datenstruktur

struktur zur Folge (s. Abbildung 43). Nur die *logische* Datenbank soll ihn interessieren, weil sie es möglich macht, auf verhältnismäßig schnellem (direktem) Wege
z. B. von der Teil-Nr. einer bestimmten Ware aus zum Lieferanten dieser Ware zu
gelangen (Bezugsquellennachweis). Durch logische Verknüpfungen wird die Datenredundanz *vermieden* (eine wichtige Forderung an die DB!), weil *fehlende* Datenelemente einer DB durch Verbindung zu anderen Datenbanken zugänglich gemacht
werden können. Man braucht ein bestimmtes Datenelement nicht in mehreren Datenbanken wegzuspeichern — es genügt, sie in einer DB zu führen und über *logische*

Datenverknüpfungen in andere Datenstrukturen einzubringen, in denen sie ebenfalls benötigt werden. Durch die Festlegungen der DBD entsteht so eine *Grundstruktur* der Datenverknüpfung für mögliche Anwendungsprogramme, die erweitert werden kann, ohne bestehende Anwendungsprogramme zu berühren.

G. Sekundär-Indices

Während die *Primär-Indices*, die wir bei den Zugriffsmethoden HISAM und vor allem HIDAM kennen lernten, sich ausschließlich auf die *Schlüsselwerte* von *Wurzelsegmenten* beziehen, haben wir es bei einem *Sekundär-Index* mit einem *speziellen Datenfeld* eines (meistens) *abhängigen Segments* zu tun. Im Beispielsfalle der Abbildung 45 ist es das Feld „Schrauben" des *Quellen-Segments* „Lieferbare Waren", das auf das *Zielsegment* „Lieferant" verweist.

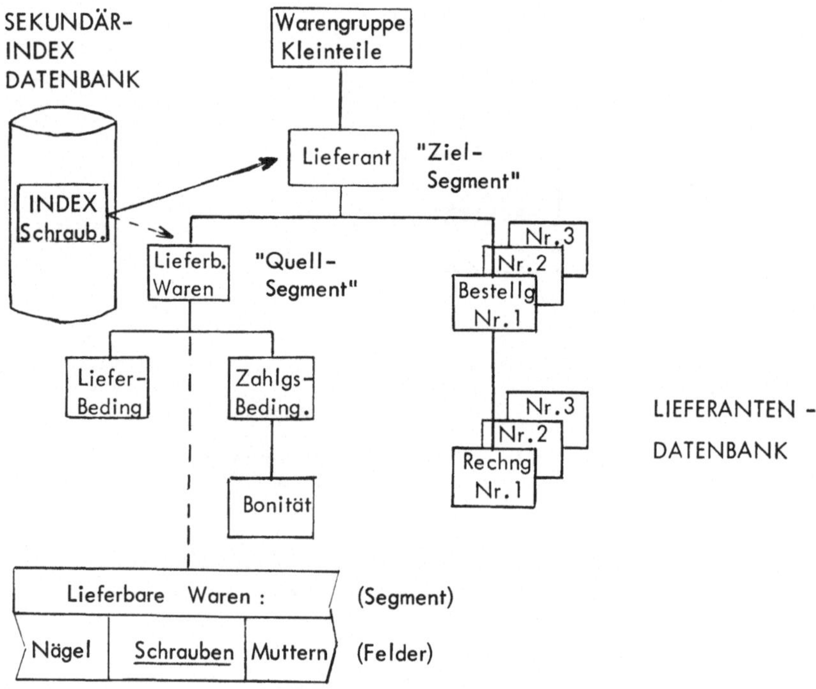

Abb. 45: IMS: Indirekte Adressierung durch Sekundär-Index

Eine *Sekundär-Index-Datenbank* besteht aus *Index-Zeiger-Segmenten*, die u. a. folgende wesentliche Datenfelder aufweisen: Adresse des Zielsegments („Lieferant" in unserem Beispiel) und Inhalt der Suchfelder, d. h. der (bis zu 5) Datenfelder, deren Inhalt auf einen bestimmten Wert hin durchsucht wird (in unserem Fall z. B. Schrauben bestimmter Abmessungen eines speziellen Lieferanten). Die sekundäre

Datenstruktur, die dadurch neu geschaffen wird, hat das Zielsegment „Lieferant"
als Wurzelsegment und (von links nach rechts) die Segmente „Warengruppe Klein-
teile", „Lieferbare Waren" (und daran anhängende Segmente), „Bestellungen" (und
Rechnungen) als abhängige Segmente, also wie folgt:

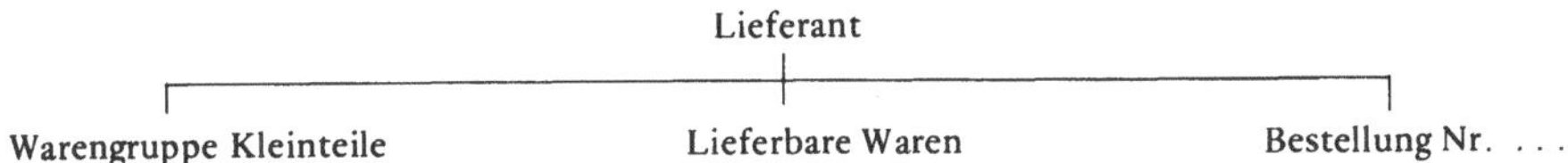

Nicht nur mit Hilfe logischer Datenverknüpfungen, sondern auch durch Sekundär-
Indices (bis zu 16 verschiedene Sekundär-Indices sind möglich!) wird die Struktur
der hierarchischen DB erheblich aufgelockert. Denn jeder dieser Sekundär-Indices
bedeutet eine andere hierarchische Datenstruktur. Durch diese Art von „Inhaltsverzeichnis" wird die (zuweilen als starr empfundene) hierarchische Struktur wesentlich transparenter und anpassungsfähiger an die Belange der verschiedenen
DB-Benutzer. Wenn auch diese Möglichkeiten nicht unbegrenzt sind und einen gewissen zusätzlichen Aufwand an Maschinenzeit für (die automatische) Reorganisation bei Änderungen der Ziel- und Quellsegmente zur Folge haben, so ist doch eine
gewisse Annäherung an das Ideal der (bisher noch nicht in der Praxis verwirklich-
ten) relationellen DB — trotz der bestehenden prinzipiellen Unterschiede — nicht
von der Hand zu weisen.

H. Datenkommunikationseinrichtungen des IMS

Als DB-/DC-System (Data Base/Data Communication System) verfügt das IMS auch
über einen voll entwickelten DFV-Teil. Einige hervorstechende Merkmale sollen hier
erwähnt werden, weil sie insbesondere für die *Gestaltung von Informationssystemen*
von Bedeutung sein können.

1. Das logische Datennetz

Beim „logischen Terminal" ("logical terminal") wird das Wort „logisch" (s. Abschnitt F. 1. oben) im Sinne von „rein gedanklich, geplant" gebraucht. Das IMS arbeitet mit *logischen Terminals (Datenstationen)* — im *Gegensatz* zu den vielen, von
der IMS-Software unterstützten *physischen Datenstationstypen* — den Bildschirmen
und Schreibmaschinen-Stationen usw. Die physischen Datenstationen haben unterschiedliche physische Adressen, Steuerungstechniken, Übertragungscodes und -ge-
schwindigkeiten, Anzeigenformate usw., wovon das *Anwendungsprogramm* unabhängig gemacht werden soll. Es braucht sich *nur auf logische Terminal(namen)* zu
beziehen, d. h. genau genommen: *Speicherplatzadressen* für Warteschlangen von
Datenstations-Nachrichten. Die Weiterleitung dieser Nachrichten ist Aufgabe der
Nachrichten-Steuerung, die den Anwender im einzelnen nicht zu interessieren
braucht. Ein oder mehrere logische Terminals können wahlweise einer physischen
Datenstation zugeordnet werden (s. Abbildung 46).

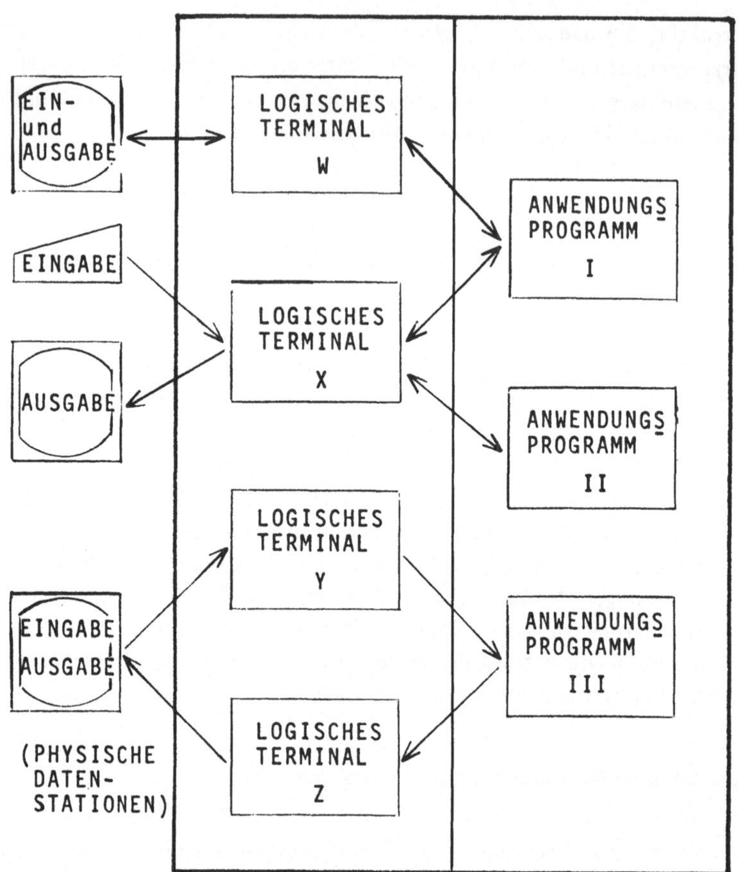

Abb. 46: Möglichkeiten der Zuordnung logischer Terminals zu physischen Datenstationen

Ein logisches Terminal muß zur *Leitstation* erklärt werden (sogenanntes "master terminal"). Von hier aus wird die Datenfernverarbeitung (DFV) gesteuert, denn nur über die Leitstation können *bestimmte Systemanweisungen* (die z. B. die Zuordnung logischer zu physischen Datenstationen ändern oder die Ausführung eines Programms abbrechen) eingegeben und *Systemnachrichten* empfangen werden.

2. Arbeitsweise der Datenkommunikation

Wie arbeitet der DC-Teil des IMS? Es werden

- *Transaktionen*, und zwar
  - *normale Transaktionen* sowie
  - *Schnellweg-Transaktionen* ("fast path transactions")
- (frei formulierte) *Abfragen* ("queries")

bewegt.

Bei *Transaktionen* wird die Ausführung von Anwendungsprogrammen durch *Nachrichten* ausgelöst. Sie können (meistens) von Datenstationen aus eingegeben worden sein (als Transaktionscodes) oder auch von anderen Programmen ausgehen. Alle werden sie in eine sogenannte „Warteschlange" eingereiht (d. h. zunächst einmal auf „Wartestellung" weggespeichert), um dann — eine Transaktion nach der anderen — abgearbeitet zu werden.

Die *Schnellweg-Transaktionen* greifen auf besondere, abgekürzte Datenbanksätze (z. B. nur aus Wurzelsegmenten bestehend, die im Hauptspeicher gehalten werden) zu, werden in eine besondere Warteschlange eingereiht und schneller ausgeführt als normale Transaktionen.

Die Datenbank-Abfragesprache IQF ("Interactive Query Facility") ermöglicht die Formulierung freier Abfragen durch den Benutzer an der Datenstation mit Hilfe einiger weniger Instruktionen (s. Abschnitt H. 3. dieses Kapitels). Sie werden wie Transaktionen in Warteschlangen gesammelt und anschließend verarbeitet.

Während Transaktionen und Abfragen zwischen Datenstationen und Zentraleinheit übertragen werden, ist es auch möglich, daß Nachrichten von einer Datenstation zur anderen bewegt werden (allerdings über die Zentraleinheit).

Die Interne Verarbeitung der aufgerufenen Programme verschiedener Transaktionstypen in den einzelnen Vordergrund-Partitions des Hauptspeichers wird durch Prioritäten und andere System-Funktionen (z. B. parallele Verarbeitung gleicher Transaktionstypen in mehreren Partitionen) gesteuert (kann zusätzlich auch noch von der Leitstation aus beeinflußt werden) um sicherzustellen,

- daß die Wartezeiten an den physischen Datenstationen in vernünftigen Grenzen gehalten werden,
- nicht nur Datensicherheitserfordernisse (z. B. durch ein sogenanntes "Log-Band", das alle Vorgänge festhält), sondern auch andere für den Betrieb eines DB/DC Systems unumgängliche Erfordernisse wie u. a. die reibungslose Abwicklung des gleichzeitigen Zugriffs auf ein und dasselbe Segment durch mehrere Benutzer regelt.

Das *Bundesdatenschutzgesetz* (BDSG), von dem *nicht* unerhebliche Auswirkungen auf die betriebswirtschaftliche Praxis ausgehen, soll hier nur gestreift werden, weil zum Zeitpunkt der Fertigstellung dieser Arbeit (I. Hälfte 1978) noch nicht in genügendem Umfange Erfahrungen vorliegen können. Hinweisen möchten wir allerdings *speziell* darauf, daß das vollständig ausgebildete, kombinierte DB-/DC-System IMS (IMS/VS) auch über *geeignete* Einrichtungen zur Realisierung der *Datensicherung* verfügt.

Speziell unter persönlichem *Datenschutz* sind verschiedene im BDSG festgelegte gesetzliche Tatbestände zu verstehen (z. B. erstreckt sich der gesetzliche Schutz auf „Einzelangaben über persönliche und sachliche Verhältnisse einer . . . . . natürlichen Person" — § 2 (1) BDSG), also rechtlich-*abstrakte* Vorschriften (Normen), während die Daten*sicherung* alle Maßnahmen und Einrichtungen umfaßt, um die Rechtsnormen (im Falle des BDSG) zur Auswirkung zu bringen. Im § 6 BDSG werden „Technische und organisatorische Maßnahmen" zur Ausführung des BDSG vorgeschrieben, die in der „Anlage zu § 6 Abs. 1 Satz 1" (Anlage § 6/I/1) im einzelnen näher spezifiziert sind. Das IMS, das speziell auch für personengeschützte Daten eingesetzt werden kann (z. B. INTERPERS der IBM — Personaldatenbank, IBM World Trade (Ed.) — 1978), bietet zur Unterstützung der in Frage kommenden vorgeschriebenen Maßnahmen *weitgehend* geeignete Sicherheitseinrichtungen, nämlich vor allem

- bestimmte Transaktionen (Tx) *oder* Befehle (B) können nur von bestimmten Datenstationen (DSt) aus eingegeben werden (Tx/B-DSt-Kopplung),

- eine bestimmte Transaktion oder ein bestimmter Befehl kann durch ein *Kennwort* geschützt werden (d. h. nur wenn dieses Kennwort an der Datenstation mit eingegeben wird, führt das IMS-System diese Transaktion oder diesen Befehl aus!),
- über das Masterterminal können *während* des Nachrichtenverkehrs die *Zuordnung* logischer und physischer Datenstationen oder *Kennwörter* geändert werden,
- durch die *Nicht*-Sensitivität einzelner Segmente sind sie vor unbefugtem Zugriff geschützt,
- ein Journalband (Logband) hält alle Nachrichten und DB-Veränderungen fest.

Die in Frage kommenden gesetzlichen Bestimmungen (BDSG Anl. § 6/I/1, insbes. Ziff. 3. bis 7.) lauten:

„Werden personenbezogene Daten automatisch verarbeitet, sind zur Ausführung der Vorschriften dieses Gesetzes Maßnahmen zu treffen, die nach der Art der zu schützenden personenbezogenen Daten geeignet sind,

. . . .

3. die unbefugte Eingabe in den Speicher sowie die unbefugte Kenntnisnahme, Veränderung oder Löschung gespeicherter personenbezogener Daten zu verhindern (Speicherkontrolle),
4. die Benutzung von Datenverarbeitungssystemen, aus denen oder in die personenbezogene Daten durch selbsttätige Einrichtungen übermittelt werden, durch unbefugte Personen zu verhindern (Benutzerkontrolle),
5. zu gewährleisten, daß die zur Benutzung eines Datenverarbeitungssystems Berechtigten durch selbsttätige Einrichtungen ausschließlich auf die ihrer Zugriffsberechtigung unterliegenden personenbezogenen Daten zugreifen können (Zugriffskontrolle),
6. zu gewährleisten, daß überprüft und festgestellt werden kann, an welchen Stellen personenbezogene Daten durch selbsttätige Einrichtungen übermittelt werden können (Übermittlungskontrolle),
7. zu gewährleisten, daß nachträglich überprüft und festgestellt werden kann, welche personenbezogenen Daten zu welcher Zeit von wem in Datenverarbeitungssysteme eingegeben worden sind (Eingabekontrolle),

. . . .

Das IMS dürfte die *technischen* Möglichkeiten und Anforderungen an die Datensicherung in *hohem* Grade erfüllen können. Daß es darüber hinaus noch *weiterer* organisatorischer Maßnahmen zum Wirksamwerden des BDSG bedarf, insbesondere um zu *gewährleisten*, daß nur die *tatsächlich* Berechtigten (Autorisierten) zugreifen können, ist ein Problem, das wir nicht unerwähnt lassen möchten.

3. Abfragesprache

Für den Benutzer einer Datenbank gibt es zunächst einmal die Möglichkeit, daß er sich von der EDV-Abteilung ein *Programm* für eine bestimme Abfragemöglichkeit oder Datenbankänderung erstellen läßt. Ein solches (DFV-)Programm wird im Falle von IMS als „Transaktion" ausgelöst (bestimmte, für jedes einzelne Programm festgelegte Transaktionskodes — Namen oder Zeichenfolgen usw. — werden an der Datenstation eingegeben). Höhere Programmiersprachen, wie z. B. PL/1, eignen sich nicht nur zur Formulierung von Stapelverarbeitungsprogrammen, sondern auch dieser (DFV-)Programme.
In der Fachabteilung kann es allerdings oft von Bedeutung sein, einfache, spontane Abfragen selbst zu formulieren. Diesen Zweck erfüllt z. B. die Abfragesprache IQF

("Interactive Query Facility") für das Datenbank-/Datenkommunikationssystem
IMS (IBM Deutschland – Mai 1974) eine leicht zu erlernende Sprache mit einigen
interessanten Möglichkeiten.

IQF verfügt über ca. 16 Befehle. Hinzu kommen einige arithmetische (Grundrech-
nungsarten) sowie Mengenrechnungs-Operatoren (logische Verknüpfungen/Verglei-
che). Auch sind Text- und numerische Konstanten definierbar.

Die wichtigsten Befehle lauten:

QUERY – ermöglicht die Anfrage bei einer bestimmten Datenbank
LIST   – die daran anschließend erwähnten Datenfelder werden ausgegeben
          bzw. aufgelistet
SORT   – die angegebenen Feldtypen werden in aufsteigender (durch Zusatz
          DES in absteigender) Ordnung sortiert
TOTAL – der Inhalt der angegebenen (numerischen) Felder wird aufsummiert.

Neben weiteren Befehlen (wie z. B. der WHEN-Befehl, der in etwa als dem „IF"
entsprechend anderer problemorientierter Programmiersprachen angesehen werden
kann – s. z. B. PL/1), erschließt vor allem der DEFINE-Befehl interessante praktische Einsatzmöglichkeiten. Wir möchten daher etwas näher darauf eingehen.

Die erwähnte Lieferanten-Datenbank (s. Abb.: Beispiel: IMS-Datenbank – Lieferantendatei) könnte z. B. nach der Gewährleistungsklausel eines bestimmten Lieferanten befragt werden. Diese vertragliche Festlegung – sie ist meistens gleichlautend
für alle Aufträge eines bestimmten Lieferanten – findet sich unter den Lieferbedingungen, d. h. man könnte sich das Datenfeld GEWLST innerhalb des Segments
„Lieferbedingungen" vorstellen.

Die Abfrage wird zunächst einmal folgendermaßen definiert:

QUERY LIEFERDB;
WHEN NAME EQ MUELLER;
LIST NAME, ADRESS, GEWLST;
END

Als Antwort könnte man sich diesen Wortlaut vorstellen:

GEWAEHRLEISTUNG:
DER LIEFERER GEWAEHRLEISTET, DASS ALLE DIEJENIGEN TEILE UND
MASCHINELLEN EINRICHTUNGEN NACH SEINER WAHL ENTWEDER
UNENTGELTLICH AUSGEBESSERT ODER ERSETZT WERDEN, DIE SICH
INNERHALB EINES JAHRES NACH LIEFERUNG ALS FEHLERHAFT
ERWEISEN, FALLS DIESE MAENGEL AUF DIE QUALITAET DES
VERWENDETEN MATERIALS ODER DER AUSFUEHRUNG
ZURUECKZUFUEHREN SIND.

Weil die Abfrage noch eine Reihe englischer Befehle enthält, die der Fachabteilung – man denke etwa an den Verkauf oder Betrieb – ungewohnt, wahrscheinlich
sogar fremdartig, unverständlich erscheinen, kann man diese und viele anders gela-

gerte Abfragen durch Verwendung des DEFINE-Befehls in einen vorformulierten deutschen Text umwandeln:

DEFINE ABFRAGE LIEFERDATENBANK AS QUERY LIEFERDB ENDD
DEFINE BEI FIRMA AS WHEN NAME EQ ENDD
DEFINE AUSGABE VOLLSTAENDIGE ANSCHRIFT UND GEWAEHRLEISTUNG
AS LIST NAME, ADRESS, GEWLSTG ENDD

Diese Definition könnte ein (die Berufsbezeichnung ist scherzhaft gemeint) „Datenbankspezialist" — z. B. ein Mitarbeiter der Fachabteilung, der sich mit der Lieferanten-Datenbank genauer auskennt (weil auch die normalen IQF-Abfragen relativ einfach ausgeführt werden können, braucht es sich dabei nicht um einen ausgesprochenen EDV-Fachmann zu handeln!) — von vornherein für alle Abfragen dieser Art festlegen und an der Datenstation eingeben, so daß anschließend mit diesem feststehenden Text abgefragt werden kann (nur der genaue, der Lieferantendatenbank bekannte *Name* ist frei anzugeben):

ABFRAGE LIEFERDATENBANK;
BEI FIRMA MUELLER;
AUSGABE VOLLSTAENDIGE ANSCHRIFT UND GEWAEHRLEISTUNG;
END

Es wird deutlich, daß dieser deutsche Text die Abfrage in der Fachabteilung, in der es oft nur um bestimmte Anfragen geht, von denen gelegentlich — hin und wieder — Gebrauch gemacht wird (werden sie häufiger getätigt, lohnt es sich, ein Abfrageprogramm durch die EDV-Abteilung schreiben zu lassen, das dann über einen kurzen Transaktionskode von der Datenstation aus abgerufen werden kann) besser „ankommt", als die ursprüngliche Formulierung mit den englischen (fremdsprachigen) Befehlen.

I. Lehr- und Lernhilfe an der Datenstation

Die Einweisung der Benutzer eines DB/DC-Systems erfordert eine mehr oder weniger umfangreiche Schulung während der Einführungsphase. Hier können bestimmte Formen des computerunterstützten Unterrichts (CUU) — wie sich in der Praxis gezeigt hat — sinnvoll eingesetzt werden.
Eine CUU-Software, wie COURSEWRITER (IBM Deutschland 1974), besteht aus

- einer *Autorensprache* und
- einem *DFV-System*.

Das hier in Frage stehende IIS ("Interactive Instructional System") baut auf der Autorensprache COURSEWRITER auf und benutzt das IMS DB/DC-System, in das es integriert werden kann.

Dadurch wird es möglich, relativ einfach (und schnell) CUU-Programme zu erstellen, die über das IMS DB/DC-System ausgeführt werden. Die Benutzer an der Datenstation können also an der gleichen Datenstation geschult und eingewiesen werden, mit der sie später auf die Datenbank Zugriff nehmen. Durch diese „Symbiose" kann die äußerst wirkungsvolle Lehr- und Lernmethode des CUU genutzt werden.

Wie baut sich der CUU auf? Wir können hier nur kurz auf das Prinzip eines Lehrprogramms eingehen, das sich vom bekannten „Buchprogramm" („Programmierte Unterweisung" oder „Programmierte Instruktion") herleitet.

Ein Lehrprogramm zeichnet sich dadurch aus, daß der Lehr- und Lernstoff in kleinsten Informationseinheiten, sogenannten „Lehrschritten" oder „Lernelementen", dargeboten wird. Anschließend wird der Lehrstoff abgefragt. Auf Grund der Antwort des Lernenden wird nun entweder mit der Vermittlung des Lehrstoffs fortgefahren (wenn die Antwort richtig war) oder der Lehrstoff kann wiederholt werden (im Falle einer falschen Antwort) oder es werden ergänzende Informationen mitgeteilt (wenn die Antwort nicht ganz richtig war) usw. Grundsätzlich zeigt ein Lehrprogramm folgende *Struktur:*

- *Lehrstoff* (Lernelement)
- *Frage*
- *Antwort*

Die Antwort (d. h. die *Lernkontrolle)* kann beim einfachen Buch-Lehrprogramm nur in Form des sogenannten *„Auswahl-Antwortverfahrens"* ("multiple choice") dargestellt werden, d. h. es stehen mehrere mögliche (richtige und falsche) Antworten zur Wahl — der Lernende muß nun die ihm richtig erscheinende Antwort auswählen. Abhängig von der Antwort wird ihm nun das Lehrprogramm (auf einer der folgenden Seiten) mitteilen, ob er *tatsächlich* die richtige Antwort gefunden hat oder ob sie nicht zutreffend war.

Es bedeutete nun nur noch einen kleinen Schritt — er wurde Ende der 50er Jahre getan —, dieses Lehrprogramm auf den Computer zu übertragen. Hierbei ergeben sich eine Reihe von Vorteilen, auf die wir hier nur in einem Falle eingehen möchten.

Die sogenannte *„Freiantwortkontrolle"* bedeutet soviel, daß man bei einem Computer-unterstützten Lernprogramm nicht darauf angewiesen ist, die Auswahlantworten zur Verfügung zu stellen (das könnte man in diesem Falle auch tun), sondern es dem Lernenden an der Datenstation überläßt, von sich aus eine Antwort einzugeben, die dann vom Programm — Zeichen für Zeichen — überprüft wird. Das bedeutet verständlicherweise eine Verbesserung der Lehrmethode, zumal nun auch das „Mogeln" oder „Raten" erschwert wird.

Das IIS ("Interactive Instructional System", IBM 1977) bietet insbesondere mit dem Hilfsmittel, des CSF für die Kursgestaltung ("Course Structuring Facility") durch sinnvoll gestaltete Arbeitsblätter, die vom Lehrprogramm-Autor auszufüllen sind, einen Rahmen, der die Erstellung von Lehrprogrammen erleichtert.

Folgendes Beispiel (zunächst als Buchprogramm gestaltet):
(LERNTEXT)
„Das IMS ist ein hierarchisch strukturiertes Datenbank-/Datenkommunikationssystem (DB-/DC-System) . . . . . (nun folgt eine ausführliche Erläuterung der Baumstruktur des IMS)"
Auf einem neuen Blatt würde zu lesen sein:
(FRAGE)
„Welche zwei Segmentarten sind grundsätzlich innerhalb einer hierarchischen Baumstruktur zu unterscheiden?"
(ANTWORT)   *umblättern:*

a) Zielsegmente und Quellensegmente   nächste Seite
b) Wurzelsegmente und abhängige Segmente   übernächste Seite
c) "Parent"-Segmente und "Child"-Segmente   drei Seiten weiter

Würde man nun dieses Buchprogramm weiter verfolgen, so könnte im Falle der Antworten a) und c) zurückverzweigt werden, also zurückblättern zum eingangs erwähnten Lerntext. Hätte jedoch der Lernende richtig geantwortet (b), so wird mit einem neuen Lernelement (Lerntext) fortgefahren.
Als Blockdiagramm dargestellt:

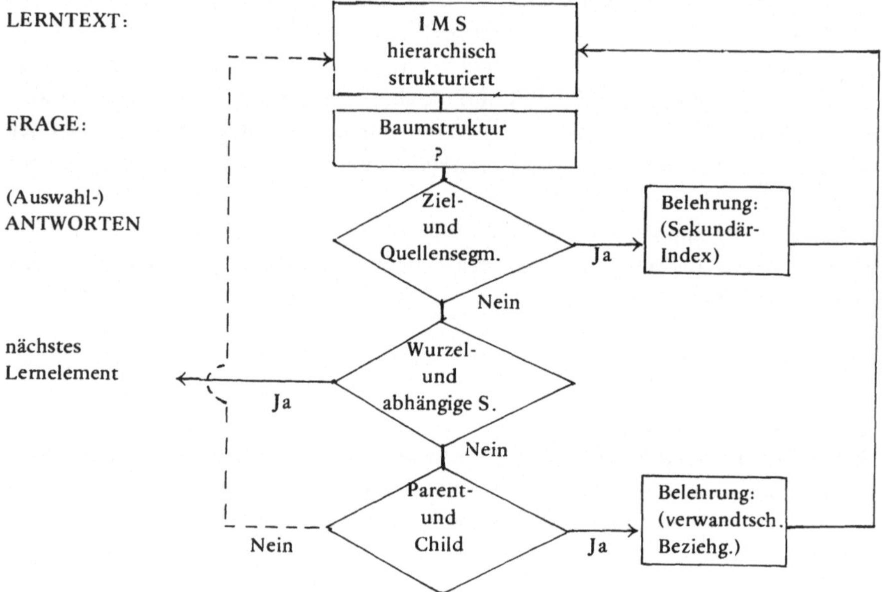

Aus diesem Blockdiagramm wird deutlich, worauf sich der Ausdruck „programmierte Unterweisung (Instruktion)" bezieht.
Für unser Beispiel würde der Lerntext zunächst auf einem Vordruck (IBM Deutschland: Interaktives Trainings-System — Arbeitsblatt: Text — IBM Form X 12 — 1301 — und Arbeitsblatt: Frage (QUES) — IBM Form X 12 — 1302; s. auch IBM World Trade: IIIS — 1977) festgehalten:

TEXT   *Das IMS ist ein hierarchisch strukturiertes Datenbank-/Daten-
                kommunikations-System usw.* . . .

Das Makro TEXT wird mit dem Text selbst und einigen weiteren Angaben über
Lochkarten oder Tastatur an der Datenstation eingegeben.
Ebenso geschieht es mit der Frage (Makro QUES) und den Antworten:

Q U E S (TION)

Text der Frage:	*Welche zwei Segmentarten sind grundsätzlich innerhalb einer hierarchischen Baumstruktur zu unterscheiden?*
Richtige Antwort:	*Wurzelsegment & abhängige Segmente*
1. Falsche Antwort:	*Zielsegmente & Quellensegmente*
Rückmeldung zur 1. falschen Antwort:	*Nein. Wir haben nicht nach dem Sekundärindex gefragt, sondern nach der Baumstruktur.* *Versuchen Sie es noch einmal.*
2. Falsche Antwort:	*Parent- & Child-Segmente*
Rückmeldung zur 2. falschen Antwort:	*Nein. Bei den „verwandtschaftlichen" Beziehungen müßten wir noch eine dritte Segmentart, die "Twin"-Segmente, unterscheiden.* *Versuchen Sie es noch einmal.*
Rückmeldung zur 1. unvorhergesehenen Antwort:	*Nein. Überlegen Sie einmal, wie das oberste Segment genannt wird, von dem aus sich auf den darunter liegenden Ebenen der hierarchischen Datenstruktur der Baum verzweigt.*

Wie würde der so programmierte Dialog an der Datenstation ausgegeben werden?
(Wir ersparen uns die Anmeldungsformalitäten durch den Lernenden an der Datenstation und die Wiedergabe des Lehrtextes).
Nach dem Lehrtext würde die *Frage* auf dem Bildschirm erscheinen bzw. — im Falle einer Schreibmaschinen-Station — ausgedruckt werden.

WELCHE ZWEI SEGMENTARTEN SIND GRUNDSAETZLICH INNERHALB
EINER HIERARCHISCHEN BAUMSTRUKTUR ZU UNTERSCHEIDEN?

Wenn der Lernende nun folgende *falsche Antwort* eingibt:
PARENT- ODER CHILD-SEGMENTE
so erfolgt die *Rückmeldung:*

NEIN. BEI DEN „VERWANDTSCHAFTLICHEN" BEZIEHUNGEN MUESSTEN
WIR NOCH EINE DRITTE SEGMENTART, DIE "TWIN"-SEGMENTE, UNTER-
SCHEIDEN. VERSUCHEN SIE ES NOCH EINMAL.

und eine *automatische Rückverzweigung* zur oben erwähnten Frage.

Würde er z. B. eingeben (was als falsche Antwort nicht vom Lehrprogramm-Autor vorgesehen ist):

VATER- UND SOHN-SEGMENTE

so wäre die Reaktion des Programms an der Datenstation:

NEIN. UEBERLEGEN SIE EINMAL, WIE DAS OBERSTE SEGMENT GENANNT WIRD, VON DEM AUS SICH AUF DEN DARUNTER LIEGENDEN EBENEN DER HIERARCHISCHEN DATENSTRUKTUR DER BAUM VERZWEIGT.

Aus dieser letzten Rückmeldung wird deutlich, daß die *CUU-Lösung* auch *vielgestaltiger* ausgebaut werden kann als ein Buchprogramm. Allerdings ist dieses Beispiel eines Lehrprogramms absichtlich sehr einfach gehalten. Es erhebt keinen Anspruch, pädagogisch-lernmethodischen Ansprüchen zu genügen. Auch müssen wir darauf verzichten (weil es zu weit führen würde), die verschiedenen Möglichkeiten darzustellen, welche die Programmiersprache COURSEWRITER — ihr sind die Makros TEXT und QUES entnommen — für die Ausgestaltung der *Freiantwortkontrolle* bietet (so kann man beliebige Zeichenfolgen durch das o. e. &-Zeichen ersetzen, an deren Stelle der Lernende an der Datenstation *jede mögliche Zeichenkombination* eingeben darf — vom einfachen Wort „und" bis zu sinnvollen oder unsinnigen Zeichenfolgen beliebiger Länge — sie werden alle nicht vom Programm geprüft!).

Andererseits wird auch deutlich, daß sich die *Freiantwortkontrolle* auf alle (vom Lehrprogramm-Autor aus) *vorhersehbaren richtigen und falschen Antworten* beschränkt. Das erfordert Erfahrungen auf Seiten des Lehrprogramm-Autors, damit möglichst gute Lehrprogramme erstellt werden.

Das Kursstruktur-Programm CSF des IIS bietet dafür eine nützliche Hilfe. Der Lehrprogramm-Autor kann auf entsprechenden Formblättern nicht nur den Lehrtext und die Fragen nebst Antworten relativ frei formulieren, sondern er bekommt durch die Gestaltung der Vordrucke (Arbeitsblätter) — es sind noch einige mehr als die zwei erwähnten (TEXT und QUES) — eine Richtschnur an die Hand, die auch den ungeübten Unterrichtsprogrammierer in die Lage versetzt, ohne tiefgehende Kenntnisse einer Autorensprache einfache Techniken der Lehrprogramm-Erstellung bald zu beherrschen.

So wird es ihm wesentlich erleichtert, CUU-Unterrichtseinheiten mit Eingangstests (die das Ausgangswissen des Lernenden ermitteln sollen und ihn — falls er die Fragen nicht richtig beantwortet — auf vorhergehende Unterrichtseinheiten oder auf andere Lernmöglichkeiten, wie Lehrbuch u. ä. m. verweisen), eigentlichen Lerneinheiten, Ausgangstests mit „Nachhilfe" (erforderlichenfalls, wenn nämlich die Fragen nicht richtig beantwortet worden sind) u. a. m.

Der CUU ist ein *individualisierter Unterricht*, d. h. insbes. die Vermittlung des Lehrstoffs paßt sich dem *Lerntempo* an — die Zeit, die der Lernende benötigt, um den Lehrstoff zu verarbeiten. Dadurch unterscheidet er sich wesentlich von dem herkömmlichen Frontalunterricht, wie er z. B. durch innerbetriebliche Instruktoren vermittelt wird.

Dies und die *starke Motivationswirkung,* die vom CUU ausgeht, sollte für die Anwenderschulung nicht ungenutzt bleiben, zumal wenn die erforderlichen Hardware-Voraussetzungen — die Datenstation, die an den IMS-Rechner angeschlossen ist — gegeben sind.

Zusammenfassung

In einer *Datenbank* werden (möglichst) alle relevanten Daten, die sich auf ein bestimmtes (nicht zu eng gefaßtes) Anwendungsgebiet beziehen, zentral gesammelt und so (nur einmal) weggespeichert, daß sie bei Bedarf (möglichst) schnell wiedergewonnen werden können.

Formatierte Datenbanken bestehen aus numerischen und/oder alpha-numerischen Feldern festgelegter Länge, während *nicht formatierte* Datenbanken hauptsächlich Datenfelder für Zeichenfolgen variabler Länge wegspeichern.

Je nach den Zwecken und Zielen, die man mit Hilfe von Daten (die zu Informationen werden) erreichen möchte, müssen die Daten in verschiedener Weise miteinander verknüpft sein. Daraus ergeben sich unterschiedliche Datenbank-Strukturen.

Der Idealfall ist das *relationelle* Datenbank-Konzept, bei dem die Daten nicht in ganz bestimmter Form miteinander verknüpft, sondern beliebig — je nach Zwecksetzung — kombinierbar bleiben.

Die *Normalisierung* einer hierarchischen Datenstruktur wird durch Erweiterung der untergeordneten Datenfelder um die Schlüssel der übergeordneten Datenfelder erreicht. Dadurch wird nicht nur die Stellung des einzelnen Datenfeldes innerhalb der Datenhierarchie erkennbar, sondern der Schlüssel ermöglicht es auch, das einzelne Datenfeld direkt anzusprechen. Dieses *relationelle* Datenbank-Konzept von *E. F. Codd* ist wegen seiner Flexibilität u. E. richtungweisend für zukünftige Datenbanklösungen.

Da eine beliebige Kombinierbarkeit eines jeden Datenfeldes mit anderen Datenfeldern innerhalb von Datenbanken zum gegenwärtigen Zeitpunkt aus technischen Gründen noch nicht praktikabel erscheint, ist es erforderlich, mit sinnvoll vorgegebenen, festen Datenstrukturen zu arbeiten.

Die erste Datenbankstruktur ist die *Kettstruktur* des BOMP. Hier werden Stammdatensätze über eine Kettdatei miteinander verknüpft. Der Suchvorgang ist im Falle einer Stückliste z. B. in zweierlei Richtung möglich, nämlich entlang der *Stücklistenkette* oder entgegengesetzt in Richtung *Teileverwendungsnachweiskette.*

Ein vollständig ausgebildetes Datenbank-/Datenkommunikationssystem, wie das IMS, weist eine *hierarchische* Datenbank-Struktur auf. Hier sind die Datenelemente (Segmente) in Form einer *Baumstruktur* miteinander verknüpft: *Ein* Wurzelsegment und viele *abhängige* Segmente auf den verschiedenen Stufen.

Die Daten(bank)*unabhängigkeit* ist ein   wichtiges Merkmal des IMS.

Auf die einzelnen Datensegmenttypen kann nur zugegriffen werden, wenn sie als *sensitiv* erklärt worden sind (Datensicherheit).

Die wichtigsten *Zugriffsmethoden* sind:

- sequentieller Zugriff
- index-sequentieller Zugriff
- indexierter direkter Zugriff
- direkter Zugriff

Die einzelnen Segmenttypen können grundsätzlich von „oben" nach „unten" (auf der nächst darunter befindlichen Stufe) durch ein „Elternteil"- ("parent") „Kind"-("child")Verhältnis *physisch* verknüpft sein, so daß auf diesem Wege auf sie zugegriffen werden kann.

Außer physischen Verknüpfungen gibt es *logische* Datenbank-Verknüpfungen. Dadurch können physisch *unabhängige* Datenbanken über logische *Zeigeradressen* ("logical pointers") miteinander verbunden sein. So können "logical parent" — "logical child" Beziehungen und "logical twin"-Verknüpfungen *zusätzlich* zu den physischen Verbindungen der Segmente entstehen und logische Datenbanken definiert werden.

Nicht nur mit Hilfe logischer Datenbank-Verknüpfungen, sondern auch durch *Sekundär-Indices* wird die hierarchische Struktur der Datenbank erheblich aufgelockert. Wenn z. B. ein Lieferant für eine bestimmte Schraube gesucht wird (s. Abbildung 45), so durchsucht das DB-System daraufhin die Sekundär-Index Datenbank, um über das *Quell-Segment* („Lieferbare Waren") zum *Zielsegment*, dem Lieferanten-Datenbanksatz, zu gelangen. Der Sekundär-Index arbeitet also wie ein Suchregister mit Adresshinweisen, das es ermöglicht, in die Datenbankstrukturen hineinzublicken.

Die *Datenkommunikationseinrichtungen* bilden eine wichtige Ergänzung zur IMS-Datenbank: Das *logische* Terminal ermöglicht die Unabhängigkeit der Anwendungsprogrammierung auch von den Besonderheiten der *physischen* Datenstationen. Über ein *Master*-Terminal (Leitstation) wird der Nachrichtenverkehr der Benutzer mit der Datenbank gesteuert (u. a. auch verbesserte Datensicherung).

Die *Abfragesprache* IQF ("Interactive Query Facility") erleichtert den Zugang zur Datenbank für den Benutzer wesentlich (Abfragen in deutscher Sprache).

Für die *Einweisung* der Benutzer in das DB/DC-System bietet IMS die Möglichkeit, Lehr- und Lernhilfen zu entwickeln. Dafür wird die außerordentlich wirksame Lehrmethode des *Computer-unterstützten Unterrichts* (CUU) eingesetzt (Autorensprache COURSEWRITER).

Übungsfragen zum Vierten Kapitel

1. Nenne die wichtigsten Merkmale einer Datenbank.
2. Worin besteht der wesentliche Vorteil einer Datenbank gegenüber Einzeldateien, die verschiedenen Anwendungsprogrammen zugeordnet sind?
3. Woraus ergibt sich die Notwendigkeit besonderer Datenbank*strukturen* — im Gegensatz zu einfachen, zentralisierten Ansammlungen von Datenbeständen?
4. Aus welchem Grunde ist das Relationenmodell für zukünftige Datenbanklösungen richtungweisend?

5. Wie erklärt sich der Ausdruck „Kettstruktur" für den Stücklistenprozessor BOMP?

6. Über welche zwei Kettenzüge können die BOMP-Daten erschlossen werden?

7. Erkläre die hierarchische Datenbankstruktur des IMS.

8. Mit welchen Einrichtungen wird die Unabhängigkeit der Anwendungsprogrammierung vom Datenbankaufbau beim IMS erreicht?

9. Wodurch werden die „verwandschaftlichen" Beziehungen zwischen den Segmenten der IMS-Datenbank realisiert?

10. Worin ist der wesentliche Unterschied zwischen der Kettstruktur des BOMP und der hierarchischen IMS-Struktur zu sehen?

11. Welche Möglichkeiten bietet das IMS, um die starre hierarchische Datenbankstruktur aufzulockern?

12. Wie arbeitet der Sekundär-Index?

13. Was unterscheidet eine logische von der physischen Datenbank?

14. Welche Funktionen hat eine logische Datenstation?

15. Für welche Einsatzzwecke ist die Abfragesprache IQF ("Interactive Query Facility") besonders geeignet?

16. Weshalb kann der CUU (Computer-unterstützter Unterricht), wie er mit der Autorensprache COURSEWRITER und dem IIS ("Interactive Instructional System") realisierbar ist, zweckvoll für die Einführungsschulung des IMS eingesetzt werden?

17. Welche wichtigen Datensicherungseinrichtungen bietet das DB-/DC-System ("Data Bank/ Data Communication-System") IMS?

Literatur zum Vierten Kapitel

Chandor, A./Graham, J./Williamson, R.: "A Dictionary of Computers", Harmondsworth/ Middlesex, 1970.

Beutler, H. (Hrsg.): „IMS 2 in der Praxis", 9.73 (IBM-Form F 12-2503).

Beutler, H.: „Datenverwaltung bei formatierten Dateien am Beispiel von IMS (Information Management System)". In: *Hansen, H. R./Wahl, M. P.* (Hrsg.): „Probleme beim Aufbau betrieblicher Informationssysteme", 1973, S. 168—177.

Codd, E. F.: "A Relational Model of Data for large Shared Data Banks", Communications of the ACM, Vol. 13, Nr. 6, Juni 1976, S. 377—387.

Codd, E. F.: "Normalized Data Base Structure: A brief Tutorial", IBM Research RJ 935, November 1971.

Date, C. J.: "Relational Data Base Concepts", Datamation April 1976, S. 50—53.

Döringer, H.: „Zur Strukturierung von Datenbanken", ADL-Nachrichten, Heft 96/76, S. 40— 45.

Gross, F.: „Der IBM /360 — Stücklistenprozessor", IBM Nachrichten, Nr. 185, Oktober 1967, S. 692 ff.

IBM Corp. (Ed.): "Information Management System/Virtual Storage (IMS/VS), System — Application Design Guide", White Plains, NY, 1975 (IBM Form SH 20-9025-3).

IBM Deutschland (Hrsg.):
„Interaktives Training-System": „Arbeitsblatt: Text" (IBM Form X 12-1301), „Arbeitsblatt: Frage (QUES)" (IBM Form X 12-1302).
„Systematik und Aufbau von Stücklisten", 1967 (IBM Form 80512-1).
„Einführung in Coursewriter — Eine Programmiersprache für den Lernprogrammautor — Programmierte Unterweisung", 1974 (IBM Form GR 12-1730-0).
"Interactive Query Facility (IQF) für IMS /360 Version 2 — Allgemeine Information", Mai 1974 (IBM Form GH 12-1184-0).

IBM Schule für Fertigungsindustrie: „S/3 BOMP", Juli 1972 (IBM Form R 12-1043-2).

IBM World Trade (Hrsg.): "Interactive Personnel System", General Information Manual (INTERPERS), Juni 1978 (IBM Form GH 12-5125-1).

Koreimann, D. S.: „Lexikon der angewandten Datenverarbeitung", 1977.

Lutz, Th.: „Datenbanken", SRA 1976.

Lutz, Th./Klimesch, H.: „Die Datenbank im Informationssystem", 1971.

McGee, W. C.: "The information management system IMS/VS", IBM Systems Journal, Vol. 16 (1977), Nr. 2 (Aufsatzfolge Teile I–V, S. 84–168).

Wedekind, H.: „Datenbanken nach dem Relationenmodell", in: *Hansen, H. R.* (Hrsg.): „Informationssysteme im Produktionsbereich", 1975, S. 55–69.

Fünftes Kapitel:
Systemanalyse und Systemplanung

Lehr- und Lernziele

Sinn und Zweck des Fünften Kapitels ist es, den Leser mit den Methoden und Vorgehensweisen der Systemanalyse eingehend vertraut zu machen, damit er die *Arbeit des Systemanalytikers* verstehen lernt. Mit seiner Funktion wird der Betriebswirt in der Wirtschaftspraxis verschiedene Berührungspunkte haben — sei es, daß er nach einer gründlichen theoretischen Ausbildung selbst während seiner praktischen Berufsentwicklung in die Funktion eines Systemanalytikers hineinwächst oder aber an anderen Unternehmensstellen mit ihm zusammenarbeitet. Daher ist ein tiefergehendes Verständnis der Systemanalyse, mit der man im praktischen Leben immer wieder zusammentrifft, unumgänglich.

Im einzelnen sollte der Leser erfahren,

- daß die Person den *wichtigsten Bezugspunkt* für den Systemanalytiker darstellt und
- wie der Systemanalyse die Aufgabe gestellt ist, das (mechanische) EDV-System in das betriebwirtschaftliche Sozialsystem möglichst *optimal einzugliedern*.

Der Leser hat die Möglichkeit,

- die wichtigsten Methoden und Vorgehensweisen der *Ist-Analyse* einschl. Probleme der Informationsbedarfsanalyse (Bestandsaufnahme, Interview, Fragebogen, Beobachtung, Entscheidungstabellen),
- Verfahren und Hilfen für die *Soll-Konzeptentwicklung* gründlich kennen zu lernen, und zwar für die
  - *Grobplanung* (HIPO-Problemlösungstechnik) und für die
  - *Feinplanung* (Anwendungssimulation — Bildschirmformate).

Wegen der zentralen Bedeutung der Programmierung für die Systemgestaltung werden *moderne Programmiermethoden*, wie

- strukturierte Programmierung und
- Dialog-Programmierung

vorgestellt.

Über die Durchführung von (meist kostspieligen) EDV-*Projekten* kann der Leser nähere Einzelheiten erfahren, wie

- die Entwicklungsstufen der Organisationsdurchführung (Organisationsidee, Projektstudie, Ist-Zustandsanalyse, Soll-Konzeptentwicklung, Programmierung, Tests und Einführung)
- insbesondere auch die *Planung und Kontrolle* des Projektfortschritts (Zeitplanung, Personalplanung).

I. Der Mensch als wichtigster Bezugspunkt des Organisationsgefüges

A. Der Anknüpfungspunkt: Die Arbeit des Systemanalytikers

Der Systemanalytiker (Organisator) hat es bei der Ausführung seiner Funktion in erster Linie mit *Menschen* zu tun, auch wenn es ihm um die Gestaltung einer EDV-Organisation geht. Schon in der Entwurfsphase muß er sich mit Menschen befassen, welche die bestehende Organisation tragen, um von ihnen nähere Einzelheiten über die Struktur und den Ablauf zu erfahren. Später wird er mit ihnen sein Soll-Konzept abstimmen, teilweise auch gemeinsam erarbeiten. Es sind die gleichen Menschen oder andere Personen, die in der neuen Organisation eingesetzt werden, und das Gelingen der Umstellung hängt wesentlich von ihnen ab. Aus diesem Grunde unsere Ausführungen über *den Menschen* in der betriebswirtschaftlichen Organisation! Im Interesse des wirtschaftlichen Erfolges der Organisation *muß* er mit dem EDV-System und mit anderen Mitarbeitern zusammenwirken.

B. Die Person in der betriebswirtschaftlichen Organisation

Nach W. Vershofen (1950 — S. 1 f.) bedeutet Wirtschaften „ . . . das Bereiten von Mitteln für bestimmte Zwecke." „Der Mensch bereitet Mittel, . . . um Bedürfnisse zu befriedigen." Diese *Mittelbereitung* bedeutet *Planung* im weitesten Sinne; sie vollzieht sich *arbeitsteilig*[1]. Es ist die sinn- und zweckvolle Planung bzw. *Anordnung der Verrichtungen*, durch die sich insbes. die betriebswirtschaftliche Mittelbereitung auszeichnet, und darin besteht die *Organisation* einer Betriebswirtschaft.

Wenn wir im vorigen Absatz die einfache Definition des Wirtschaftsbegriffs W. Vershofens anführten, so kam es uns darauf an, die *Person* als *Träger* des *Mittel- und*

---

1 S. auch das berühmte Werk von Adam *Smith*: "Inquiry into the Nature and Causes of the Wealth of Nations" (1776), in dem er die "division of labour" (Arbeitsteilung), insbesondere aber auch die *Arbeitszerlegung* (specialization of operations) als wichtigen produktivitätsfördernden Faktor herausstellte.

Zweckzusammenhangs des Wirtschaftens überhaupt herauszustellen. Die frühere betriebswirtschaftliche Organisationslehre ging nämlich von einem „Zweckmodell" (Mayntz, R. – 1968, S. 39) der Organisation aus. In dieses Zweckmodell muß sich der einzelne einfügen. Dagegen wird kaum ein vernünftiger Mensch etwas einzuwenden haben – wogegen sich die Kritik wendet, ist die *unausgesprochene* (implizite) *Vorstellung* von der Person als *„homo oeconomicus"* (Rosenstiel, L. V./Molt, W./ Rüttinger, B. – 1975, S. 25), d. h. dem wirtschaftlich denkenden und handelnden Menschen. Diese Vorstellung war ursprünglich in der Volkswirtschaftslehre geboren (Klassische Schule: Adam Smith u. a. m.). Sie ging davon aus, daß der wirtschaftende Mensch – vor allem als Verbraucher – ausschließlich *vernunftgemäß* handelt bzw. *handeln soll.* Sie ist dort längst in Frage gestellt und widerlegt worden (z. B. von Vershofen, W. – 1950, S. 171 ff.).

Die Konstruktion des „homo oeconomicus" (lassen wir es einmal bei diesem Ausdruck, der sich schlecht verdeutschen läßt) ist eine Fiktion, eine Annahme, die zumindest für die Erklärung volkswirtschaftlicher Zusammenhänge nicht haltbar war. Anders schienen sich die Dinge dagegen im betriebswirtschaftlichen Bereich zu verhalten: Die Betriebswirtschaftslehre wollte die Zusammenhänge wissenschaftlich aufklären und glaubte erwarten zu können, daß diese Erkenntnisse – waren sie erst einmal bekannt und als richtig erkannt – vernünftigerweise auch in der Wirtschaftspraxis (wenn nicht sofort, so doch im Laufe der Zeit) uneingeschränkt Eingang finden müßten. Diese Erwartung hat sich nicht erfüllt. Bleibt nur zu hoffen, daß die neueren Erkenntnisse einer wirklichkeitsnäheren Betriebswirtschaftslehre (z. B. Kirsch, W. – 1971), die nicht nur vom „homo oeconomicus" ausgeht, sondern einen weitaus vielschichtigeren, komplexeren Menschentypus in die Überlegungen mit einbezieht, zur vernünftigeren Entscheidungsfindung beitragen kann.

C. Die gegenwärtige Situation

Der heute in der Wirtschaft tätige Mensch ist mündiger geworden, wenn man darunter den gegenüber früher höheren fachlichen und allgemeinen Bildungsstand versteht, der vor allem in einem umfangreicheren (theoretischen) Wissen, über das der einzelne verfügen kann, besteht. Er besitzt auch mehr Rechte und bezieht vor allem ein wesentlich höheres Einkommen, was einen größeren Freiheitsspielraum ermöglicht. Wir können diese Entwicklung nur begrüßen – müssen uns aber der Quellen und Ursachen unseres materiellen Glücks bewußt bleiben.

Nachdem nunmehr die hierarchischen Zwänge weitgehend gelockert sind, zeigt sich, daß sich der Mensch oft nicht wie ein „homo oeconomicus" verhält. Natürlich ist auch der (einzelne) emanzipierte Mitarbeiter auf Grund seines Bildungsstandes vorwiegend vernünftigen Argumenten zugänglich und man kann erwarten, daß er logisch-folgerichtig reagiert. Nur ist zu berücksichtigen, daß schon bei einem gleichen Informationsstand, der meistens in der Wirtschaftspraxis nur *unvollständig* sein kann, *verschiedene* Konsequenzen möglich sind. Außerdem ist die Interessenlage der einzelnen Mitarbeiter unterschiedlich. Die Führungskunst besteht nicht nur darin, die Mitarbeiter zu „motivieren", sondern ihre Aktivitäten – bei Anerkennung ihres Freiheitsspielraums – zu vereinigen und in eine den Zielen der Betriebswirtschaft konforme Richtung zu lenken. Die sich daraus entwickelnde *echte* Partnerschaft' geht davon aus, daß dem Mitarbeiter die Bedingungen und Möglichkeiten genau vorgestellt werden, damit er von sich aus bereit ist, *alle* benötigten Fähigkeiten und Kenntnisse für die Organisation einzusetzen.

Der amerikanische Sozialpsychologe A. H. Maslow (zitiert von Wiedemann, H., in „Das Unternehmen in der Evolution" – 1971, S. 281 ff. und S. 306 f.) stellt in seinem Buch: "Motivation and Personality" (New York und London 1954) das Bedürfnis nach Selbstverwirklichung ("self-fulfillment") des Menschen an die Spitze seiner Bedürfnishierarchie (s. a. 1. Kapitel, Abschnitt III. A.). Diese geforderte Sinnerfüllung des menschlichen Daseins geht auf idealistische Ursprünge zurück (Wiedemann, H. – 1971, S. 285). Inwieweit die Vorstellungen des einzelnen nun tatsächlich diesen idealen Strebungen entsprechen, möchten wir dahingestellt bleiben lassen.

In eine ähnliche Richtung gehen die Überlegungen P. Lindemanns (1976, S. 52 ff.), der dem „Allgemeingebildeten" größere Chancen bei der Bewältigung der Zukunftsprobleme unserer Arbeitswelt einräumt, als dem einseitig ausgebildeten Spezialisten. Es ist dies sicher ein beachtenswerter Standpunkt, der auch im Interesse der Selbstverwirklichung des arbeitenden Menschen in der Wirtschaft liegt: Er bringt zwar kein Spezialwissen mit, kann sich dieses aber leichter aneignen, als ein einseitig ausgerichteter Spezialist, wenn er später einmal in eine Rolle versetzt wird, die ein bestimmtes Fachwissen erfordert. Daraus ergibt sich eine größere Flexibilität – eine leichtere Anpassungsfähigkeit an veränderte Arbeitsbedingungen, mit denen wir ja leben müssen. Der immer wieder notwendig werdende *Rollenwechsel* im praktischen Leben, auf den sich jeder – in Zukunft noch mehr als bisher – einstellen muß, sollte auch als eine *Chance* zur besseren Selbstverwirklichung genutzt werden.

Dies sind die Bedingungen, Vorstellungen und Möglichkeiten, von denen der Systemanalytiker ausgehen muß.

D. Konsequenzen für die Organisationsgestaltung

1. Die Voraussetzungen für ansprechende Arbeitsbedingungen

Die Argumentation eines Mitarbeiters, der sich auf das „Naturrecht" der *Selbstverwirklichung* beruft, ist also im allgemeinen und im individuell gelagerten Einzelfall *sehr ernst* zu nehmen: als Ausdruck eines *ursprünglichen menschlichen Bedürfnisses*. Die betriebswirtschaftliche Organisation kann diesen an sie gestellten Erwartungen nur in einem *begrenzten Umfange gerecht* werden. Denn sie muß so gestaltet (und laufend angepaßt) werden, daß sie den *Anforderungen des Marktes* (Wirtschaftlichkeit!) möglichst *optimal* entsprechen kann. Nur dann sind nämlich die Voraussetzungen gegeben, die *relativ ansprechende Arbeitsbedingungen* erst ermöglichen.

Die anzustrebende Gestaltung des Arbeitsplatzes kann sich für den betreffenden Mitarbeiter fördernd auswirken, wenn es um die Erreichung des Zieles der *Selbstverwirklichung* geht. Den richtigen Weg muß er allerdings selbst finden. Dabei können ihm der zukünftige Personalvorgesetzte (Führungskraft), die Personalabteilung und der Organisator (Systemanalytiker) wichtige Hilfestellungen bieten. Letztlich wird ein Mitarbeiter sich in Form einer irgendwie gearteten *nützlichen Leistung* selbst verwirklichen, die er *für die Betriebswirtschaft* erbringt. Auch hierfür muß er die Zusammenhänge und insbesondere die geforderten Aufgaben kennen lernen, um die Möglichkeiten der Selbstverwirklichung beurteilen zu können. Es liegt unzweifelhaft im Interesse der Betriebswirtschaft, *jedem* Mitarbeiter diese Möglichkeiten zu erschließen, weil eine entsprechende Gegenleistungsbereitschaft normalerweise zu erwarten steht.

Der Systemanalytiker, der eine neue Organisation plant, muß die Aufgaben und die zu besetzenden Stellen beschreiben, die mit der neuen Organisation verbunden sind — er kann sie auch einem Stellenbewerber am besten erklären. Die Personalabteilung sorgt auf Grund der ihr zur Verfügung stehenden Informationen (Personal-Informations-System) für Mitarbeiter, die als Bewerber für die zu besetzenden Stellen in Frage kommen. Die endgültige Entscheidung über die Wahl eines Mitarbeiters trifft die zuständige Führungskraft: Er kann den Stellenbewerber am besten über die Entwicklungsmöglichkeiten dieser Position und innerhalb seiner Abteilung unterrichten. Über die weiteren Karrieren innerhalb der Betriebswirtschaft kann wiederum die Personalabteilung Auskunft geben.

Was erwartet andererseits den neu eingetretenen und die übrigen Mitarbeiter der betriebswirtschaftlichen Organisation? Wir leben in einer Zeit *stetiger Veränderung* — diese Tendenz wird eher noch zunehmen als nachlassen. Darauf *muß* sich der Mitarbeiter einstellen: Er muß *anpassungsfähig* sein, genauso wie die Betriebswirtschaft sich laufend an die Veränderungen ihrer Umwelt anzupassen hat, will sie überleben. Der Markt — vor allem neue Produkte und Dienstleistungen —, aber auch Staat und Gesellschaft, von denen z. B. neue Gesetze ausgehen und bestimmte (veränderte) Verhaltensweisen erwartet werden, bedingen Umstellungen auch der innerbetrieblichen Organisationsstruktur.

Der Mitarbeiter sollte daher *bereit* sein, jeweils — nachdem er einige Jahre an seinem Arbeitsplatz erfolgreich tätig gewesen ist — in ein anderes Wirkungsfeld überzuwechseln. Er sollte sich darauf von vornherein einstellen und sich u. a. auch umschulen lassen. Dies erfordert eine gewisse Anpassungsbereitschaft und -fähigkeit.

II. Die betriebswirtschaftliche Organisation und die Systemanalyse

A. Die Organisation als System

Nach den Ausführungen des letzten Abschnitts dürfte schon klar geworden sein, um was es sich bei der *betriebswirtschaftlichen Organisation* handelt: *Das System der persönlichen und sachlichen Produktivkräfte zum Zwecke der Erfüllung der betriebswirtschaftlichen Zielsetzungen.* Die Abbildung 2 zeigt das System Betriebswirtschaft und gleichzeitig auch die wichtigsten Untersysteme der *betriebswirtschaftlichen Organisation.* Zwischen beiden Hauptsystemen besteht nur ein gedanklicher Unterschied: Beide umfassen die gleichen Elemente (Personen, Maschinen, Anlagen usw.), nur ist die Betrachtungsweise, die Beurteilung verschieden, je nachdem, ob man sie allgemein als *betriebswirtschaftliches System* oder aber spezieller als *Organisation* ansieht. Die Elemente der verschiedenen Untersysteme sind zweckvoll miteinander kombiniert und durch die Kommunikation miteinander verbunden, so wie sie sich im Falle einer echten Betriebswirtschaft vorfinden: Je nachdem wie dieses *Zusammenspiel der Elemente* funktioniert, ist die Betriebswirtschaft *gut oder schlecht organisiert,* d. h. sie kann den gegebenen Zielsetzungen ganz oder nicht nachkommen.

Weil die Organisation ein System ist, wird die Organisationstätigkeit „Systemanalyse" genannt — sie bezieht sich aber nicht allein auf die „Analyse" der Organisation, sondern umfaßt auch den Neuaufbau und die Änderung einer Organisation.

Die formale Organisation, wie sie im Organisationsplan einer Betriebswirtschaft niedergelegt ist (siehe Abbildung 47), nennt man die *Aufbau-Organisation.* In Ergänzung dazu bezieht sich die *Ablauf-Organisation* auf die Kommunikationsvorgänge und die Güterbewegungen zwischen den einzelnen Stellen, Abteilungen und Personen der Betriebswirtschaft, wie sie normalerweise verlaufen. Da hiervon die Funktion des betriebswirtschaftlichen Informationssystems primär betroffen ist, interessiert die Systemanalyse die Ablauforganisation *hauptsächlich* und erst in zweiter Linie die Aufbau-Organisation.

B. Die Rolle der Datenverarbeitung

Die Abbildung 48 zeigt zunächst den Ablauf ohne EDV-Einsatz — auf einer weiteren Abbildung (Nr. 49) kommt die Auswirkung des EDV-Einsatzes zur Darstellung. Beim *herkömmlichen Organisationsablauf* bestand die Kommunikation darin, daß die *Rechnung physisch* zwischen den verschiedenen Abteilungen *hin und hergereicht* wurde. Das bringt u. a. folgende Umstände mit sich:

(1) Einige Tage *Postlaufweg* innerhalb der Betriebswirtschaft.

(2) Kontrolle (Liste) über den *Verbleib der Rechnung* (wird von der Rechnungsprüfung geführt).

(3) Die *Bestellung* muß herausgesucht werden, ebenso etwaiger nachfolgender
Schriftwechsel (Änderungen usw.).

(4) *Rechnerische Überprüfung* der einzelnen Positionen und des Endbetrages.

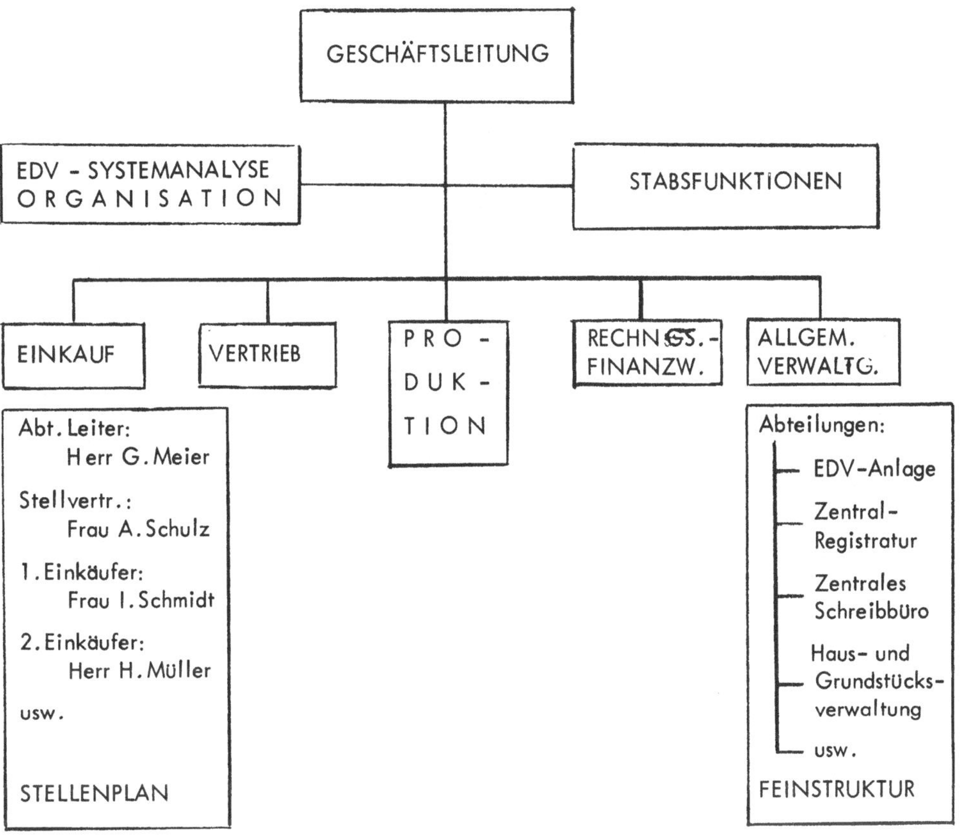

Abb. 47: Organisationsplan

Bei der EDV unterstützten Lösung dagegen wird die *Einkaufsbestellung* zweckmäßig von Anfang an in einer *Datenbank* festgehalten und alle Abänderungen der Be-
stelldaten werden vom EDV-System nachgehalten, so daß immer der *neueste Stand*
angezeigt wird. Wenn eine Lieferung eingeht, gibt die Abteilung „Wareneingang" die
Menge und die Abteilung „Qualitäts-Kontrolle" den Befund über die Beschaffenheit
der Ware an der Datenstation ein. Bei Rechnungseingang kann nunmehr die Rechnungsprüfung z. B. über eine Bildschirm-Datenstation das Ergebnis der Errechnung:
tatsächlich gelieferte Menge x Bestellpreis (Programmaufruf) abrufen und – falls
die Rechnung stimmt (Normalfall) – die Rechnung zur Überweisung durch die
Buchhaltung freigeben. Im automatisierten Zahlungsanweisungsverfahren kann

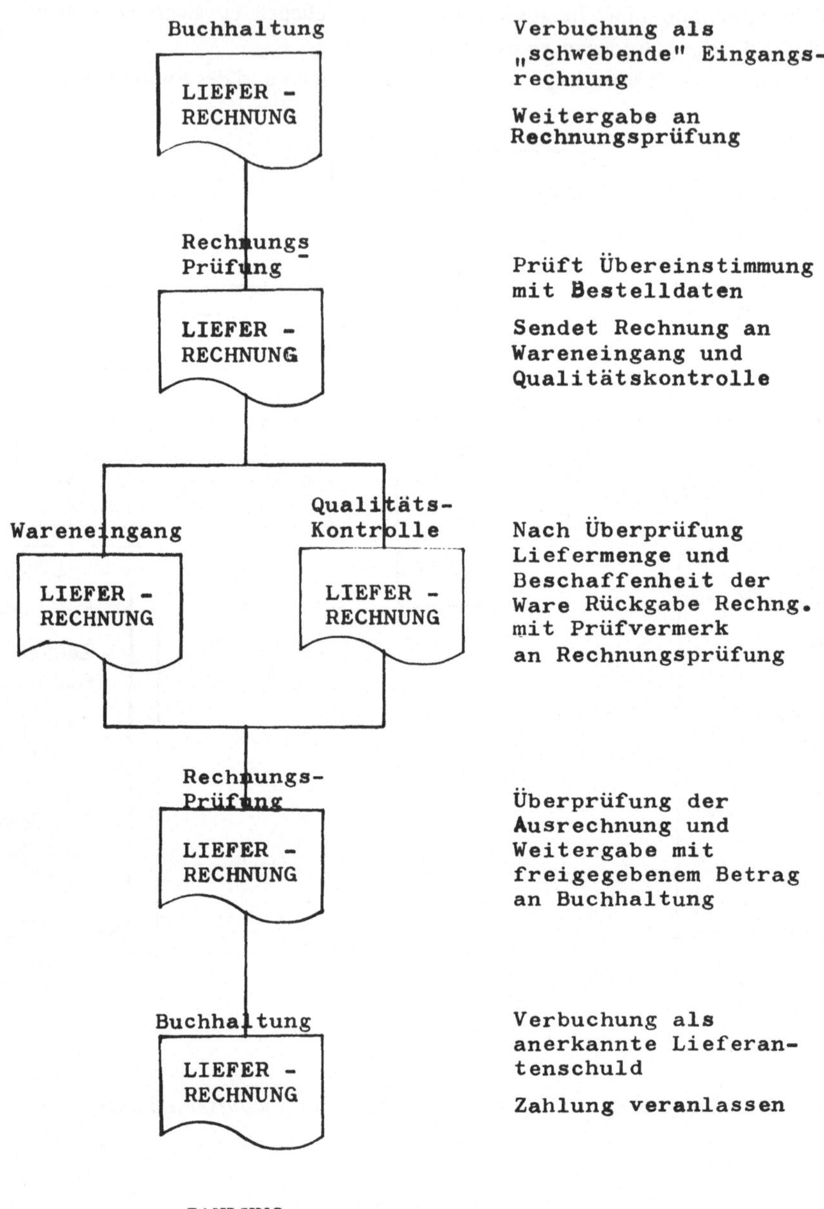

Abb. 48: Ablauforganisation: Lieferantenrechnungsprüfung und -Regulierung (ohne EDV) Hauptfunktionen

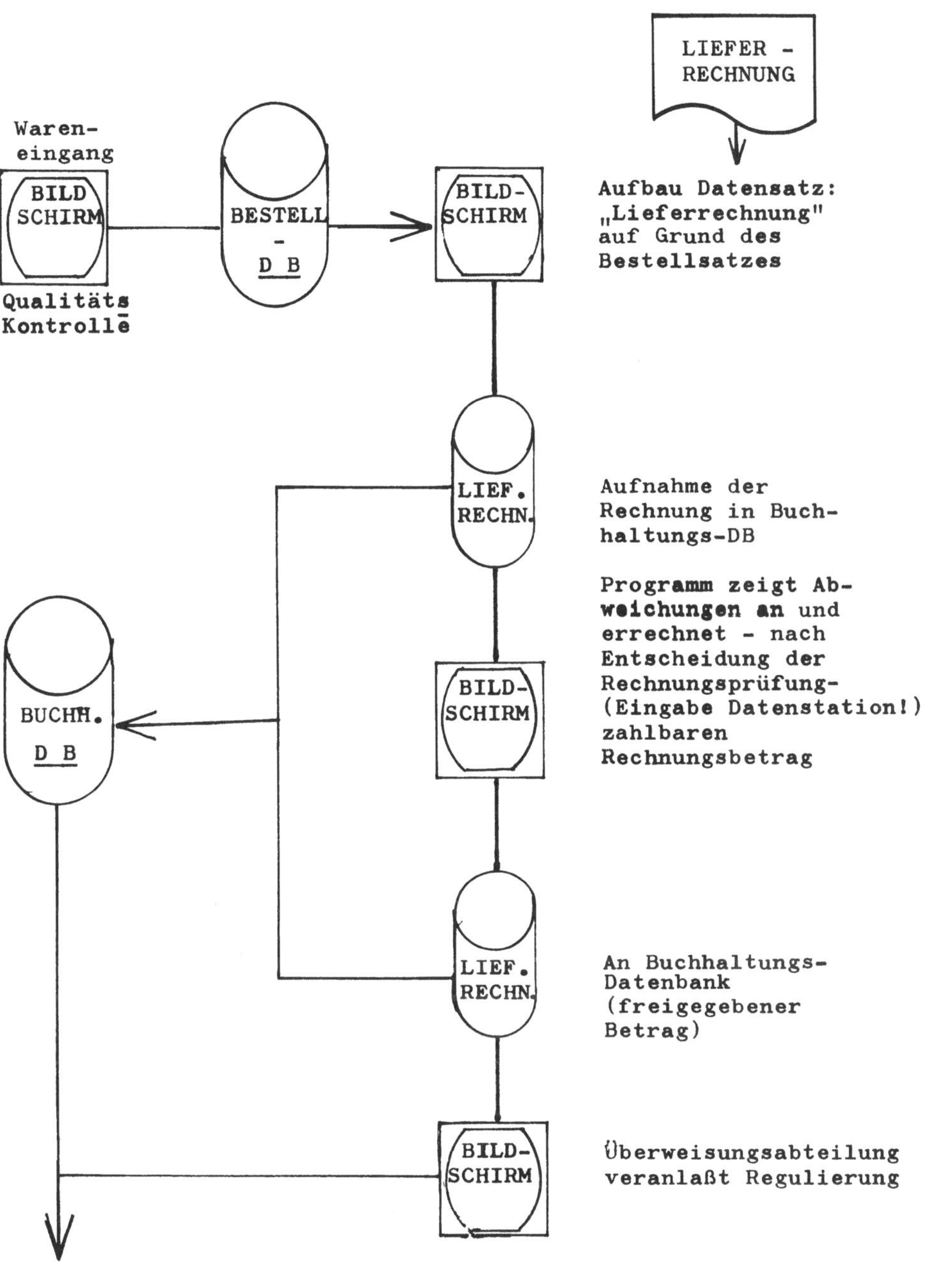

Abb. 49: Ablauforganisation: Lieferantenrechnungsprüfung mit Hilfe der EDV

durch den *Datenträgeraustausch* mit den Kreditinstituten nicht nur Arbeitszeit eingespart (Ausstellung von Schecks usw. entfällt), sondern auch die Abwicklung der Überweisung selbst beschleunigt werden.

Was aus dem dargestellten Ablauf nicht ohne weiteres hervorgeht, ist die *Geschwindigkeit,* mit welcher der Informationsfluß bei der EDV-Lösung ("on line") mit Bildschirm-Datenstationen abläuft. Das schafft an den einzelnen Arbeitsplätzen Zeitreserven, die dafür genutzt werden können, *Spitzenbelastungen* („Berge ungeprüfter Einkaufsrechnungen") *abzubauen* bzw. zu verteilen, ohne in Verzug zu geraten.

Was aus diesem Beispiel verständlich werden soll, ist die Tatsache, daß der Organisations*ablauf hauptsächlich* von einer Umstellung auf EDV betroffen ist, *weniger* die Aufbauorganisation (es gibt einige Aufgabenverlagerungen — manche Aufgaben fallen weg, weil sie von der EDV abgenommen werden). Man erkennt auch deutlich, wie der *Informationsweg* (die Kommunikation) vom *physischen* Transport des Dokuments — hier der Eingangsrechnung — *auf die* EDV-Anlage mit ihren peripheren Einheiten *übergeht,* die nunmehr einen großen Teil des organisatorischen Ablaufs abnimmt. Es versteht sich von selbst, daß eine solche *Umstellung* auf die EDV-*Organisation* sehr vieler *planerischer Überlegungen* und anderer Maßnahmen bedarf, damit ein sinn- und zweckvoller Ablauf eingeführt werden kann, der noch dazu *wirtschaftlich* sein muß.

C. Die Problemanalyse

Die (möglichst) genaue Aufgabendefinition ist das erste Problem, das der Systemanalytiker zusammen mit seinem Auftraggeber zu lösen hat. Beginnt eine Betriebswirtschaft völlig neu mit dem Einsatz der EDV, so sollte man sich anhand von Fachzeitschriften und anderen geeigneten Informationsquellen über EDV-Einsatzmöglichkeiten in anderen Betrieben der gleichen oder einer verwandten Branche unterrichten. Es gibt meistens auch Hinweise und Beschreibungen verschiedener EDV-Einsatzgebiete.

Die *Organisationsaufgabe* sollte *nicht zu eng definiert* werden, damit wichtige Rationalisierungsmöglichkeiten und Informationsbedürfnisse, die außerhalb liegen könnten, nicht unberücksichtigt bleiben. Dies ist auch deshalb wichtig, weil man den *Vorteil* einer *Datenbank* gerade bei einem Neuanfang zugleich mit der Umstellung auf eine EDV gestützte Organisation nützen möchte: Es müssen also alle Daten eines bestimmten Sachgebiets und die daran interessierten betriebswirtschaftlichen Funktionsbereiche in die Untersuchung einbezogen werden.

Andererseits ist es angesichts der *Fülle des* zu bewältigenden *Informationsmaterials* erforderlich, die *Organisationsaufgabe* auf ein bestimmtes *Sachgebiet* (Rechnungswesen, Personalwesen, Fertigungssteuerung o. ä.) zu *begrenzen,* damit die neue EDV-Organisation in *absehbarer Zeit* (meistens ein paar Jahre!) *eingeführt* werden kann.

III. Die Analyse des Ist-Zustandes

A. Zweck, Inhalt und Umfang

Die *Ist-Zustandsanalyse* der bestehenden Organisation ist eine *unabdingbare Voraussetzung* für die Einführung einer EDV gestützten Organisation. Sie muß irgendwann vor der Umstellung in gründlicher Weise erfolgt sein. Das kann längere Zeit zurückliegen — dann muß sie dokumentarisch fortgeschrieben werden, damit der neueste Stand von allen an der Umstellung Beteiligten „nachgelesen" werden kann. Weil die Systemanpassung und -umstellung ein mehr oder weniger permanenter Prozeß ist, gehen Großbetriebe dazu über, für jeden wichtigen Anwendungsbereich (Personal, Fertigungssteuerung, Rechnungs- und Finanzwesen, Vertrieb usw.) einen sogenannten „Anwendungskoordinator" einzusetzen, der „hauptamtlich" für die EDV-Belange seines Bereichs zuständig ist. Wir können in diesem *Anwendungs-Koordinator* auch eine *Ergänzung* der *Funktion des System-Analytikers* sehen. Der Anwendungs-Koordinator hat u. a. auch die Funktion, über den neuesten Ist-Zustand seines Bereichs genauestens informiert zu sein. Er kann am besten die Fortschreibung durchführen und auch über Zusammenhänge und Details Auskunft geben, die nicht dokumentiert werden, aber für die System-Analyse bzw. die Umstellung wichtig sind. Was ist bei der Ist-Zustandsanalyse aufzunehmen? Grundsätzlich *alles, was* für die Lösung der EDV-Organisationsaufgabe *von Bedeutung sein kann:*

- Organisatorische Abläufe
- Arbeitsvorgänge, Bearbeitungsvorgänge (was wird in welcher Art und Weise bearbeitet, wieviele Vorgänge?)
- Schriftliche Unterlagen als Arbeitsergebnisse
- Vordrucke
- Listen, Aufstellungen, Verzeichnisse
- Dateien (Karteien usw.)
- Ablageorganisation, Aktenpläne usw.
- Numerierungs- und Ordnungssysteme

Die Abläufe — wie sie normalerweise und unter besonderen Umständen verlaufen — sind von Stelle zu Stelle genau zu beschreiben, die Sachbearbeitung ist im einzelnen darzustellen, einschließlich des Zeitaufwandes der Bearbeitung der verschiedenen für die Untersuchung wichtigen Vorgänge. Auch ist das Mengenvolumen bei den einzelnen Stellen festzustellen (was läuft durchschnittlich/maximal/mindestens je Zeiteinheit durch?). Art und Umfang der von den einzelnen Sachbearbeitern benötigten Informationen und ihre Quellen (Berichte, mündliche Rückfragen bei wem?, Briefe usw.) sind zu ermitteln.
Wichtig ist dabei *nicht nur der heutige Stand* (den man mehr oder weniger *genau* feststellen kann), sondern es ist auch die *zukünftige Entwicklung* — soweit abschätzbar — bei allen Ermittlungen mit anzugeben. Das EDV-Informationssystem,

auf das sich die Ist-Analyse bezieht, benötigt für seine Entwicklung eventuell ein paar Jahre und soll einige weitere Jahre (möglichst lange) im Einsatz bleiben!

Da wir es im Beispielsfalle der Umstellung auf die EDV-Organisation sowohl mit dem *Sozialsystem* als auch mit dem *EDV-System* zu tun haben, noch einige grundsätzliche Bemerkungen (s. Abbildung 50). Beide Systeme sind von *Grund* auf *verschieden*. Funktioniert das *EDV-System* im Prinzip wie ein *Mechanismus*, so müssen die Vorgänge in einem *Sozialsystem* als ein innerhalb eines Sozialgebildes *spezifisches Geschehen* verstanden werden — kein Vergleich mit Mechanismen oder Organismen usw. wird der Eigenart der Vorgänge und Abläufe, wie sie sich im Sozialsystem vollziehen, gerecht (Vershofen, W. — 1931). Bei dem Umfang, den das Wissen um die EDV inzwischen angenommen hat, ist es nur natürlich, daß es Systemanalytiker gibt, die ihren Neigungen entsprechend sich auf die einzelnen Gebiete der EDV-Systeme spezialisieren, und andere, die sich mehr der Strukturierung des betriebswirtschaftlichen Sozialsystems und seiner Teile zuwenden mit dem Ziel, das EDV-System reibungslos in das organisatorische Gesamtgefüge einzugliedern. Innerhalb eines größeren EDV-Projekts, in dem eine Reihe von Systemanalytikern tätig sind, haben beide Spezialisierungen Wirkungsmöglichkeiten.

Wie wichtig und weitgehend ihre Rolle in der Praxis gesehen wird, mag die folgende Aussage erhellen:

„ . . . denn selbst die besten Problemlösungsideen und technisch perfekten EDV-Anlagen schützen nicht vor Enttäuschung, wenn es nicht gelingt, das EDV-Informationssystem richtig und rechtzeitig in das Unternehmensgeschehen einzufügen." (Pfau, W./Knopf, H. — 1973, S. 5)

B. Vorgehensweisen (Informationsbeschaffung)

1. Bestandsaufnahme (Inventur)

a) Aufnahme aller vorhandenen schriftlichen Unterlagen (Belege, Dateien, Arbeitsanweisungen, Stellenbeschreibungen usw.)

Aus den Unterlagen ergeben sich nicht nur Hinweise auf den Informationsfluß, sondern auch auf die Art der Informationen und auf die Formate der Informationsträger (siehe Abbildung: Grundschema Lieferantenrechnung).

Ein wichtiger Teil der Ist-Analyse besteht in der Untersuchung des Beleg- und Berichtsflusses (s. Abbildungen 51 und 52). Die Daten*felder* der dafür in Frage kommenden Unterlagen sind genau zu erfassen. Ihr Vorkommen — Herkunft und Bestimmung — muß im einzelnen verfolgt werden. Dies ist eine notwendige Voraussetzung für die genaue Erschließung des Informationsbedarfs.

Hinweis:

Da nicht wenige Unterlagen früheren Datums sind, bedürfen sie in vielen Fällen der Anpassung an den heutigen Stand (die zuständigen Führungskräfte und Sachbearbeiter fragen!).

<u>E D V - S Y S T E M :</u>   <u>S O Z I A L S Y S T E M :</u>

<u>ELEMENTE :</u>

MASCHINEN usw.   MENSCHEN

- durch Programm oder Maschinenfunktionen   - motivierbar
  festgelegt   - selbststeuerungsfähig

- (fast) immer einsatzbereit   - ermüdbar

- beliebig auswechselbar   - nicht ohne Schwierigkeiten
                                               (Umschulung, Einarbeitung usw) zu
                                               ersetzen

- einseitig „begabt", arbeitet nur nach   - phantasiebegabt, schöpferisch
  genauer Anweisung

- äußerst zuverlässig (Maschinenfehler selten)   - arbeiten nie absolut fehlerlos

- speichern Informationen   - sind vergeßlich

- verstehen nur maschinengerecht eingegebene   - verstehen Informationen verschiedenster
  Informationen   Art

<u>BEZIEHUNGEN :</u>

SIGNALE   vielfältiger Art

- elektrische (digitale) Impulse   - akustische (Sprache usw.), Schriftstücke
  (bestimmter Stärke)   usw.

                                             - vernuftgemäß / emotional bedingt

                                             - unterschiedlicher Stärke

<u>WIRKUNGSWEISE :</u>

EDV - SYSTEM   SOZIALSYSTEM

- äußerst schnelle Arbeitsweise   - langsames bis schnelles Arbeiten (abhängig
                                               vom Menschen und vom Funktionieren der
                                               Organisation)

- große Verarbeitungskapazität („rund um die   - größerer Arbeitsumfang - Arbeitsspitzen -
  Uhr" - aber nicht länger - auslastbar)   nur vorübergehend durch bestehende Organi-
                                               sation zu bewältigen

- deterministisch   - indeterminiert

- programmierbar   - organisierbar

Abb. 50: Wichtige Unterschiede zwischen EDV-Systemen und Sozialsystemen

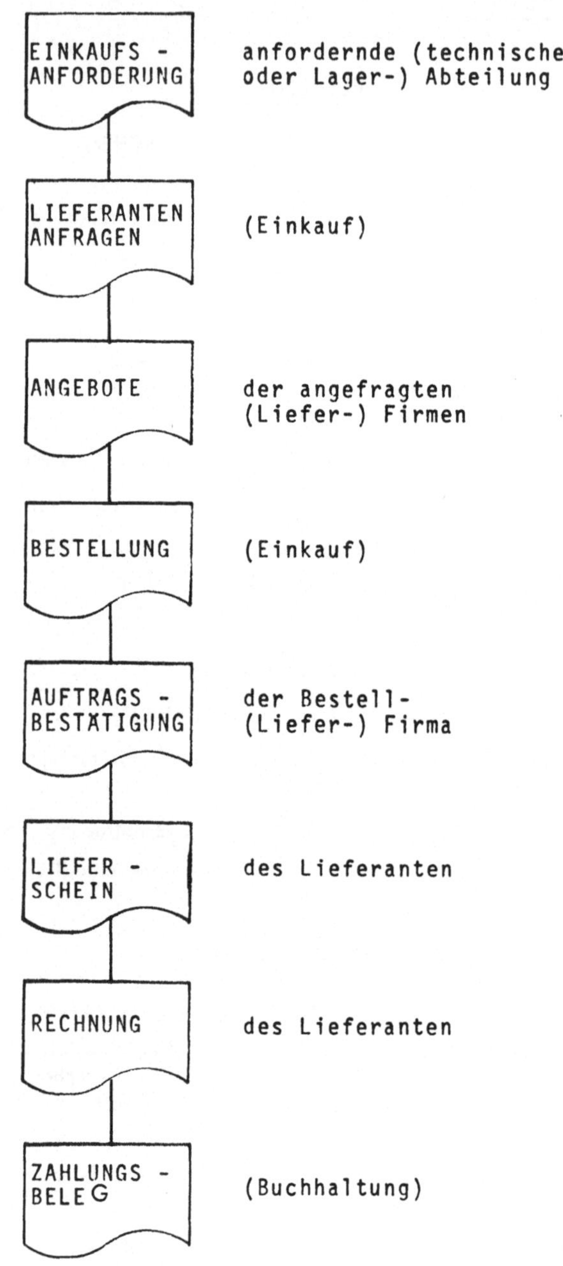

Abb. 51: Belegfluß
(Einkaufsbestell- und Rechnungsabwicklung)

158

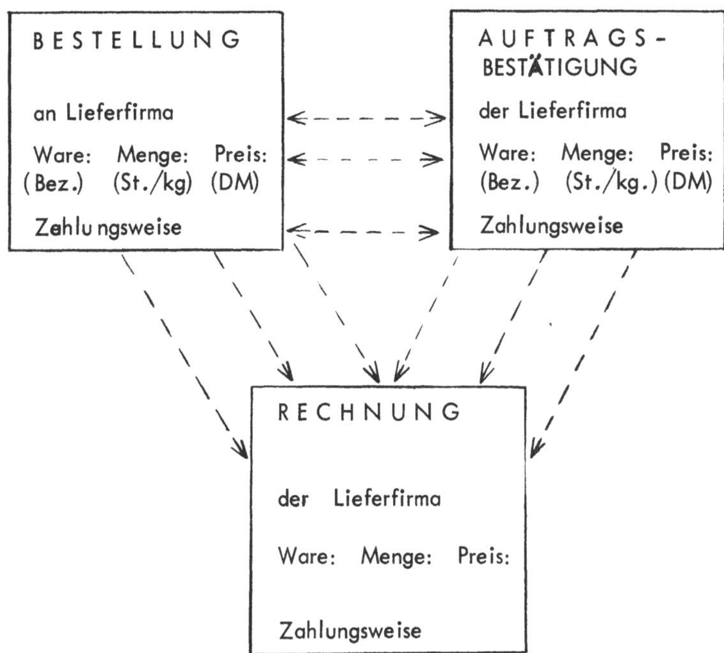

Abb. 52: (verkürzte) Belegwiedergabe:
Die Belegflußuntersuchung erstreckt sich auf jedes einzelne Datenfeld und zeigt die
genauen Zusummenhänge auf.

b) Ermittlung des Mengengerüsts

Bestimmte *Zahlenangaben* über Mitarbeiter, Fertigungsgrößen, Lagerbewegungen usw. werden für die Planung von EDV-Systemen benötigt. Derartige globale und detaillierte Größen werden u. a. im „Fragebogen zur Untersuchung von Fertigungsbetrieben" (IBM Deutschland — Mai 1966) sowie auch z. B. im „Fragenkatalog zum Organisationsbereich Lagerbestandsaufnahme und Disposition" (IBM Deutschland — 1974) erbeten (um geeignete Anwendungs-Software anbieten zu können). Derartige Zahlen werden auch für die innerbetriebliche Systemanalyse, insbesondere für die Planung von EDV gestützten Informationssystemen, benötigt (Pfau, W./ Knopf, H. — 1973) und müssen daher im Bedarfsfalle ermittelt werden.

2. Interviews

Die Interview-Methode ist nach wie vor die wichtigste Methode zur Erfassung des Ist-Zustandes. Der Systemanalytiker wendet sie hauptsächlich an, wenn er den Sachbearbeiter direkt (mündlich) befragt, die zuständige Führungskraft oder den Anwendungs-Koordinator. Hier muß er zeigen, daß er es versteht, die für seine Arbeit *wichtigen* Tatsachen ans Licht zu fördern. Obgleich man davon ausgehen kann, daß *jeder Mitarbeiter und jede Führungskraft* durch die Geschäftsleitung generell und/oder speziell *zu kooperativem Verhalten* angehalten worden ist, wird er auf verschlossene oder auskunftsbereite, kenntnisreiche oder in ihrer Tätigkeit unerfahrene, ja auch auf Menschen treffen, die ihn täuschen wollen. Daher ist das (in der Praxis) zu entwickelnde Geschick, mit Menschen umzugehen, für den Systemanalytiker außerordentlich wichtig. Wenn dieses Talent auch erst durch die Berufserfahrung im Laufe der Zeit ausgebildet werden kann, möchten wir doch einige *Hinweise* geben:

„Interviewer zu sein, verlangt Natürlichkeit, Flexibilität, Kontaktfreudigkeit" — diese Feststellung einer erfahrenen Interviewerin aus dem demoskopischen Bereich (Schweitzer, W. — 21. August 1976) gilt auch für die Befragung von Mitarbeitern und Führungskräften über organisatorische Zusammenhänge. Vor allem erfordert es auch *Taktgefühl* auf Seiten des Interviewers (Daniels/Yeates/Erbach — 1970, S. 29).

Es ist wichtig, daß der Systemanalytiker sich *gründlich* auf das *Interview vorbereitet.* Er muß genau wissen, was er fragen möchte, damit er nicht später um weitere Interviews nachsuchen muß (was nicht nur zeitaufwendig ist, sondern auch u. U. auf Seiten der Befragten als lästig empfunden wird). Während des Interviews sollte er sich einer *verständlichen Ausdrucksweise* bedienen (englische Fachausdrücke nach Möglichkeit vermeiden!). Manchmal kann man bestimmte Informationen nur durch gezielte Fragen in Erfahrung bringen — besser ist es jedoch, wenn der Gesprächspartner *zwanglos* von sich aus über seine Tätigkeit und Arbeitsprobleme berichtet, so daß man nur noch ergänzend nachfragen muß wegen solcher Punkte, die der Befragte noch nicht erwähnt hat. Es ist zweckmäßig, wenn er sich ein schriftliches Fragenkonzept vorbereitet (Merkzettel). Das ist auch aus methodischen Gründen erforderlich: Die *Gültigkeit* (Validität) der Befragung muß sichergestellt sein, d. h. es muß tatsächlich gefragt worden sein, was man erfragen wollte.

Eine Kontrolle ist wichtig: Man sollte sowohl durch Zwischenfragen etwaige Unklarheiten, die den Verdacht einer Täuschung oder eines Mißverständnisses aufkommen lassen, auf den Grund gehen, als auch die Schilderung des gleichen Sachverhalts von einer anderen Seite (Mitarbeiter, Vorgesetzter, Anwendungskoordinator) hören. Dies ist eine Forderung der sozialwissenschaftlichen Untersuchungsmethoden, die als *Zuverlässigkeit* (Reliabilität) der Befragung bezeichnet wird (das Untersuchungsergebnis muß mit dem Ergebnis gleichartiger Beobachtungen unter gleichen Bedingungen übereinstimmen).

Das *Ergebnis* des Interviews ist *schriftlich* festzuhalten (ev. durch entsprechenden Berichtsvordruck), damit später wieder darauf zurückgegriffen werden kann. Die Schriftform empfiehlt sich bei größeren Organisationsprojekten im Interesse des reibungslosen Informationsflusses innerhalb der Projektgruppe (der Projektleiter muß informiert sein, um z. B. die Systemanalytiker richtig anzusetzen).

Interviews müssen mit Personen geführt werden, die mit dem Sachverhalt bestens *vertraut* sind. Sie sollten mindestens mit einem sachbearbeitenden Mitarbeiter (bzw. einer Mitarbeiterin), der (die) sich in dem Arbeitsgebiet gut auskennt, und mit der zuständigen Führungskraft geführt werden. Nach Lage der Dinge ist vom System-Analytiker zu beurteilen, ob ein Gruppen-Interview mit mehreren Mitarbeitern der Abteilung sinnvoll ist. Wenig Sinn wird es haben, *jeden* einzelnen Mitarbeiter einer Abteilung oder einer Arbeitsgruppe zu befragen, weil es nicht nur zeitaufwendig sein dürfte, sondern auch zusätzliche Verwirrungen, Mißverständnisse usw. herbeiführen kann (denn nicht alle Mitarbeiter sind gleich gut über ihre Arbeit und vor allem über die Aufgaben der Abteilung aussagefähig!).

3. Fragenbogen

Ein *Fragebogen* kann nie ein Interview ersetzen, wohl aber ergänzend eingesetzt werden, vor allem wenn die *gleichen Fragen* an *viele Personen* gerichtet sind. Das *Problem* sollte dem Empfänger des Fragebogens *allgemein bekannt* sein. Der Fragebogen *darf nicht zu umfangreich* ausfallen. Die *Fragen* müssen *begrifflich eindeutig* und *verständlich* gestellt sein — Forderungen an den Fragebogen, die als solche selbstverständlich erscheinen, aber durchaus nicht so leicht in die Tat umzusetzen sind. Der Systemanalytiker, der den Sachverhalt kennt, sollte sich daher die *Fragen* vorher *genau* überlegen und sie mit anderen (möglichst sachkundigen und unvoreingenommenen) Personen (nicht nur mit seinen Vorgesetzten) abstimmen, denn die im vorigen Abschnitt (Abschnitt III., B., 2.) erwähnten Forderungen der Gültigkeit und Zuverlässigkeit der Erhebungen gelten ebenso für die schriftliche Befragung.

Wenn der *persönliche Kontakt zum Absender des Fragebogens,* sein "Image" (Ruf), gut war (und ist), wird die *Rücklaufquote* des beantworteten Fragebogens *hoch* sein. Der System-Analytiker braucht dann nur noch Säumige wegen des noch ausstehenden Fragebogens anzumahnen. Darüber hinaus muß er sich um die ungeklärten bzw. komplizierten Fälle kümmern, die nicht auf Grund der Antwort (einwandfrei) beurteilt werden können. Das ist sicher *einfacher* und läßt sich *schneller* abwickeln, als wenn *alle* Personen *mündlich* zu befragen sind.

4. Beobachtungen

Die *unmittelbare Anschauung* (Beobachtung) des Ablaufs oder der Tätigkeit ist u. E. unabdingbar — weniger um etwa in Form von „Multimoment-Aufnahmen" bzw. Stichproben über Häufigkeitszahlen Aufschluß zu erhalten (dafür gibt es meistens zuverlässigere Quellen als die mehr oder weniger zufälligen Beobachtungen), als vielmehr um sich eine *Vorstellung* vom *tatsächlichen* Geschehen zu machen, sich ein Urteil bilden zu können. Man sollte also schon aus diesem Grunde auf Beobachtungen *nicht* verzichten.

C. Entscheidungstabellen

1. Ein Beispiel: Regulierung Lieferantenrechnungen

a) Organisatorische Situation

Rechnungsprüfung → Überweisungsabteilung

Die Rechnungen werden in der Abteilung Rechnungsprüfung vor allem daraufhin geprüft, ob der ordnungsgemäße, vor allem auch bestellgemäße Eingang der Waren (bzw. die Ausführung der Leistungen) in mengen- und qualitätsmäßiger Hinsicht von den in Frage kommenden Abteilungen (Einkauf, Wareneingang usw.) bestätigt worden ist. Darüber hinaus erfolgt eine rechnerische Überprüfung, bevor die Rechnung zur Zahlung angewiesen und an die Überweisungsabteilung weitergeleitet wird.

b) Zahlungsabwicklung

Ergebnisse einer Ist-Aufnahme nach erster Durchsicht (Alternativen und Bedingungen zunächst in wahlloser Reihenfolge zusammengestellt):

Zahlung Skontoabzug (wenn)	*Andernfalls* (Folge)	*Hinweise*
Skonto eingeräumt	Ziel ausnutzen	
Zahlungsanweisung durch Rechnungsprüfung	Zurück zur Rechnungsprüfung	Versäumnis Rechnungsprüfung?
Lieferung ordnungsgemäß	keine Zahlung, Rechnung zurück a. Einkf.	
liquide Mittel verfügbar	Ziel ausnutzen	(Zahlungsplan?)
Bankkonto bekannt	Lieferant fragen	
Betrag größer als DM 100,–	sofort bezahlen	Beträge bis DM 100,– sofort regulieren
voller Rechnungsbetrag angewiesen	gekürzter Betrag bzw. Abschlagszahlung	
Skontoabzugsfrist eingehalten	kein Skontoabzug – Ziel ausnutzen	welche Abteilung? Ursache Verzögerung?

Wichtig ist in diesem Zusammenhang auch die Erkenntnis, daß die Ausnutzung des Skontoabzugs innerhalb der Skontofrist Vorteile gegenüber anderen Geldanlagen bringt: Wenn die Zahlungsbedingungen z. B. lauten „4 Wochen Ziel und 1 % Skonto bei Zahlung innerhalb von 14 Tagen", so hätte man — gegenüber der Ausnutzung des Zahlungsziels — 1 % gewonnen, wenn man 2 Wochen *früher* zahlt. Man müßte also ein (gleich hohes) Kapital zu $\underline{\frac{52}{2}}$ Wochen x 1 % = $\underline{\underline{26\ \%}}$ p. a. verzinsen (können), um eine gleich günstige Rendite zu erzielen!

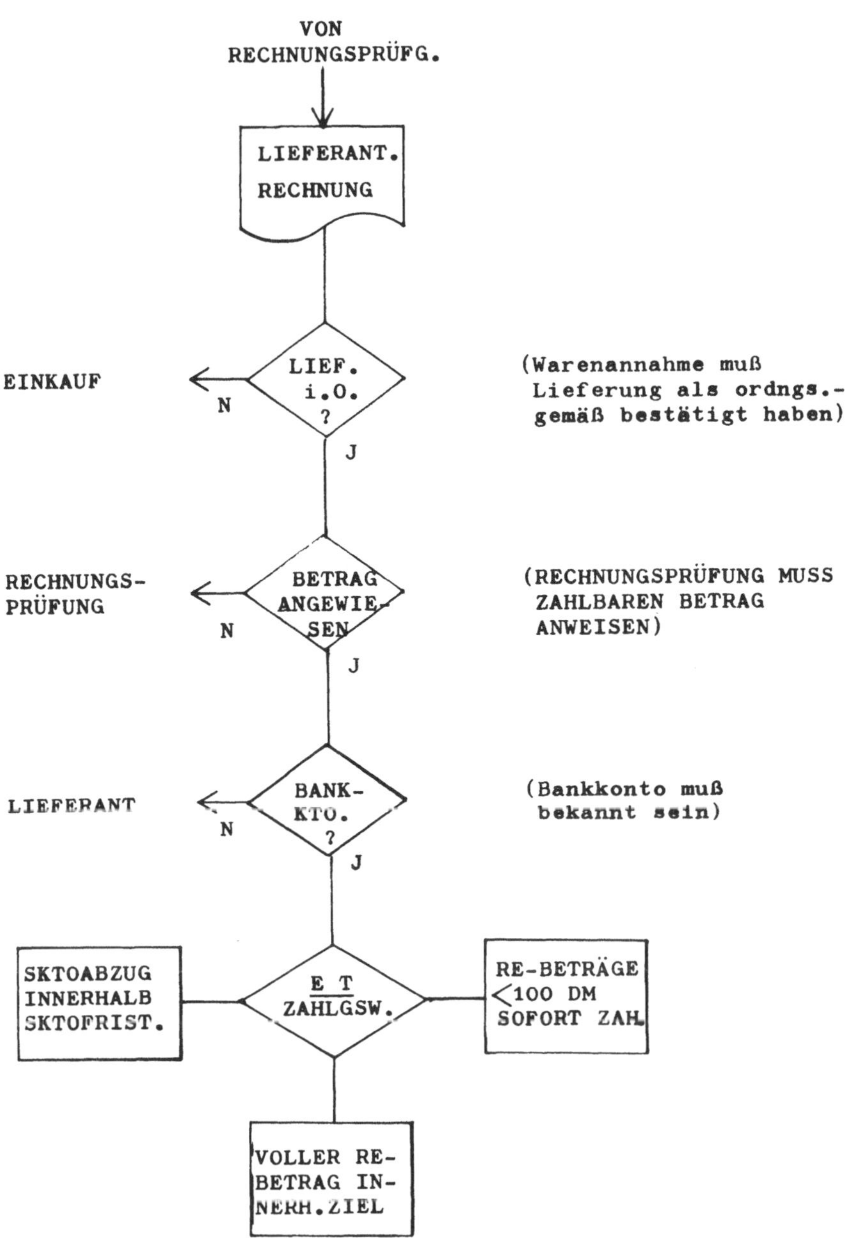

Abb. 53: Beispiel: Zahlungsabwicklung unter Einschaltung einer Entscheidungstabelle (ET)

c) Ordnung der Entscheidungen

Es empfiehlt sich, die mit der Zahlungsabwicklung verbundenen Vorgänge zu ord-
nen. Man wird zunächst einmal die Rechnung daraufhin formell überprüfen, ob die
vorgelagerten Abteilungen, insbesondere die Rechnungsprüfung, die erforderlichen
Bestätigungen und Anweisungen gegeben haben. Soweit das nicht ordnungsgemäß
erfolgte, muß die Rechnung zurückgewiesen werden.

Um die Rechnung regulieren zu können, muß auch das Bankkonto bekannt sein
(andernfalls Rückfrage beim Lieferanten). Die Fragen, ob Skonto überhaupt eingeräumt worden ist bzw. die Skontofrist eingehalten wurde, können kurz zusammengefaßt werden zu „Skontorechnung"? Damit bleiben noch 4 Alternativen für die
eigentliche Entscheidungstabelle (s. Abbildung 53).

Dieser Ablauf, wie er sich dem System-Analytiker nach der Ist-Aufnahme des Über-
weisungsvorgangs darstellt, stellt die Entscheidungstabelle „Zahlungsweise" zwar in
den Mittelpunkt der Zahlungsabwicklung, aber erst nachdem einige organisatorische
Formalitäten, die für *alle* Rechnungen in gleicher Weise erledigt werden müssen
(also keiner besonderen Entscheidungsalternativen bedürfen!), *vorher* abgewickelt
sind.

Wenn man nun noch die einzelnen Zeilen und Spalten ausfüllt, kommt man zu folgender tabellenartigen Aufstellung:

		Entscheidungsregeln			
Bedingungen		*R 1*	*R 2*	*R 3*	*usw.*
(wenn)					
B 1		Ja	Nein	Ja	Nein usw.
B 2		Nein	Ja		usw.
B 3		Ja	Ja	Nein	usw.
•					
•					
B n		Ja	Nein	usw.	
Aktionen					
(dann)					
A 1		x		x	
A 2			x	x	
usw.					

Bevor wir weitere Überlegungen anstellen, das Beispiel einer Entscheidungstabelle
(s. Abbildung 54). Aus dem Studium dieser Beispiel-ET dürfte verständlich werden,
was gemeint ist.

Die Darstellung in Form einer „Ja/Nein"-Tabelle zeigt die Grundstruktur eines *Entscheidungsbaums* (s. Abbildung 55). Die Zeilenbeschriftungen unter „wenn" können nämlich als Fragen aufgefaßt werden, die schlichtweg mit „Ja" oder „Nein" zu
beantworten sind. Auf dieser schon von den antiken Philosophen (*Platos* Dialoge)
entwickelten *dialektischen* Methode beruht auch der Entscheidungsbaum. Es ist

| | ENTSCHEIDUNGSREGELN | | | | | | | | | | | | | | | |
	R01	R02	R03	R04	R05	R06	R07	R08	R09	R10	R11	R12	R13	R14	R15	R16
WENN																
BETRAG < 100 DM	J	J	J	J	J	J	J	J	N	N	N	N	N	N	N	N
SKONTO EINGERÄUMT	J	J	J	J	N	N	N	N	J	J	J	J	N	N	N	N
SKONTOFRIST EINHALTBAR	J	J	N	N	J	J	N	N	J	J	N	N	J	J	N	N
ZAHLUNGSMITTEL UNBEGRENZT VERFÜGBAR	J	N	J	N	J	N	J	N	J	N	J	N	J	N	J	N
DANN																
ZAHLUNGSTERMIN																
− SOFORT	×	×	×	×	×	×	×	×								
− ZUM ABLAUF																
− SKONTOFRIST									×							
− ZAHLUNGSZIEL										×	×	×	×	×	×	×
BETRAGSHÖHE																
− VOLL			×	×	×	×	×	×		×	×	×	×	×	×	×
− SKONTOABZUG	×	×							×							

Abb. 54: Entscheidungstabelle: Zahlungsweise Lieferantenrechnungen

leicht verständlich, daß ein solcher Entscheidungsbaum — er ähnelt sehr dem *graphischen Baum,* mit dem man z. B. die Struktur von EDV-Codes darstellen kann (Flechner, H. J. — 1970, S. 94 f.) — direkt in Binärzahlen umgesetzt (1 und 0 für „Ja" und „Nein") und damit der EDV-internen Darstellung zugänglich gemacht werden *könnte.*

2. Definition der Entscheidungstabelle

Die Entscheidungstabelle stellt sich auf der Abbildung 53 wie eine *Schaltzentrale* dar, welche die verschiedenen gegebenen Möglichkeiten der Zahlungsweise vermittelt. Man kann sich auf Grund der Ist-Aufnahme vorstellen, welche Zahlungsmodalitäten bestehen — erstrebenswert ist in jedem Falle wohl die Einhaltung der Skontofrist, damit der zinsgünstige Skontoabzug wahrgenommen werden kann. Die *logische Struktur* der verschiedenen Zahlungsmöglichkeiten wird jedoch durch die Entscheidungstabelle deutlich.

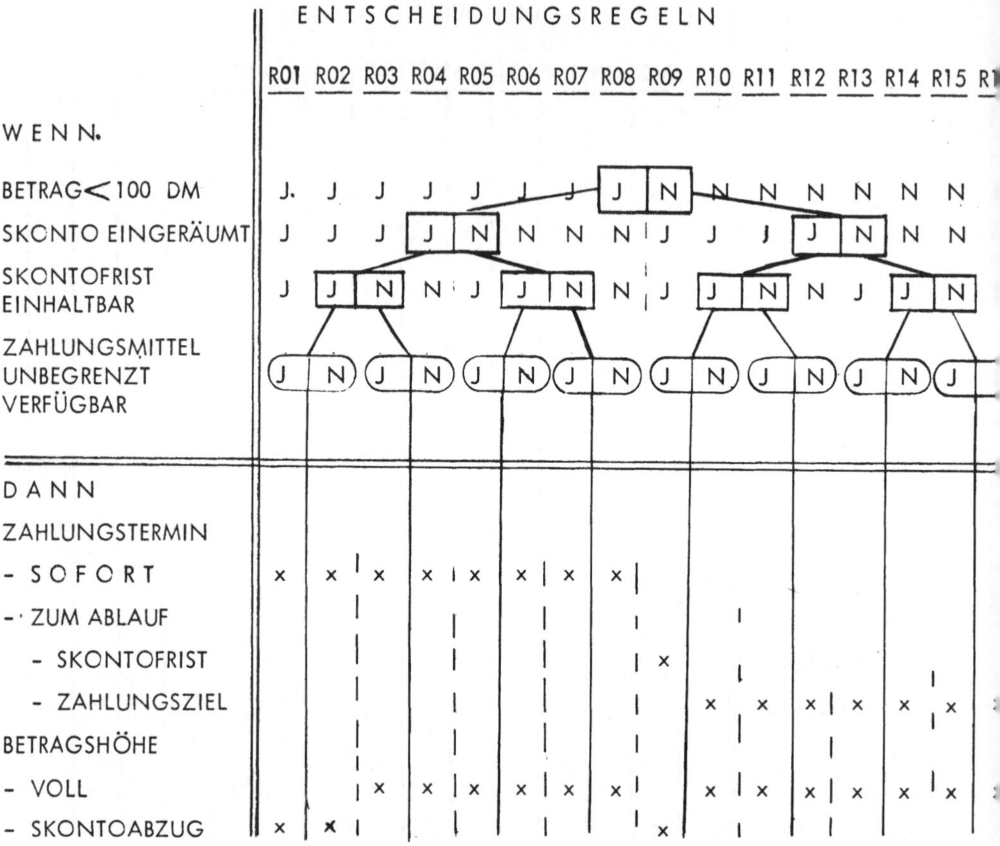

Abb. 55: Entscheidungstabelle: Zahlungsweise Lieferantenrechnungen (Entscheidungsbaum)

Eine *Entscheidungstabelle* ist eine zusammenfassende Aufstellung von *Bedingungen* und *Entscheidungen* (Aktionen) in Form einer Tabelle (*Matrix*). Ein Zusammentreffen *bestimmter Bedingungen* führt zu einer *Entscheidungsregel*, aus der sich Handlungen bzw. *Vorgehensweisen* ableiten.

Während die Zahl der *Aktionen* (Folgen) relativ *klein* ist — auf eine bestimmte Bedingungskombination folgt eine bestimmte Aktion oder vielleicht ergeben sich daraus ein paar Aktionen —, haben die verschiedenen *Bedingungskombinationen* die Tendenz, zahlenmäßig schnell zu wachsen, und zwar *überproportional* der Anzahl der einzelnen Bedingungen:

166

	Entscheidungsregeln
Bedingungen	*R 1 R 2 R 3 R 4 R 5 R 6 R 7 R 8 ... usw.*
(„wenn")	
B 1	
B 2	unterschiedlich entsprechend der in Frage
B 3	kommenden Bedingungskombinationen
°	
•	
B n	

Aktionen	
(„dann")	
A 1	unterschiedlich oder gleich, je nach Bedingungs-
A 2	konstellation der Entscheidungsregel
usw.	

Wenn und *soweit* die in Frage kommenden *Problemfelder* bekannt sind, können mit Hilfe eines Entscheidungsbaums *alle* Möglichkeiten (rational logisch) *aufgeklärt* werden. So verhält es sich auch mit der „Ja"/„Nein"-Entscheidungstabelle. Da jede ET prinzipiell auf diese Urform zurückgeführt werden kann, hat man auf diese Weise ein Mittel in der Hand, um die *Vollständigkeit* einer ET zu überprüfen (sind alle möglichen Bedingungskombinationen erfaßt?).

Das Binär-Zahlensystem, mit dessen Hilfe man die ET verschlüsseln kann (s. oben), liefert auch die Formel für die Errechnung der Anzahl möglicher Entscheidungsregeln (ER):

$$(\text{Summe}) \qquad \Sigma\, ER = 2^n \qquad (n = \text{Anzahl Bedingungen})$$

Diese aus der Kombinatorik hergeleitete Rechenregel (*Variation*) bedeutet, daß die Anzahl der (möglichen) Entscheidungsregeln z. B. bei 2 Bedingungen nur $2^2 = 4$ ausmacht, bei 3 Bedingungen schon 8, bei 4 = 16, bei 5 = 32 usw., wie man anhand eines Beispiels leicht selbst nachprüfen kann. Die Ja/Nein-ET würde also schon bei mehr als 4 Bedingungen so groß, daß man den Überblick verliert. Daher mußten andere ET-Typen entwickelt werden, die sich für den praktischen Gebrauch besser eignen.

3. Typen (Arten) der Entscheidungstabellen

Die bisher behandelte Ja/Nein-ET hat *einfache* Eintragungen mit *vollständigen* Regeln (Baum, W. – 1969, S. 5) – Aussagen, deren Sinn auf Grund der vorstehenden Ausführungen verständlich geworden sein dürften.

Bei näherer Betrachtung unseres Beispielfalles (s. Abbildung 54) stellt man bald fest, daß *viele unterschiedliche Bedingungen gleiche Aktionen* zur Folge haben – so beispielsweise, wenn der Rechnungsbetrag unter DM 100,– liegt und kein Skonto

eingeräumt ist. Dann erübrigt sich die weitere Frage nach der Einhaltung der Skonto*frist* (da derart niedrige Rechnungsbeträge ohnehin *sofort* beglichen werden, ist es *unerheblich*, ob nun Zeiten guter Liquidität herrschen — „Zahlungsmittel unbegrenzt verfügbar" — oder Liquiditätsengpässe bestehen).
Die ET läßt sich straffen, *konsolidieren*. Die Feststellung, daß eine bestimmte Frage bedeutungslos für eine bestimmte Entscheidung (Aktion) ist, kann durch einen einfachen Horizontalstrich „ — " zum Ausdruck gebracht werden. Formal bedeutet diese Angabe, daß sowohl bejahenden- als auch verneinendenfalls die gleiche Entscheidung folgt. Im Gegensatz zur ausführlichen (redundanten) Darstellung der einfachen Eintragungen mit vollständigen Regeln ist eine solche ET *konsolidiert* (zusammengefaßt) und weist *komplexe* Regeln auf (Meyhack, H. — 1975, S. 60 f.). Die konsolidierte ET mit komplexen Regeln (s. Abbildung 56) ist *eine* Möglichkeit, die Anzahl der Regeln zu vermindern, um die ET übersichtlicher zu gestalten, wie es gerade bei Ist-Analysen wünschenswert ist.

	R 01	R 02	R 03	R 04	R 05	R 06	R 07
W E N N							
BETRAG < 100 DM	J	J	J	N	N	N	N
SKONTO EINGERÄUMT	J	J	N	J	J	J	N
SKONTOFRIST EINHALTBAR	J	N	-	J	J	N	-
ZAHLUNGSMITTEL UNBEGRENZT VERFÜGBAR	-	-	-	J	N	-	-
D A N N							
ZAHLUNGSTERMIN							
- SOFORT	x	x	x				
- ZUM ABLAUF							
- SKONTOFRIST				x			
- ZAHLUNGSZIEL					x	x	x
BETRAGSHÖHE							
- VOLL		x	x		x	x	x
- SKONTOABZUG	x			x			

Erklärungen:
R — Entscheidungsregel — — unerheblich (sowohl J als auch N)
J — Ja x — zutreffende Aktion
N — Nein < — kleiner als

Abb. 56: Entscheidungstabelle: Zahlungsweise Lieferantenrechnungen
(Konsolidierte Entscheidungstabelle mit komplexen Regeln)

Eine weitere Straffung der ET besteht in den *erweiterten* Eintragungen (Baum,
W. – 1969, S. 5) bzw. Zeilen (IBM Deutschland (Hrsg.) – 1974, S. 4 f.). „Erweitert"sind die Eintragungen in den einzelnen Zeilenspalten gegenüber den einfachen
„Ja/Nein"-Angaben, wie die folgende ET zeigt:

Bedingungen (wenn)	*Entscheidungsregeln*				
	R 1	R 2	R 3	R 4	R 5
Betrag	< 100 DM		> 100 DM		
Skontoabzug	möglich	nicht möglich	nicht möglich	möglich	möglich
Zahlungsmittel	–	–	–	knapp	frei verfügbar
Aktionen (dann)					
sofort zahlen	x	x			
Zahlung Skontofrist					x
Ziel einhalten			x	x	
voller Betrag		x	x	x	
Skontoabzug	x				x

Erweiterte Entscheidungstabelle

Im Abschnitt IV. A. 5. dieses Kapitels bringen wir als Beispiel zwei weitere Entscheidungstabellen – die ET 1: „Rechnungsprüfung (Haupttabelle)" und die ET 2:
„Liefermenge (abweichend von Bestellmenge)" – die miteinander zusammenhängen. ET 1 – die Haupttabelle – ist eine konsolidierte ET mit komplexen Regeln,
ET 2 – die Untertabelle bzw. Fortsetzungstabelle der ET 1 – hat erweiterte Eintragungen. Wir möchten vorgreifend auf das spätere Beispiel schon hier auf diese weitere Möglichkeit hinweisen, ET dadurch verhältnismäßig klein zu halten, daß man
bestimmte Problemkomplexe (in unserem Falle die Liefermengenabweichung von
der Bestellmenge) *ausklammert* (ET 2), um den Überblick der Haupttabelle nicht
durch zwar notwendige, aber doch von den grundsätzlich zu entscheidenden Fragen
ablenkende Details zu beeinträchtigen. Zu erwähnen sei auch, daß die Entscheidungstabelle – wie dieses zuletzt erwähnte Beispiel zeigt – nicht nur bei der Ist-Analyse zweckvoll eingesetzt wird, sondern auch für die Soll-Zustandsentwicklung
wichtig ist.

D. Informationsbedarfsanalyse

1. Operative Informationen

Informationen — wie z. B. eine bestimmte Lieferantenrechnung — sind als *Individualbegriffe* zu verstehen. Wenn wir allgemein von Lieferantenrechnungen sprechen (s. Abbildung 57), beziehen wir uns dabei auf einen *Allgemeinbegriff*. Alle Lieferrechnungen sind nach diesem Muster o. ä. aufgebaut oder enthalten doch diese Informationen (Rechnungs-Nr., Bestell-Nr., Datum, Netto-Rechnungsbetrag usw.) und müssen lückenlos bearbeitet werden.

Hierunter versteht man einen sogenannten „operativen" betriebswirtschaftlichen Vorgang: Arbeitsabläufe, -gänge, -folgen, Bearbeitungsvorgänge usw., die in der *gleichen Form wiederkehrend* ablaufen (so wie die Lieferantenrechnungen, die täglich eingehen und immer wieder in der gleichen Weise geprüft werden müssen). Die darauf bezüglichen Informationen sind *operative Informationen* — jede einzelne Lieferrechnung stellt eine solche Information in Form eines Individualbegriffs dar (denn jede Rechnung ist zumindest inhaltlich anders geartet). Für operative Informationen, d. h. alle Informationen, die für die *Durchführung* eines solchen *Vorgangs* erforderlich sind, ist ein *Verfahren* auf der *Grundlage eines Allgemeinbegriffs* — s. Grundschema Lieferantenrechnung — möglich und sinnvoll.

2. Führungsinformationen

a) Wesen und Art der Führungsinformationen

Es ist fraglich, ob eine solche Verfahrensweise auch für *Führungsinformationen*, wie z. B. Rentabilitätsziffern, Umsätze, Liquiditätsgrade, Gehaltsummen usw. (also alle Informationen, die für die betriebswirtschaftlichen Führungskräfte von Interesse sind) in gleicher Weise zweckmäßig ist. Da es so viele Führungsinformationen gibt, daß zur Lösung einer bestimmten Entscheidungsaufgabe sinnvoll ausgewählt werden muß (und die Aufgabenstellung ist immer wieder anders!), wird ein Vorgehen, wie es sich bei operativen Informationen empfiehlt, vielfach nicht angebracht sein. Denn manche Größen — wie z. B. der Umsatz — werden immer wieder gefragt. Andere dagegen werden nur dann wichtig, wenn sie sich gegenüber der Vorperiode deutlich unterscheiden oder eine besondere Entscheidungssituation sie erfordert u. a. m. Diese Führungsinformationen haben den Charakter von Individualbegriffen. Ein (mehr oder weniger) *dauerhaftes* und *aufwendiges* Programm lohnt sich meistens *nicht*, weil sie zu *selten* benötigt werden.

Auch ist der „subjektive Informationsbedarf" (Koreimann, D. S. — 1976, S. 66 f.) einer Führungskraft von Bedeutung. Das sind die Informationen, die von einer Führungskraft nachgefragt werden, weil sie diese Informationen für eine Entscheidung zu benötigen *glaubt* (annimmt) — im Gegensatz zu „objektivem Informationsbedarf" (Koreimann, D. S. — 1976, S. 66), der *tatsächlich* für die Lösung eines Ent-

Rechnungsaussteller: **F I R M A**

(Postanschrift)

                                       Lieferschein
Nr..........

          Versanddatum
          (Tag/Monat/Jahr)

Anschrift   **R E C H N U N G**

Rechnungsempfänger   Nr.............

                    vom............

Bezugsdaten (Zeichen, Best.-Nr. usw.)

Lieferbedingungen: Gesamtgewicht:

Versand/Verpackung   Brutto/Netto

Versandanschrift..

Pos.	Sach-Nr.	Bezeichnung Lieferung/Leistung	Menge	Preis	W e r t
1	.....	....	.....	.....	....
2	.....	....	.....	.....	....

usw.

(brutto)	Waren-/Leistungs-wert		....
− (ev.)	Nachlaß (Rabatt)	....%	....
(netto)	Waren-/Leistungs-wert		....
+ (ev.)	Nebenkosten (Verpackung, Transport usw.)		....
	Netto-Rechnungs-betrag		....
+	Mehrwertsteuer	....%	....
(brutto)	Rechnungsend-betrag		....
			========

Zahlungsbedingungen: (ev. Skontoabzug)

Abb. 57: Grundschema Lieferantenrechnung
(In Anlehnung an DIN 4991 vom September 1969.)

scheidungsproblems *erforderlich* wäre. Da es sachverständige und weniger qualifizierte Führungskräfte (Manager) gibt — auch die Führungsaufgaben unterschiedlich schwierig sind — werden *subjektiver* und *objektiver Informationsbedarf* immer mehr oder weniger stark voneinander *abweichen*. Zugang haben wir aber im Rahmen der Ist-Analyse vor allem zum subjektiven Informationsbedarf!

Eine weitere wichtige Frage richtet sich auf *zukünftige Entscheidungssituationen*. Ist es schon schwierig, zukünftige operative Informationen vorherzusagen, so gilt dies in noch höherem Maße für Führungsinformationen. Wegen dieser Problematik genügt es nicht, allein von der Ist-Analyse ausgehend ein Informationssystem zu entwickeln, das insbesondere auch Führungsinformationen bereitstellen soll. Die Ist-Analyse reicht im großen und ganzen aus, um den Informationsbedarf für operative Systeme zu ermitteln. Durch ein sorgfältiges Vorgehen kann weitgehend der objektive Informationsbedarf ermittelt werden.

Welcher Art sind aber Führungsinformationen? Hauptsächlich handelt es sich um

- summarische (absolute) Zahlenangaben (Monats-, Jahresumsätze usw.)
- Kennziffern (z. B. Rentabilität)
- Ist- und Sollgrößen (Planzahlen)
- Textinformationen (z. B. Kreditwürdigkeit)

b) Ermittlung der Führungsinformationen

Wie gelangt man zu diesen Führungsinformationen — wie erfährt man, welche Informationen im einzelnen (heute und in Zukunft) „gefragt" sind? Zunächst einmal sind die verschiedenen Berichte, die den Führungskräften (und/oder den betr. Stäben) zugehen, zu untersuchen (s. Abschnitt III. B. 1. *Bestandsaufnahme* (Inventur) dieses Kapitels). Es ist festzustellen und zu untersuchen, welche Berichte gelesen werden oder ungesehen in den Papierkorb wandern — und aus welchen Gründen diese Berichte nicht beachtet werden (ob es am Inhalt der Berichte oder nur an ihrer unübersichtlichen Anordnung liegt usw.).

Die mit Hilfe der *Befragung* (s. Abschnitt III. B. 2. dieses Kapitels) festgestellten für die Führungskräfte bzw. genauer: Für ihre Führungsaufgaben wichtigen (relevanten) Informationen bilden den Grundstock eines Informations-Bestandes, der allerdings nur mehr oder weniger unvollständig sein kann (Koreimann, D. S. — 1972, S. 150).

Der nächste Schritt besteht in der Ermittlung von Informationen, die zwar interessieren würden, bisher aber noch nicht zur Verfügung standen. Die betreffenden Führungskräfte (Stäbe und Sachbearbeiter(innen) müssen danach befragt werden. Sie äußern auch Wünsche in dieser Richtung.

Es hat sich herausgestellt, daß die Führungskräfte oft nicht angeben können, welche Informationen sie für *zukünftige* Entscheidungen benötigen werden.

Die Planung eines Informations-Systems erfordert schon in diesem Stadium — der Informationsbedarfsanalyse — das besondere Engagement der beteiligten Führungskräfte: Sie müssen sich auf ihren *begründeten* Informationsbedarf festlegen. Dabei kann der System-Analytiker Hilfestellung leisten, indem er z. B. einen „Informationskatalog" (Koreimann, D. S. — 1976, S. 93 ff.) vorbereitet.

Derartige *relevante Führungsinformationen* sollte der betriebswirtschaftlich geschulte System-Analytiker anhand von Formel- und Kennziffersammlungen (z. B. Radke, M. – 1969 und Lehmann, M. R. – 1953), aus denen auf der Grundlage praxisnaher Überlegungen eine für die Lösung konkreter Entscheidungssituationen geeignete *Auswahl* zu treffen ist, zusammen *mit* den Führungskräften entwickeln. Wir können nicht erwarten, daß die an der Informationsbedarfsanalyse Beteiligten über prophetische Fähigkeiten verfügen, um zukünftige Entscheidungssituationen vorherzusagen. Wohl aber sollten sie auf Grund ihrer Erfahrungen in der Lage sein, *wichtige* Informationstypen anzugeben (ohne in den Fehler zu verfallen, zu viele verschiedene – oftmals auch weniger relevante – zu benennen).

Die Führungsinformationen, die auf Grund der bestehenden Berichte gesammelt wurden (s. Abbildung 58), sind anschließend von den in Frage kommenden Führungskräften zu sichten und zu ergänzen, um danach in einem *Informationsverzeichnis* (s. Abbildung 59) zu erscheinen.

3. Der Systemanalytiker wirkt wie ein „Katalysator"

Man kann die *Rolle des Systemanalytikers* mit der Wirkung eines *Katalysators* vergleichen – eines Stoffes, der einen (chemischen) *Vorgang* (Reaktion) *auslösen* bzw. *beschleunigen* kann, *ohne* selbst in die *neue Verbindung einzugeben* oder sich zu verändern. Weniger mit Hilfe seiner Überredungsgabe, als vielmehr indem der Systemanalytiker *neue, zukunftsweisende Ideen einfließen* läßt (Feeney, W./Slade, K. F. – November 1977, S. 86), wird die *Suche* nach *brauchbaren Führungsinformationen* erleichtert. Das erfordert ein gutes und *tiefgehendes Verständnisvermögen* für Fragen des betriebswirtschaftlichen *Entscheidungsprozesses*.

Denn bei allen diesen – sicher umfangreichen und eingehenden – Verhandlungen und Diskussionen mit den *Führungskräften* kann der Systemanalytiker das *Interesse* seiner Gesprächspartner dadurch *beleben*, daß er ihnen den *Nutzen*, den das neue Informations-System für ihre Arbeit bringen wird, durch *(anschauliche) Beispiele*, Muster von System-Ausgaben, Konzept-Darstellungen usw. vor Augen führt – nicht zuletzt auch, um ihr *Vorstellungsvermögen* zu entwickeln. Die angesprochene Führungskraft (bzw. der Stabsmitarbeiter/Sachbearbeiter) sollte an der *Systemgestaltung mitarbeiten* – günstigenfalls entwickelt sich ein *Vertrauensverhältnis* zwischen den Beteiligten. Weil die Dinge komplizierter Natur sind, kann die Informationsbedarfsanalyse auch *nicht* zu einem bestimmten Zeitpunkt vor der Entwicklung des Soll-Konzepts als *vollständig abgeschlossen* gelten (obgleich der größte Teil der benötigten Informationen für die Soll-Konzeptentwicklung schon bekannt sein muß). Der Systemanalytiker muß bereit und in der Lage sein, auch noch *während* (nötigenfalls auch noch bis zum Ende) *der Soll-Konzeptentwicklung neue Informationen* mit in sein System-Konzept aufzunehmen oder bis dahin für wichtig angesehene Informationen fallen zu lassen.

Insbesondere wird als Ergebnis der Informationsbedarfsanalyse erwartet, daß die oft *übertriebenen Informationsansprüche* der späteren *System-Anwender* auf ein *vernünftiges Maß zurück*geschraubt werden. Das erfordert *ausgezeichnete Sach- und*

BEZEICHNUNG :	DEFINITION :	BERICHT :	PERIODE :	INTER-ESSENTEN :	QUELLE : (Herkunft)	STELLEN	Alpha/Numer.	Beschrbg.Mgen/ Werteinheit	NACHFRAGE
EIGENKAPITAL - RENTABILITÄT	$\dfrac{\text{Nettogewinn} \times 100}{\text{Eigenkapital}}$	1.) Geschäfts-bericht 2.) Interner Finanz-bericht	Jahr Jahr	Öffent-lichkeit Geschäfts-leitung Finanz-disposition	Jahres-abschluß (Buchhal-tungs-Datenbk)	4,1	N	%	H
BRUTTOGEWINN	Reingewinn v o r Steuern	1.) Geschäfts-bericht 2.) Interner Finanz-bericht 3.) Monatl. Finanz-bericht	Jahr Jahr Monat	Öffent-lichkeit Geschäfts-leitung Finanz-disposition	Jahres-abschluß Kurzfr. Erfolgs-rechnung	12,2	N	DM	H

Abb. 58: Beispiel: Führungs-Datenbank (DB)
(Sammlung finanzwirtschaftlicher Führungsinformationen)

N = numerisch   H = häufig

R E L A T I V Z A H L E N :

EIGENKAPITALRENTABILITÄT : $\dfrac{\text{Nettogewinn x 100}}{\text{Eigenmittel}}$

Pro-Kopf-UMSATZ : $\dfrac{\text{U m s a t z}}{\text{Durchschnittliche Gesamtbelegschaftsstärke}}$

A B S O L U T E GRÖSSEN :

NETTOGEWINN : GEWINN n a c h STEUERN

BRUTTOGEWINN: REINGEWINN v o r STEUERN

UMSATZ   : VERKAUFSERLÖSE a u s s c h l .
                MEHRWERTSTEUER

EIGENMITTEL : GRUNDKAPITAL
              + RÜCKLAGEN
              + NICHT AUSGESCHÜTTETER GEWINN

DURCHSCHN
GESAMTBELEG-
SCHAFTSSTÄR-
KE   : $\dfrac{\text{BELEGSCHAFTSZAHLEN MONATSENDE JAN-DEZ}}{12}$

Abb. 59: Beispiel: Finanzwirtschaftliche Führungsinformationen
(Auszug aus dem Informationsverzeichnis)

Fachkenntnisse auf Seiten der *System-Analyse,* worunter nicht nur speziell die Arbeit des System-Analytikers verstanden wird, sondern darüber hinaus auch die Funktion des *Anwendungs-Koordinators mit einbezogen* werden muß.

IV. Soll-Konzept-Entwicklung

A. Grobplanung

1. Umsetzung von Informationen in Daten

Da Daten für die Verarbeitung durch EDV-Systeme bestimmt sind, haben sie einen *symbolischen* (Kurz-)*Namen,* unter dem sie in den EDV-Datenbeständen auffindbar sind, *Feldgröße* und Einheitsschlüssel sind deutlich *gekennzeichnet* und die *Rechenregel* („Algorithmus") ist angegeben (s. Abbilding 60). Dies sind die *Mindesterfordernisse* für ein *Datenverzeichnis* ("Data Element Dictionary"), dessen Erstellung sich für jede Betriebswirtschaft empfiehlt, die mit EDV-gestützten Informationssystemen arbeitet (IBM Deutschland (Hrsg.) — 1977). Ein solches Datenverzeichnis kann nicht nur Hinweise auf die Verwendung der Daten bringen, sondern es dient auch der *Vermeidung* von *Datenredundanz* sowie der *Ausmerzung* von *Mehrfachbenennungen* ein- und *desselben Datenelements.*

2. Die HIPO-Technik

Die Soll-Konzeptentwicklung ist eine Frage der *günstigsten Gestaltung eines Informationssystems.* Es gibt sicher keine Patentlösung — auch keinen Lösungsweg, der die Erreichung des angestrebten Ziels mit Sicherheit gewährleistet. Wohl aber haben wir *Lösungshilfen* und *zweckmäßige Vorgehensweisen.*
Die HIPO-Methode ("HIPO": "Hierarchy plus Input Process Output"), die wir hier als Beispiel und nur — soweit sie in unserem Zusammenhang von Interesse ist — behandeln, ist eine solche Hilfe, die das *zweckmäßige Vorgehen* bei der Entwicklung des Soll-Konzepts erleichtert (IBM Deutschland (Hrsg.) — 1977).

3. Die schrittweise Entwicklung des Soll-Konzepts

Das *Soll-Konzept* des neuen Informationssystems soll *vollständig, richtig* und *zweckvoll* durchdacht sein. Das erfordert eine sorgfältige und systematische Vorgehensweise.
Geht man bei der Ist-Analyse von dem bestehenden Aufbau einer Organisation aus, so kommt es bei der *Soll-Konzeptentwicklung* darauf an, sich davon zu lösen — *neue, passende Ideen* zu entwickeln, um die Organisation zweckentsprechend — im Interesse der bestmöglichen Erfüllung ihrer Aufgaben — zu gestalten. So ist es folgerichtig, wenn an den Anfang die *Reorganisationsidee* gestellt wird, die schrittweise zu entwickeln, d. h. in weitere *Details* zu *entfalten* ist.
So geht z. B. das HIPO-Konzept der IBM vor (IBM Deutschland (Hrsg.) — 1977 und Koreimann, D. S. — 4/1976). Das Hauptanliegen des HIPO-Konzepts ist eine allgemeinverständliche System-Darstellung, die durch Überblick- und Detaildiagramme erreicht wird.
Es kann in diesem Zusammenhang nicht daran gedacht werden, eine Beschreibung von HIPO abzugeben (die Erläuterung würde viel zu umfangreich ausfallen müssen und den Zusammenhang unseres Buches sprengen). Daher an dieser Stelle nur einige Hinweise:
HIPO ist ursprünglich eine Dokumentations-Technik, die sich anderer Symbole und graphischer Darstellungsweisen bedient, wie z. B. die Flußdiagramm-Technik (s. die Zeichenschablone: "HIPO TEMPLATE IBM Form GX 20-1971-0 UM/010). Die HIPO-Darstellung ist nicht so abstrakt wie das Flußdiagramm — daher einem weite-

ZUSAMMENGESETZTE DATEN :

Bezeichnung	Feld/Herkunft	Rechen-Regel	Num. Alpha	Feld-Größe	Symbol Name	Bez./Einheit
EIGENKAPITAL-RENTABILITÄT	NETGEW/FUERDB EIGMIT/FUERDB	1c	N	4,1	EKAPRE	%
NETTO-GEWINN	REIGEW/FUERDB ERTRST/FUERDB	1a	N	12,2	NETGEW	DM
EIGENMITTEL	GRUKAP/FUERDB RUECKL/FUERDB NAUGEW/FUERDB	1b	N	14,2	EIGMIT	DM

EINFACHE DATEN :

Bezeichnung	Feld/Herkunft	Rechen-Regel	Num. Alpha	Feld-Größe	Symbol Name	Bez./Einheit
REINGEWINN VOR STEUERN	GEWVST/BUCHDB	–	N	12,2	REIGEW	DM
ERTRAGS-STEUERN	ERSTEU/BUCHDB	–	N	12,2	ERTRST	DM
UMSATZ	L-UMSA/BUCHDB	–	N	14,2	UMSATZ	DM
GRUNDKAPITAL	AKTKAP/BUCHDB	–	N	14,2	GRUKAP	DM
RÜCKLAGEN	RESERV/BUCHDB	–	N	14,2	RUECKL	DM
NICHT AUSGE-SCHÜTTETER GEWINN	NAGEWI/BUCHDB	–	N	12,2	NAUGEW	DM

RECHENREGELN :

1a: NETGEW = REIGEW – ERTRST

1b: EIGMIT = GRUKAP + RUECKL + NAUGEW

$$1c: \quad EKAPRE = \frac{NETGEW \times 100}{EIGMIT}$$

Abb. 60: Umsetzung von Informationen in Daten (Führungsdatenbank)

ren Kreis zugänglich, als nur EDV-Fachleuten (Systemanalytikern/Programmieren usw.) und zeigt auch Tatbestände auf, die durch das Flußdiagramm (vor allem das Grobblockdiagramm) nicht oder nur mit Schwierigkeiten darstellbar sind (z. B. Datenfluß).

Die HIPO-*Dokumentation* verfügt über ein paar schematische Darstellungstypen:

a) Inhaltsübersicht in Form eines Kästchenschemas

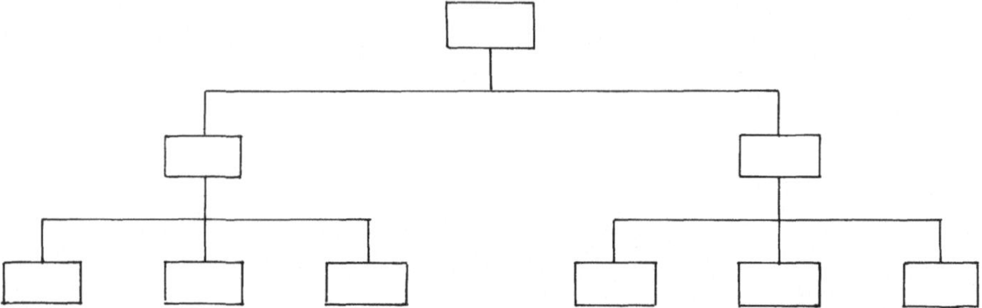

b) Überblick- und Detaildiagramme nebst erweiterter Beschreibungen (Erläuterungen näherer Einzelheiten zu den Punkten der Detaildiagramme)

| *Eingabe* | *Verarbeitung* | *Ausgabe* |
| (INPUT) | (PROCESS) | (OUTPUT) |

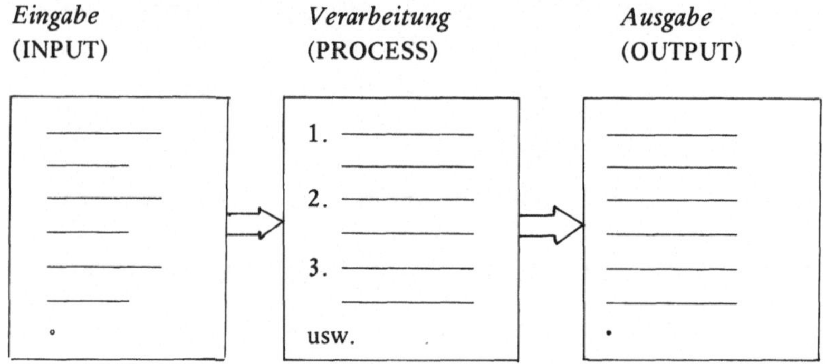

(HIPO — Überblickdiagramm)

Diese Schemata werden durch sinnfällige Symbole, auf die wir nicht näher eingehen möchten, wirkungsvoll ergänzt.

4. Möglichkeiten der HIPO-Technik

Die HIPO-Diagramme werden für die

- Systemplanung (Grobkonzeptentwicklung),
- Detailplanung bis zur Programmierung,
- Programm- und Systemwartung

eingesetzt.

In diesem Zusammenhang interessiert hauptsächlich die Stufe der Systemplanung, d. h. die Tätigkeit des Systemanalytikers. Wie wir im einzelnen noch darlegen werden (Abschnitt IV., Ziffer 5. dieses Kapitels: „Ein HIPO-Beispiel"), schreitet die HIPO-Methode von einer *umfassend definierten Funktion* zur *speziellen Unterfunktion* fort — man kann, losgelöst vom organisatorischen Ist-Zustand, ein neues Soll-Konzept entwickeln und die Möglichkeiten der EDV in vollem Umfange für das betriebswirtschaftliche Informationssystem nutzbar machen. HIPO ist eine systematische Vorgehensweise, die diese erstrebenswerte *Arbeitsmethode wirksam unterstützt*, wie in der Wirtschaftspraxis bereits erprobt (Grabinsky, W./Muthig, W./ Stein, A. — Juli 1976). Die HIPO-Darstellungsweise bietet einen *methodischen Rahmen* — vor allem bei der uns interessierenden System-Analyse — über das „Was" (das geplante System ausführen soll), *weniger* über das „Wie" (es im einzelnen gemacht wird, worüber die bisher benutzten Ablaufdiagramme der Flußdiagramm-Technik Auskunft geben (Melekian, N. — 1976, S. 48).

Der Systemanalytiker, vor die Aufgabe gestellt, ein Soll-Konzept zu entwickeln, kennt die *Möglichkeiten* (gut), welche die EDV bietet. Das ist eine wichtige Voraussetzung für eine moderne und zweckentsprechende Systemlösung. Er muß sich durch intensives Studium der Fachliteratur und Schulungen laufend auf dem neuesten Wissensstand halten.

Die (möglichst) *allgemeinverständliche Darstellungsweise* der HIPO-Diagramme zielt andererseits auch darauf ab, den Anwender, die *Fachabteilung*, frühzeitig mit der Systemplanung *vertraut* zu *machen*. Der Systemanalytiker sollte also *sehr bald* nach der Aufgabenstellung mit den *ersten Entwürfen* für das zu konzipierende System mit dem zukünftigen Anwender *Kontakt* aufnehmen, um von Anfang an die Aufgabendurchführung in die richtigen Bahnen zu lenken.

5. Ein HIPO-Beispiel

HIPO ist eine *Dokumentationsweise*, die gleichzeitig mit einer *Problemlösungsmethode* verknüpft ist. Beides — sowohl die Dokumentation (die bei unseren Ausführungen in den Hintergrund tritt) als auch die Problemlösung — ist wichtig. Wir möchten uns hier inbes. auf die (allgemeingültige) Methode konzentrieren, das Problem der Systemanalyse und -planung zu lösen (daher vernachlässigen wir auch die speziellen HIPO-Zeichensymbole).

Hierzu ein Beispiel: Rechnungsprüfung (Lieferantenrechnungen). Dieser Ablauf ist uns schon von der Ist-Analyse her bekannt. Nunmehr wird uns die konkrete Frage gestellt: Wie lautet die Aufgabe? „Eingangsrechnungsprüfung" — aber *was* muß (als Ausgabe) dabei herauskommen? „Der zur Zahlung freizugebende Rechnungsendbetrag!" Wie man dahin kommt, ist in der Spalte „Verarbeitung" ('Process') zunächst in zusammenfassender Form angegeben — welche Eingabedaten erforderlich sind, unter „Eingabe" ('Input'). Es ist wichtig, daß zunächst einmal grundsätzlich über die Aufgabenstellung Klarheit besteht, damit man sich nicht vorzeitig in (EDV-technische) Details verliert und so u. U. wichtige Teilaufgaben übersieht.

Dies bedeutet der Inhalt des Kästchens „Eingangsrechnungsprüfung" des Übersichtsdiagramms.

Bei einer näheren Klärung der Aufgabenstellung muß man sich zunächst den allgemeinen Aufbau einer Lieferantenrechnung vor Augen führen (s. Abbildung: „Grundschema Lieferantenrechnung" — Abb. 57). Wir kommen so zu drei Hauptaufgaben:

(1) bestell- und ordnungsgemäße Lieferung (Leistung)
(2) bestellgemäße Rechnungserstellung
(3) rechnerische Richtigkeit

Die Aufgabenstruktur gem. (1), die rein physische Überprüfung der erfolgten Lieferung oder Leistung, fällt *nicht* in die eigentliche Rechnungsprüfung — wohl aber ist sie eine unerläßliche Voraussetzung für die Freigabe der Rechnung zur Regulierung durch die Überweisungsabteilung.

Überblickdiagramm:

Betriebswirtschaftlicher Bereich:	BESCHAFFUNG (Lieferungen u. Leistungen)	*Abt.:* Eingangsrechnungsprüfung
Herkunft:	Lieferanten (Unternehmer)	
Auftreten (Häufigkeit):	je nach Anfall	

EINGABE	VERARBEITUNG	AUSGABE
	Überprüfung Rechnung	
Bestellung ⟶	— bestellgemäße *Rechnungserstellung*	zur
	— bestellgemäße und ordnungsmäßige *Lieferung* (Leistung)	Zahlung freizugebender Rechnungsendbetrag
Befunde der Wareneingangsprüfung/ Qualitätskontrolle		
Lieferantenrechnung ⟶	— rechnerische *Richtigkeit*	

Daraus können *Detaildiagramme* abgeleitet werden:

Betriebswirtschaftlicher Bereich:	WARENEINGANG	*Abt.:* Wareneingangs- u. Qualitätsprüfung u. a.
Verursacher:	Lieferung/Leistung	
Auftreten (Häufigkeit)	je nach Wareneingang bzw. Leistungserstellung (abhängig von Bestellungen)	

(Fortsetzung Detaildiagramm nächste Seite)

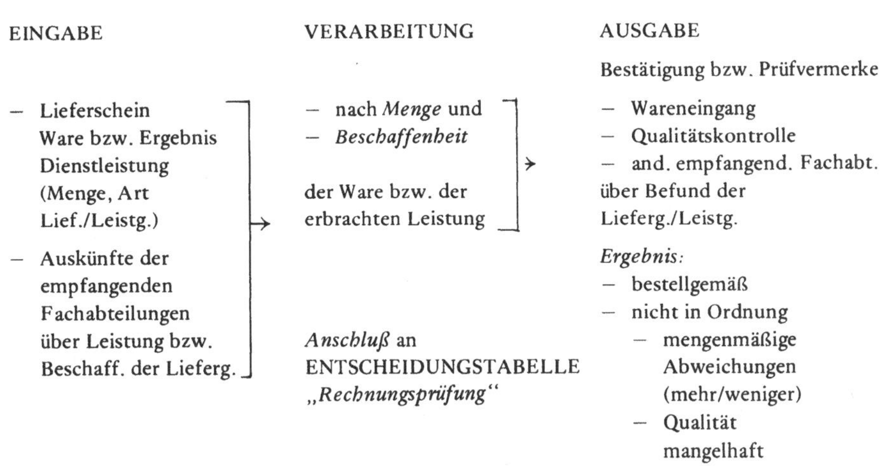

Die bestellgemäße und ordnungsmäßige Ausführung der *Lieferung* wird also durch entsprechende Prüfvermerke der Warenannahme und Qualitätskontrolle ("QC") – sowie u. U. auch der Fachabteilungen, für welche die Lieferung/Leistung bestimmt ist – bestätigt.

Hand in Hand mit der Entwicklung der verschiedenen HIPO-Diagramme wird das „Inhaltsverzeichnis", d. h. das HIPO-*Übersichtsdiagramm* aufgebaut (aus darstellungstechnischen Gründen in diesem Buch bereits hier vollständig ausgeführt):

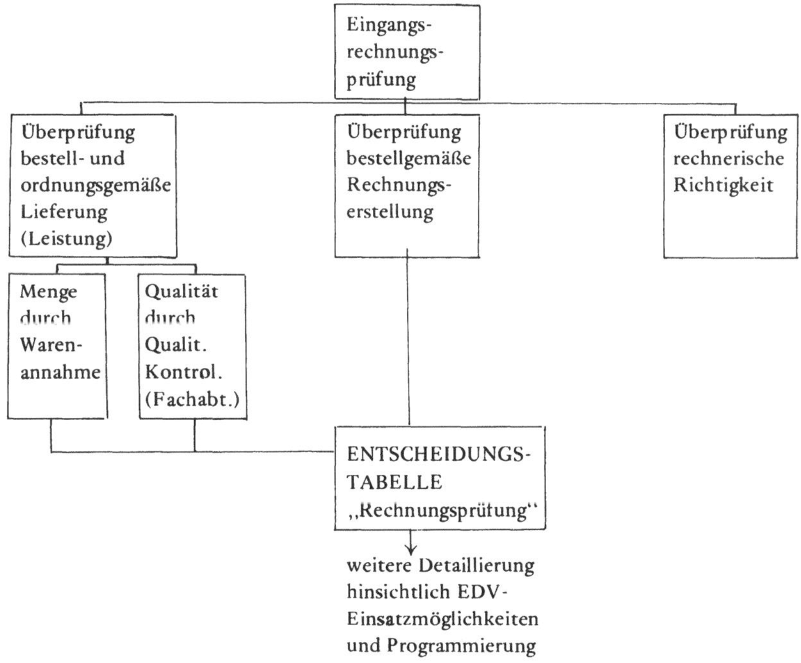

Die weiteren *Detaildiagramme* befassen sich mit den Hauptaufgaben des Übersichts-
diagrammes im einzelnen:

Betriebswirtschaftlicher Bereich:	**BESCHAFFUNG** (Lieferung u. Leistungen)	*Abt.:* Eingangsrechnungsprüfung – bestellgem. Rechngserst. –
Herkunft (Verursacher):	Lieferanten (Unternehmer)	
Auftreten (Häufigkeit):	je nach Anfall, laufend	

EINGABE	VERARBEITUNG Überprüfung	AUSGABE geprüft:
Bestelldaten und Lieferanten- rechnung →	– Bestell-Nr. usw. (Bezugsdaten)	→ (Bezugsdaten)
	– bestellte Gegenstde. (Bezeichng. der Lie- ferg./Leistg., Teiln.)	→ Gegenstand (Bezeichnung/ Teil-Nr.) der Lieferg./ Leistg.
	– Bestellmenge	→ Menge
	– Preise	→ Preis
	– Warenbezugs- und Nebenkosten	→ Warenbezugs- und Nebenkosten
	– Rabatte, Nachlässe	→ Rabatt, Nachlaß
	– Zahlungsbedingungen	→ Zahlungsbedingungen
	Anschluß an ENTSCHEIDUNGSTA- BELLE „Rechnungsprüfung"	*Ergebnis:* Prüfvermerk – bestellgemäß oder – abweichend von Bestellung (spezifiziert)

Betriebswirtschaftlicher Bereich	**BESCHAFFUNG** (Lieferungen u. Leistungen)	*Abt.:* Eingangsrechnungsprüfung – rechnerische Überprüfung
Herkunft:	Lieferanten (Unternehmer)	
Auftreten:	laufend (nach Anfall)	

EINGABE	VERARBEITUNG	AUSGABE
Rechnungs- einzelpo- sitionen Ges. Betrag →	Einzelzeilen: Menge x Preis = Wert	
	Summe Werte – Nachlässe usw. + Warenbez. u. Nebenkosten = Gesamtbetrag	rechnerisch über- prüfte Rechnung

Anschluß an ENTSCHEIDUNGSTABELLE   *Ergebnis:* Prüfvermerk
        Rechnungsprüfung   – rechnerisch richtig
                                               – berichtigter Betrag
                                                – höher
                                                     – niedriger
                                          als berechnet

Ob die Rechnung *bestellgemäß* erstellt worden ist, muß die Rechnungsprüfung selbst feststellen, ebenso die korrekte *Ausrechnung*. Bei Abweichungen ist die Rechnung entsprechend zu berichtigen, d. h. die Einzelbeträge und demgemäß der Rechnungsendbetrag sind so zu ermitteln, wie es den Vereinbarungen der Bestellung beim Lieferanten (Unternehmer) entspricht.

Was im *einzelnen* daraus folgt, ist in einer *zweistufigen Entscheidungstabelle* „Rechnungsprüfung" festgehalten (in der Praxis liegen die Bedingungen und Verhältnisse meistens komplizierter als in unserem vereinfachenden Beispiel):

W e n n	R 1	R 2	R 3	R 4	R 5	R 6	R 7	R 8	R 9
L = B	J	J	J	J	J	J	J	N	N
Q akzeptiert	J	J	J	J	J	J	N	J	N
Anderslieferung („Aliud")	N	N	N	N	N	J	–	N	–
RP = BP	J	J	J	J	N	–	–	–	–
Warenbezugs- und Nebenkosten bestellgemäß berechnet	J	J	J	N	–	–	–	–	–
ev. Nachlässe bestellgemäß berechnet	J	J	N	–	–	–	–	–	–
Zahlungsbeding. bestellgemäß	J	N	–	–	–	–	–	–	–
D a n n									
R zur Zahlung freigeben	x	x	x	x	x				
R bestellgemäß berichtigen		x	x	x	x			(x)	
Ware zurückweisen						x	x		x
ET 2 aufsuchen								x	

Abkürzungen:

B = Bestellmenge BP = Bestellpreis L = Liefermenge
R = Rechnung RP = Rechnungspreis Q = Qualität

ET 1: Rechnungsprüfung (Haupttabelle)

Damit wäre sachlich-inhaltlich erklärt und festgehalten, worin die Aufgabe der Rechnungsprüfung besteht. Weiter muß nun geplant und überlegt werden, wie die EDV für diese Aufgabenstellung sinn- und zweckvoll einzusetzen ist – u. U. kann eine EDV-gestützte Rechnungsprüfung in bereits bestehende Informationssysteme integriert werden (s. Abbildung 49). Die Systementwicklung mit Hilfe von HIPO kann bis zur Stufe der Programmierung vorangetrieben werden. Allerdings benötigt der Programmierer dafür vor allem noch Angaben über den Kontrollfluß und zusätzliche Datenspezifikationen (genaue Angaben über Herkunft/Entstehung sowie Verwendung aller Datenelemente im einzelnen, auch Format, Größe usw. jedes einzelnen Datenelements u. a. m.).

W e n n	R 1	R 2	R 3	R 4	R 5
Mehrlieferung					
— akzeptiert	$L > B$ $RM = L$	$L > B$ $RM > L$	$L > B$ $RM < B$		
— zurückgewiesen				$L > B$	
Minderlieferung					$L < B$
D a n n					
Zahlungsfreigabe in Höhe					
— RM	x				
— L		x	x		x
— B				x	
(Menge L — B Lieferanten zur Ver- fügung stellen!)				(x)	

Abkürzungen (soweit nicht unter ET 1 angegeben):
RM = Rechnungsmenge (in Rechnung gestellt)

ET 2: Liefermenge (abweichend von Bestellmenge)

Wir haben hier nur den Grundgedanken von HIPO darstellen wollen, der u. E. von *außerordentlicher praktischer Tragweite* ist, nämlich in der Art und Weise, daß man ein Problem von der *allgemein begrifflich* gefaßten Aufgabenstellung her *ableitet* (deduziert), um zu einer *umfassenden Detaillösung* zu gelangen. Die klar erkannte Aufgabe wird wie ein Begriffssystem durch Unterbegriffe soweit ausgeweitet, bis man auf einer untersten Stufe die Problemlösung erreicht hat.

Dieses Begriffssystem wird also durch *sachlogische Deduktion* (Ableitung, Entwicklung) aufgebaut. Da hierfür vor allem *Fachwissen und Sachverstand* erforderlich sind, kann (und muß) der Anwender aus der Fachabteilung bei der Entwicklung des neuen Informationssystems mitwirken — die leicht verständliche HIPO-Dokumentation ist eine nicht zu unterschätzende Hilfe, um *Mißverständnisse* u. ä. m. unter den Beteiligten — wenn nicht zu vermeiden, so doch — möglichst frühzeitig *aufzuklären.*

Es wird ohne weiteres deutlich, daß in der ersten Stufe der Systementwicklung des Beispielfalles die Fachabteilung das Übergewicht haben muß. In der nachfolgenden Stufe, die wir hier nicht zur Darstellung gebracht haben, wird der EDV-Fachmann mehr sein Spezialwissen zur Geltung bringen, um zu ausgereiften Hard- und Softwarelösungen zu gelangen. Diese Problemlösungen müssen von der Fachabteilung *verstanden* werden, damit das neu zu schaffende EDV-System an die Anwender-Bedürfnisse angepaßt und zweckvoll eingesetzt werden kann.

6. Personelle und persönliche Möglichkeiten

Ein systematisches Konzept zur Funktionen- und Aufgabenentwicklung wie HIPO,
das den späteren Benutzer des Informationssystems von Anfang an mit in die Systemplanung einbezieht, ermöglicht es auch der Fachabteilung, schon sehr frühzeitig *personelle Dispositionen* zu treffen: Wer wird welche Aufgaben übernehmen —
wer ist dazu bereit und in der Lage? Welche Umschulungen, Versetzungen, Einar-
beitungen usw. sind erforderlich? — also Fragen, die nicht auf Anhieb zu klären
sind, bei denen es u. U. Jahre dauern kann, bis sie für *beide Partner* — den betroffenen Mitarbeiter und die Betriebswirtschaft — befriedigend gelöst sind.
Die HIPO-Methode und in geringerem Maße auch die Anwendungssimulation (s.
Abschnitt IV. B. 2. dieses Kapitels) können mehr Mitarbeitern — vor allem in den
Fachabteilungen — wenn nicht das Erlebnis der Selbstverwirklichung (Maslow —
s. Abschnitt III. A. des 1. Kapitels), so doch eine gewisse *Arbeitsbefriedigung* vermitteln. Es wirkt ja ein verhältnismäßig großer Kreis an der Gestaltung des Informationssystems mit. Dadurch wird zweifellos ein Ausgleichs-Effekt erreicht, der
dem beklagten negativen Einfluß der „Transparenz" (Wiedemann, H. — 1971,
S. 95 ff.) und der „Determinierung" der Arbeitsvorgäne (Peirlsberger, H. — 1976,
S. 38 ff.) infolge des Informationssystems entgegenzuwirken geeignet ist: Durch
die Einführung eines Informationssystems werden nämlich die betriebswirtschaftlichen Zusammenhänge besser überschaubar (transparent). Darüber hinaus wird die
(bisherige) Entscheidungsvielfalt eines Sachbearbeiters durch programmierte Abläufe beschränkt (das EDV-System nimmt vor allem Routine-Abläufe ab). Das kann
als Einengung des persönlichen Handlungsspielraums empfunden werden, also damit
der angestrebten Selbstverwirklichung entgegengesetzt sein. Die Einbeziehung des
Mitarbeiters der Fachabteilung in den Planungsprozeß des Systems, an dem er aktiv
mitwirkt, ist nicht nur eine „Herausforderung durch die Aufgabe" (Peirlsberger,
H. — 1976, S. 38) der Systemplanung und danach der laufenden Anpassung des eingeführten Systems, sondern sie ermöglicht (später) auch eine leichtere „Integration"
(Wiedemann, H. — 1971, S. 100 ff.) in das neue Informationssystem, gegen das man
nicht mehr „opponiert", mit dem man sich (im Gegenteil) *identifizieren* kann
(ähnlich Gaitanides, M./Staehle, W. H./Trebsch, K. — 1978, S. 68 f.).

B. Feinplanung des neuen Systems

1. Umfang des Begriffs „Feinplanung"

Ist von der kompetenten Führungsebene das „Freigabezeichen" für einen bestimmten Sollkonzept-Vorschlag gegeben worden, kann die Feinplanung einsetzen. Alle
Entwicklungsstufen ab der Feinplanung brauchen für die verschiedenen Untersysteme nicht zeitlich einheitlich abgeschlossen zu werden — d. h. z. B. die Feinplanung
eines bestimmten Untersystems kann früher beendet sein als die der übrigen und danach kann sofort die Programmierung einsetzen, während sich andere „Modules"

noch im Stadium der Feinplanung befinden. Diese Phasenüberschneidung kann sich bis zum Programm(einzel)test fortsetzen — für den Integrationstest müssen allerdings einige Programme, die zusammen gehören, fertig zur Verfügung stehen, so daß wenigstens damit *begonnen* werden kann.

Gerade dort, wo die Anwendungssimulation (s. Abschnitt IV. B. 3.) eingesetzt wird, ist es möglich, wegen der Zeiteinsparung bis zur Durchführung des Integrationstests mehrere Anwendungsprogramme „fein" zu planen, die anschließend programmiert und ausgetestet werden. Die Anwendungs-Simulation ermöglicht es auch, die Anwender-Schulung schon *während* der Programmierung und nicht erst *nach* Vorliegen der ausgetesteten Programme durchzuführen.

Was beinhaltet die Feinplanung des neuen Systems? Neben den genauen Abläufen und Datenflüssen, die auch mit HIPO-Diagrammen entwickelt werden können, sind die Ausgabeformate und die Systemeingaben im *einzelnen* festzulegen. Das bedeutet nicht nur die Definition der Listenbilder und Bildschirmformate (s. 3. Abschnitt: Anwendungssimulation), sondern auch der Datenbankstrukturen, Datenspezifikationen einschließlich der genauen Bezeichnung der Datenbank, -elemente usw., auf die man im Programm zugreifen möchte. Diese Einzelheiten sind dem Anwendungsprogrammierer genau vorzugeben. Auch der Datenbankprogrammierer benötigt einen genauen Plan der Datenbank, damit er die Datenbankstrukturen anlegen kann.

2. Die Systemausgabe

a) Listenausgabe

Die Ausgaben der betriebswirtschaftlichen Datenverarbeitung erfolgen hauptsächlich über Drucker und Bildschirme (als Listen, Vordrucke usw., Ausdrucke an der Schreibmaschinen-Datenstation sowie in Gestalt der Bildschirm-Formate). In irgendeiner Form sind diese Daten systemintern — meistens schon auf den externen Speichereinheiten — *vorher* geordnet, so daß sie in diese *Ordnung ausgegeben* werden *können*. Ein solcher ausgegebener Datenbestand ist eine *Liste* — sie kann ausgedruckt oder auf dem Bildschirm gezeigt werden. Insofern ist die *Ausgabeliste* die *Urform* der *vollständigen Ausgabe* — nicht nur historisch, sondern auch (Ausgabe-) datenorganisatorisch. Auch wenn die vollständige Liste der (intern) gespeicherten Daten nicht gezeigt wird, weil sie z. B. nicht interessiert, müssen wir sowohl beim *Ausnahmebericht* wie auch bei *Spontanabfragen* an der Datenstation *normalerweise* vom Vorhandensein eines nach irgendeinem Prinzip *geordneten Datenbestandes* ausgehen.

Das Hauptmerkmal einer Liste ist darin zu sehen, daß sie aus Zeilen und Spalten besteht (wie eine Tabelle oder Matrix). Computer-intern sind diese Daten oft zeilenweise zu Datensätzen externer Speicher zusammengefaßt. Nach einem bestimmten Ordnungskriterium werden sie in auf- oder absteigender Reihenfolge sortiert und anschließend ausgegeben — das kann in Form von mehr oder weniger umfangreichen gedruckten Listen erfolgen oder auch auf dem Bildschirm gezeigt werden.

Position	Datum	Datentypen			
		x	y	z	usw.
1	Januar	x 1	y 1	z 1	
2	Februar	x 2	y 2	z 2	
3	März	x 3	y 3	z 3	
4	April	x 4	y 4	z 4	
usw.					

Ohne die Vorteilhaftigkeit (Frage der Redundanz) einer solchen Datenausgabe hier kritisieren zu wollen, müssen wir davon ausgehen, daß sie in der Praxis (nicht nur in Verwaltung und Wirtschaft) in dieser umfangreichen Form (noch) häufig anzutreffen sind.

b) Bedeutung der Systemausgabe

Die *Druck- und Bildschirmausgabe* ist für den zukünftigen *Anwender* von überragender Bedeutung. Auf ihre Spezifikation muß daher sein *Hauptinteresse* gerichtet sein. Nachdem bereits in der Phase der Grobplanung die verschiedenen Ausgaben in groben Zügen umrissen wurden, wird die *Feinplanung* in einem nochmaligen Kommunikationsprozeß zwischen Systemanalytiker und Anwender die *genauen Einzelheiten* festlegen. Dabei geht es nach wie vor um *gedruckte Listen* und andere Druckausgaben — aber die *Bildschirmausgabe* gewinnt wegen ihrer besonderen Vorteile (schnell und „lautlos" an den Arbeitsplatz zu holen, kein Papier — von dem man sich so schwer trennen kann, aktuelle Information usw.) zunehmend an Bedeutung. Daher werden wir uns im nächsten Abschnitt (IV. B. 3. dieses Kapitels) „Anwendungssimulation" eingehend mit der Planung der Bildschirmprogrammierung befassen.
Sowohl bei der Druck- als auch bei der Bildschirmausgabe werden mit der Formatfestlegung auch die verschiedenen Datenelemente, der Umfang der Daten (vollständige oder gekürzte Listen) und auch die Sortierfolge der Ausgabeliste festgelegt.
Man weiß nun *genau*, welche *Daten* für die *Datenbank* benötigt werden. Auch sind die Verarbeitungsmethoden, die *Programme* dadurch bereits bekannt. Wir möchten uns im Rahmen der Aufgabenstellung dieses Buches hauptsächlich auf die Behandlung der *Anwenderschnittstellen*, nämlich die Systemausgaben, beschränken. Zum Verständnis der Zusammenhänge ist es allerdings wichtig zu wissen, daß die verschiedenen Programme zu Gruppen ähnlicher Abläufe zusammengefaßt werden können.

c) Zusammenfassung von Anwendungsprogrammen

Man kann — und *dieser* Aspekt der „Anwendungsanalyse"[2] soll hier näher betrachtet werden (Koreimann, D. S. — 1974, S. 1 ff.) — Listenausgaben, die nach gleichen

---

2 Die Anwendungsanalyse hat sich die zweckmäßige Gestaltung der Datenbank zum Ziel gesetzt.

oder fast gleichen Haupt- und Nebenordnungskriterien (1. und weitere — untergeordnete — Sortiermerkmale) zu sogenannten „Anwendungsfamilien" zusammenfas-
sen, die dann gemeinsam programmiert werden können.
Koreimann (Koreimann, D. S. — 1976, S. 118) verallgemeinert und erweitert den
Begriff der Anwendungsanalyse wie folgt: „Diese Zusammenfassung mehrerer Ein-
zelanwendungen zu einer Anwendungsfamilie orientiert sich an folgenden Kriterien:

(1) Organisatorisch begründete Kriterien:
- Zeitliche Abstimmung der Anwendungen (gleiche Zeitpunkte für die Erstellung des Outputs),
- ähnlicher oder gleicher Output,
- ähnlicher oder gleicher Verarbeitungsalgorithmus.

(2) Datentechnisch begründete Kriterien:
- Gleiches Ordnungskriterium,
- Verwendung gleicher Daten oder gleicher Datengruppen,
- Datenerfassungs-orientierte Anwendungen (Update und Datengenerierung).

(3) Systemtechnisch begründete Kriterien:
- Gleiche oder ähnliche Anforderungen für die Sicherheit,
- optimale Betriebsablaufsteuerung."

Wenn wir von unserem Beispielsfalle ausgehen, so können wir uns die verschiedenen
Dokumente, die der Lieferrechnung vorausgegangen sind (s. Abbildung 51) als *zu-
sammengehörigen Vorgang* vorstellen. In fast allen diesen Belegen kommen als
wichtigste Datenelemente vor:

ANFRAGE ANGEBOT BESTELLUNG AUFTR.BESTÄT. LIEFERSCHEIN RECHNUNG

Lieferant/Unternehmer
Datum
Ware
Menge
Preis
Liefertermin
Lieferbedingungen
Zahlungsbedingungen

Eine Überprüfung anhand der o. e. Kriterien zeigt, daß es sich um eine Anwendungsfamilie handelt, weil die meisten Kriterien (nicht nur die gleiche Sortierfolge)
zutreffen. So kann man sich vorstellen, daß die Erfassungsprogramme zur Einspei-
cherung der Daten in die (Bestell-)Datenbank für alle diese Belege ähnlich — manchmal fast identisch — aufgebaut sind, ebenso die Zugriffsprogramme, die es ermöglichen, die weggespeicherten Daten der (Bestell-)Datenbank wieder auf dem Bildschirm zu zeigen oder als Dokument auszudrucken.
Derartige Überlegungen, wie sie im Zusammenhang mit der Anwendungs-Analyse
angestellt werden, erleichtern also die Durchführung der Systemanalyse, insbesondere der Feinplanung, nicht unerheblich.

3. Die Anwendungssimulation

a) Der Begriff „Anwendungssimulation"

Zum Verständnis des Teilbegriffs *Simulation* müssen wir uns vorstellen, daß es sich dabei um eine *Methode* handelt, mit deren Hilfe bestimmte Sachverhalte nachgeahmt bzw. — auch in einem übertragenen Sinne — *nachgezeichnet* werden. Kernstück ist das *Simulationsmodell* — eine *vereinfachende Nachbildung* des darzustellenden Gegenstandes und seiner Funktionen. Im Falle eines Flugzeugmodells möchte man z. B. die äußere Form eines Flugzeugtyps und/oder das Flugvermögen vorstellen, wobei nur die *wichtigsten Merkmale* nachgebildet werden, auf die es ankommt. Im Prinzip verhält es sich auch so bei einem mathematischen Modell, ja überhaupt bei jedem Modell. *Unwesentliche Merkmale* und Teile, die zum Verständnis des Ganzen nicht erforderlich sind, *entfallen.* Wir müssen in dieser Methode (sie ist als solche schon uralt, wenn auch früher nicht unter diesem Namen bekannt gewesen) einen *Kunstgriff* des menschlichen Geistes erkennen, der es uns ermöglicht, *wesentliche Zusammenhänge,* vor allem das Zusammenspiel der Elemente eines Systems, *deutlich* zu machen und *verstehen* zu *lernen.* Das Hauptanwendungsfeld dieser Methode liegt auf mathematischem Gebiet ("operations research") — *mathematische Modelle* setzen sich aus mathematischen *Symbolen* und *Formeln* zusammen. Der *Anwendungssimulation* liegt *kein mathematisches Modell* zugrunde. Hier werden die *Ein-/Ausgabe* bzw. die *Dialogfunktionen* an der *Bildschirm*-Datenstation als *wesentlich* angesehen — sie werden *vorgebildet.* Genau genommen handelt es sich um ein sogenanntes (symbolisches) „Flußdiagramm-Modell" (Rütschi, K. — 1972, S. 3) — das Bildschirmprogramm —, das mit einem Verbalmodell — der Text auf dem Bildschirm — gekoppelt ist. Inhaltlich stellt das Anwendungssimulations-Programm wesentliche E/A-Funktionen dar, die Gegenstand eines noch zu schaffenden, umfangreicheren Programms sein werden. Wie bei jeder Simulation (Mertens, P. — 1973, S. 287) soll auch im Falle der Anwendungssimulation das *Systemverhalten* beobachtet werden mit dem Ziel, den *Bildschirm-Dialog* — d. h. die Mensch-Maschine-Kommunikation — *bestmöglich* zu gestalten. Man spielt also mit einem Simulationsmodell die Möglichkeiten der Bildschirm-Aufteilung und des Dialogs an der Datenstation (einschließlich der Plausibilitätsprüfungen) durch und legt — erst nachdem die beste Lösung gefunden ist — die Einzelheiten der endgültigen Programmgestaltung fest.
Die *Anwendungssimulation* mit der Coursewriter-Sprache (IBM Deutschland — 1976) ist eine *nützliche Hilfe* für die Systementwicklung und -einführung. Die *Anwendungen* können — wie gesagt — auf dem *Bildschirm simuliert* werden, *bevor* sie ihre *endgültige Form* im *echten Anwendungsprogramm* finden (Fassbinder, E. — Juli 1975, S. 203). Das *Bildschirmformat* kann *vollständig abgebildet* werden — die Eingabe und ihre Reaktion bzw. der *Dialog* an der Datenstation allerdings nicht durch Wiedergabe aller Möglichkeiten (Fehlerroutinen, Plausibilitätsprüfungen usw.), sondern nur in Form bestimmter, *ausgewählter Fälle* (Beispiele), die programmiert werden müssen (Fischer, R. J. — Oktober 1975, S. 281).

b) Der Bildschirm und seine Programmierung

Die *Anwendungssimulation* bezieht sich auf den *Bildschirm*, der optischen Datenstation. Man kann sich zum Zwecke der *Zeichenanordnung* die *Einteilung* des Bildschirms in (Matrix-)Form von (waagerechten) *Zeilen* und (senkrechten) Spalten vorstellen:

Zeilen	*Spalten*									
	1	2	3	4	5	6	7	8	9	usw. (z. B. bis 80)
1										
2										
3										
4										
5										
6										
7										
8										
9										
usw. (z. B. bis 24)										

Innerhalb dieser beispielsweise 24 Zeilen zu je 80 Zeichen (Spalten) sind die Mög-
lichkeiten der Ein- und Ausgabezeichendarstellung gegeben. Bei der Coursewriter-
Sprache, mit der die Anwendungssimulation verwirklicht werden kann, werden die
Zeilen und die Spalten angesprochen, um die Lage eines Ein-Ausgabefeldes auf dem
Bildschirm genau zu bestimmen.

Man kann sich einen Plan anfertigen (z. B. in Form eines karierten DIN A 3-Bogens,
auf dem man der Länge nach 80 Kästchen für die Spalten abteilt und in der Senkrechten 2 Kästchen je Zeile):

Längsseite	1	2	3	4	5	6	7	8	9	10	11	12	13	14	usw.
1															
2						B	I	L	D	S	C	H	I	R	M	1
3															
4															
usw.															

Wenn man nun für jeden Buchstaben und für jede Zahl ein Kästchen vorsieht, so
gewinnt man bald eine Vorstellung von der Aufteilung der Bildschirmfläche. Das
Wort „BILDSCHIRM 1" der obigen Darstellung würde bei den Koordinaten 2/6 be-
ginnen (Zeile 2/Spalte 6).

Die Coursewriter-Sprache (genau: Coursewriter III, Version 3 — zu deutsch: „Kurs-
Schreiber") ist von Haus aus eine Autoren-Sprache (in erster Linie) für die Entwicklung von Lernprogrammen. Ca. 30 bis 40 Autorenbefehle, Operationsschlüssel und
Unterbefehle geben dem Pädagogen eine wirkungsvolle Hilfe an die Hand, um den
Computer-unterstützten Unterricht zu verwirklichen. Für den Dialog an der Datenstation bestimmt, sind gerade die Bildschirm-Steuerungsfunktionen besonders gut
ausgebildet und einfach zu handhaben. Die beiden wichtigsten Befehle lauten:

fm ("format")

und

ep ("enter and proceed")

Der „fm"-Befehl besorgt das „Positionieren" der Zeichenfolge auf dem Bildschirm.
Daher würde der entsprechende Befehl in unserem Beispielsfalle (s. Abbildung 61)
lauten müssen:

fm 2/6

BILDSCHIRM 1

Dadurch erscheint das Wort (die Zeichenfolge) „BILDSCHIRM 1" in der zweiten
Zeile ab der 6. Spalte auf dem Bildschirm. In gleicher Weise kann es nun weiterge-
hen:

fm 2/33

RECHNUNGSPRUEFUNG

und

fm 2/61

DATUM:

Durch den anderen wichtigen Befehl „ep" wird ein Platz auf dem Bildschirm reser-
viert, der für Eingaben bestimmt ist. In unserem Falle kann z. B. der Sachbearbeiter,
der später einmal an der Bildschirm-Station arbeitet, das Tagesdatum eintasten. Damit die Datumseingabe möglich ist, muß dieses spezielle Eingabefeld zunächst einmal „strukturiert" werden, d. h. die Punkte hinter der Tages- und Monatsangabe
sind zu setzen:

fm 2/70

°

und

fm 2/73

°

Durch den Befehl

ep 2/68//2

springt der "cursor" (Eingabezeiger) *unter* die erste einzugebende Stelle:

∆ · ·

"cursor"

```
BILDSCHIRM 1              RECHNUNGSPRUEFUNG              DATUM: 15.12.75
                         -----------------

LIEFERANT    : MUELLER & SOHN      LIEFERANTEN-NR. : 35278
ANSCHRIFT    : 7 STUTTGART-100, NEUBIBERGER LANDSTRASSE 3401/2
RECHNUNGS-NR.: 48120               RECHNUNGSDATUM: : 12.12.75
BESTELL - NR.: 148.518             BESTELLDATUM    : 24.11.75

PREISKONDITIONEN :
B - 15% RABATT BEI ABNAHME UEBER 100 TO  R - KEINE

LIEFERBEDINGUNGEN:
LIEFERTERMIN: B - 30.11.75  L - 10.12.75
VERPACKUNG: B - EINSCHLIESSLICH  R - ZUZOGLICH 1%
TRANSPORT: B - FREI BESTIMMUNGSORT  R - FRACHTBASIS OBERHAUSEN

ZAHLUNGSBEDINGUNGEN:
B - 2% SKONTO ZAHLUNG 1 WOCHE, 30 TAGE NETTO OHNE
R - 1% SKONTO ZAHLUNG 10 TAGE, 4 WOCHEN NETTO OHNE


ABKUERZUNGEN: B = BESTELLUNG,R = RECHNUNG,L = (TATSAECHLICHE) LIEFERUNG
```

Abb. 61: Anwendungssimulation: Beispiel Rechnungsprüfung (1)

Dadurch ist dem Eingebenden bekannt, daß er je 2 Stellen für die Tages-/Monats-/
Jahresangabe zur Verfügung hat. Durch den nächsten Befehl springt der Cursor
automatisch *weiter* zur Monatseingabe:

ep 2/71//2

Wenn auch die Monatszahl eingegeben ist, kann das für die Jahresangabe zur Verfügung stehende Feld wie folgt programmiert werden:

ep 2/74//4

(vorsichtshalber werden für die Jahreszahlen 4 Stellen vorgesehen).
In ähnlicher (unkomplizierter) Weise wie diese erste Zeile kann das Format des ganzen Bildschirms programmiert werden (s. IBM Deutschland − 1976, S. 13 ff.,
woraus hervorgeht, daß nur ganz wenige verschiedene Befehle erforderlich sind, um
ein Bildschirmformat zu erstellen. Auch ist ein solches Programm kurz und einfach
strukturiert).

c) Möglichkeiten der Ausgestaltung des Anwendungssimulationsprogramms

Man könnte dies Beispiel mit Hilfe der Coursewriter-Sprache noch weiter ausführen
(z. B. durch eine belehrende Antwort seitens des EDV-Systems, falls der am Bildschirm übende zukünftige Anwender das Datum in anderer Form als vorgesehen eingibt). Da es uns jedoch auf die Erklärung des (einfachen) Prinzips der Anwendungssimulation ankommt, möchten wir in diesem Zusammenhang nicht näher darauf
eingehen. Die Coursewriter-Sprache erleichtert es dem Systemanalytiker, Anwendungskoordinator oder auch dem interessierten Anwender, sein Bildschirmformat
zu programmieren und an die Anwender-Bedürfnisse anzupassen. Die Programmierung erfolgt direkt an der Datenstation − man kann sich vorstellen, daß der Course-
writer-Programmierer nach einiger Übung ohne ein genau vorgeschriebenes Zeilen-
und Spaltenkonzept auskommt und das Format ohne Vorbereitung direkt auf den
Bildschirm projizieren kann.
Steht nun einmal ein *erster Entwurf* (s. Abbildungen 61, 62 und 63), so muß er von
den zukünftigen *Anwendern getestet* werden. In unserem Beispielsfalle würden echte Lieferantendaten eingegeben (die wir auf den Abbildungen bereits eingesetzt haben). Der Anwender kann dabei feststellen, ob die *Formate* (hier die Größe der
Eingabefelder) *passen*, die gezeigten *Datenfelder vollständig*, die *Anordnung* auf
dem Bildschirm und die *Bildschirmfolge zweckmäßig* sind.
Eine wichtige Funktion des Anwendungs-Simulationsprogramms ist die Möglichkeit, *arithmetische Operationen* durchzuführen, wie in unserem Beispielsfall

- Skonto- und Rabattbeträge aufgrund der angegebenen %-Sätze
- Menge x Preis = Wert (Rechnungseinzelpositionen)
- Additionen

Weitere − anders lautende − Instruktionen des Anwendungs-Simulationsprogramms
können sich auf Plausibilitätsprüfungen der Eingabedaten beziehen, wie Formatprü-
fungen, Zeichen-für-Zeichen-Vergleiche jeder Art, arithmetische Prüfoperationen
usw.

```
BILDSCHIRM 2            RECHNUNGSPRUEFUNG           DATUM: 15.12.75

BLRA: WARENBEZEICHNUNG:      T N R :    MENGE:      ME: PREIS:      W E R T :

B       FEINBLECH VERZ.8MM   2514386234    120.000 TO    1 325.00  159 000.00
 L      FEINBLECH VERZ.0,3'' 2514386234    122.325 TO
  R     FEINBLECK VERZ.0,3'' 2514386234    122.300 TO    1 325.00  159 000.00
   A    FEINBLECH VERZ.0,3'' 2514386234    122.300 TO    1 325.00  159 000.00
        usw.




BLRA = BESTELLUNG/(TATAECHL.)LIEFERUNG/RECHNUNG/(VON UNS)AKZEPTIERT
TNR  = TEIL-NR.(MATERIAL-NR./WAREN-NR./ARTIKEL-NR.)
ME   = MENGENEINHEIT(ST/KG/TO/LIT)
```

Abb. 62: Anwendungssimulation: Beispiel Rechnungsprüfung (2)

```
BILDSCHIRM 3              RECHNUNGSPRUEFUNG              DATUM: 15.12.75

         R GESAMTBETRAG LIEFERUNGEN    DM    159 000.00
         A GESAMTBETRAG LIEFERUNGEN    DM    159 000.00
         R ZUZUEGLICH 1. VERPACKUNG    DM      1 590.00
                      2. TRANSPORT     DM      3 948.00
                      3.               DM
                      4.               DM
         A ZUZUEGLICH 1. VERPACKUNG    DM          0.00
                      2. TRANSPORT     DM      3 948.00
                      3.               DM
                      4.               DM
         R ABZUEGLICH 1. RABATTE       DM          0.00
                      2. SKONTO        DM      1 590.00
                      3.               DM
                      4.               DM
         A ABZUEGLICH 1. RABATTE       DM     23 850.00
                      2. SKONTO        DM      3 180.00

         R ENDBETRAG                   DM    162 948.00
         A ENDBETRAG                   DM    135 918.00

         ZUR UEBERWEISUNG ZUM FAELLIGKEITSTERMIN 19.12.75 FREIGEGEBEN
```

Abb. 63: Anwendungssimulation: Beispiel Rechnungsprüfung (3)

Es läßt sich leicht vorstellen, daß auch ein im Programmieren Unerfahrener die Coursewriter-Sprache schnell erlernt und bald in der Lage ist, selbständig Bildschirme zu gestalten.

d) Die Anwendungssimulation in der Praxis

Wichtiger als die erstmalige Festlegung des Bildschirmformats ist die *Änderungsmöglichkeit* — die vielen Anpassungen an die Wünsche der Anwender. Sie gestalten sich sehr *einfach* und sind nach Aussagen der Anwender (Schütte, K. — Dezember 1975, S. 357) sehr schnell durchzuführen. Der Anwender gewinnt durch die Übung am Bildschirm mit echten Daten aus der Praxis eine *lebensnahe Vorstellung* von der *Arbeitsweise* des *Systems*, das er — in Zusammenarbeit mit dem Systemanalytiker — seinen *Bedürfnissen anpassen* kann. Wichtig ist, daß die Änderungen des System-Entwurfs *vor* der Programmierung erfolgen — lediglich das Anwendungssimulationsprogramm braucht geändert zu werden (s. Abbildung 64). Damit wird sichergestellt, daß die dem Anwender bekannten Einzelheiten des Systems Berücksichtigung finden.

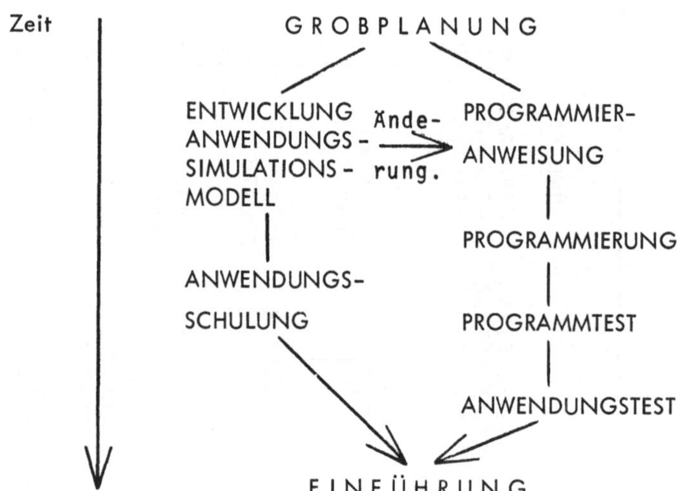

Abb. 64: EDV-Systemanalyse: Bildschirmfunktionsentwicklung mit Anwendungssimulation

Beim *herkömmlichen Verfahren* (s. Abbildung 65) war immer wieder mit *Änderungen* zu rechnen, sogar noch nach der Einführung des neuen Systems. Wenn man sich vor Augen hält, daß für derartige Änderungen (und daraus folgende Aktivitäten, sogenannte "follow up design") 30 % der Feinplanungszeit (anteilig für die Bildschirm-Gestaltung, aber ausschließlich der Programmierung) angesetzt werden (Khtaian, A. — August 1976, S. 15), so bekommt man eine Vorstellung vom Umfang der durch den Einsatz der Anwendungssimulation *möglichen Einsparungen*.

196

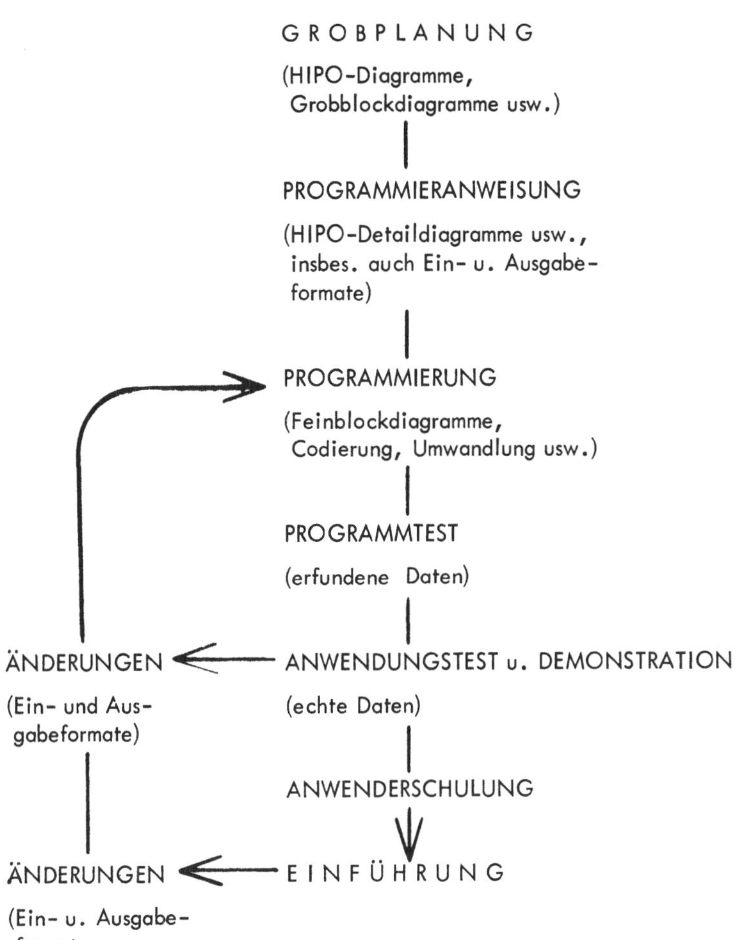

Abb. 65: EDV-Systemanalyse: Sollkonzeptentwicklung der Bildschirmfunktion
(herkömmlicher Ablauf in geraffter und zusammenfassender Darstellung)

Durch die anschauliche Vorstellung der Bildschirmfunktion identifizieren sich nicht
nur die zukünftigen Benutzer (Anwender) mit ihrem neuen System, sondern es können auch die maßgeblichen *Führungskräfte* überzeugt werden — ein für die Wirtschaftspraxis nicht unerhebliches Moment.

Abschließend noch die Aussage eines Praktikers zur Methode der Anwendungssimulation, der eine ganze Reihe weiterer Gesichtspunkte anführt:

„Oft genug wird dabei festgestellt, daß bestimmte Eingabefelder vergessen wurden
oder weitere Plausibilitätsprüfungen erforderlich sind. Oder es erweist sich die Reihenfolge der Felder als unpraktisch oder die Stellenzahl eines Eingabefeldes als
falsch, oder die Fehlermeldungen sind unverständlich und gehören an eine andere
Stelle, oder es muß ein hierarchisch gegliederter Fehlerschlüssel diskutiert werden;
Bildschirmformate sollen aus Performanzgründen zusammengelegt oder wegen der

fehlenden Übersichtlichkeit geteilt werden; erklärende Ausgabetexte erscheinen
überflüssig oder die Anzeige bestimmter Eingabefelder wird mit größerer Lichtstär-
ke verlangt. Warum benutzen wir eigentlich bei dieser Anwendung nicht den Licht-
stift, das wäre doch viel einfacher?" (Fassbinder, E. – Juli 1975, S. 204).

C. Die Programmierung

1. Die Aufgabe des Programmierers

Wir möchten im Rahmen dieses Buches nicht im einzelnen auf die Programmiertechniken und -sprachen eingehen, weil es sich dabei um Spezialisierungen handelt,
die für den Programmierer von besonderem Interesse sind. Der *Systemanalytiker*
sollte *Grundkenntnisse* der einen oder anderen *Programmiersprache* (z. B. PL/1,
RPG, Assembler, COBOL usw.) haben, die ihm das *Verständnis* der wichtigsten
Programmfunktionen ermöglichen. Auch muß er wissen, was machbar ist — welche
Möglichkeiten mit Hilfe von Programmen bestehen. Die Entwicklung und *Erstellung*
zweckvoll aufgebauter Programme ist eine *Spezialität*.

2. Die bisherige Praxis: Programmierung als handwerkliche Kunst

Der Computer, der von Konrad *Zuse* (1941) zuerst vorgestellt wurde, ist — davon
unabhängig in den USA — von John *von Neumann* (1944) zu einem weithin brauch-
baren Konzept entwickelt worden (Ganzhorn, K./Walter, W. — 1975, S. 45–55)
und zeichnet sich vor allem durch „freie" *Programmierbarkeit* aus. In der weiteren
Entwicklung der Computertechnik waren es zunächst die *maschinenorientierten*
Programmiersprachen (z. B. AUTOCODER für die IBM 1401 u. a. Rechner — heute
Assembler), mit deren Hilfe der Programmierer operierte und bereits hervorragende
Leisten zeigen konnte. Der *Programmierer* galt als *der* Spezialist, der sich in den
Möglichkeiten der Programmiersprache — in Verbindung mit der Maschine — am
besten auskannte. Das *Programm* sollte einerseits möglichst *speicherplatzsparend*
(Hauptspeicherplatz war teuer!) aufgebaut werden, andererseits auch *schnell* durch-
führbar sein.
Diese als rationell und daher ökonomisch angesehenen Prinzipien beherrschten die
Programmiertechnik. In der *Programmierpraxis* entwickelten sich ausgesprochene
Könner in dieser „Kunst", denen es z. B. gelang, mit verhältnismäßig wenigen Pro-
grammschritten, die schwer zu verstehen waren (für einen Dritten), ein Problem
zu lösen. Ein „Stiefkind" war (und ist) die *Dokumentation* — wenn das Programm
lief und ausgetestet war, konnte es sich bei der Dokumentation nur noch um eine
Nebensache handeln, die man meist vernachlässigte. Das führt(e) dann dazu, daß
man auf *den* Programmierer angewiesen ist, der das Programm ursprünglich erstellt
hat, wenn irgendwelche Änderungen — und sie sind erfahrungsgemäß sehr häufig
erforderlich — ausgeführt werden müssen.

Mit dem Aufkommen *höherer Programmiersprachen* (COBOL, FORTRAN, PL/1[3]
usw.), die *problemorientiert* sind, trat der Gesichtspunkt des Hauptspeicherbedarfs
zurück, zumal auch der technische Fortschritt zu einer erheblichen Verbilligung des
Preises je Byte Hauptspeicherkapazität geführt hatte — eine Tendenz, die auch in
Zukunft fortgesetzt und weitere, nicht unwesentliche Kostensenkungen erwarten
läßt. Die gegenüber früher viel schneller arbeitenden Maschinen erleichtern ebenfalls
die Einführung höherer, problemorientierter Programmiersprachen, die *leichter ge-
handhabt* und schnell erlernt werden können.

Programme, die in einer höheren Programmiersprache geschrieben sind, zeichnen
sich normalerweise auch durch *leichtere Lesbarkeit* aus (wenn die betreffende Programmiersprache bekannt ist). Das Problem der *Dokumentation* ist damit allerdings
noch *nicht* gelöst, denn es genügt meistens nicht, eine Programmliste in der Quellen-
sprache ("source code") vorliegen zu haben, um anhand dieses Quellenprogramms
die Problemstellung und die Zusammenhänge erkennen zu können.

In einem engen Zusammenhang mit der Lesbarkeit und Dokumentation steht das
besonders wichtige Problem der *Wartbarkeit* eines Programms. In den ersten Jahren
nach Einführung der EDV konnte man sich an den Programmierer wenden, der das
Programm geschrieben hatte, wenn Fehler auftraten oder das Programm an neue Bedingungen anzupassen war. Später waren die betreffenden Programmierer meistens
nicht mehr verfügbar (oder sie hatten nach einigen Jahren die Einzelheiten des Programms vergessen). Andererseits treten umso häufiger Wartungsfälle auf, je älter das
Programm wird. Man rechnet heute bei Unternehmen, die schon seit längeren Jahren die EDV eingeführt haben, mit einem Aufwand von bis zu 2/3 der Programmie-
rerkapazität allein für die Wartung bestehender Programme, so daß nur noch 1/3 der
Programmierer für Neuentwicklungen verfügbar bleiben (wenn das Personal nicht
erhöht wird).

Dieser schon seit Jahren sich anbahnende und beklagte Zustand wird noch durch
den Umstand kompliziert, daß *Neuentwicklungen*

■ mit bestehenden *Programmsystemen verflochten* ("integriert") werden müssen,
■ meistens *im Rahmen* umfangreicher und *komplexer Informationssysteme* auszuführen sind.

Der *Programmierer* trifft also auf eine Umwelt, die seine *Arbeit erschwert*. Die Dinge liegen also komplizierter und sind schwieriger zu lösen.

Im Lichte dieser Umstände ist es zu verstehen, daß man den *Programmierer* früherer
Prägung ("freischaffender Künstler") mittels bestimmter, *neu entwickelter Methoden und Techniken* an Regeln und Normen binden, ihn an eine Arbeitsweise gewöh-
nen möchte, die seine *Produktivität* (Bode, G. (Hrsg.) — November 1976) in verschiedener Hinsicht *verbessern* kann.

---

3 PL/1 ist eine universelle, problemorientierte Programmiersprache, die sich für die Lösung
   kommerzieller, technisch-wissenschaftlicher, nichtnumerischer und neuerdings auch von
   Prozeßrechner-Aufgaben eignet.

3. Moderne Programmiermethoden und -vorgehensweisen

a) "Top-down"-Programmentwicklung

Die HIPO-Technik, die wir bereits für die System-Analyse kennengelernt haben, kann bis zur Programmierung weitergeführt werden. Allerdings sind ergänzend dazu noch Dateneinzelspezifikationen (s. Abbildung 60 und darüber hinaus noch genaue Angaben über Herkunft (Eingabe), Entstehung und Verbleib (Ausgabe) der Daten) erforderlich. Durch die "top-down"-Vorgehensweise, d. h. die schrittweise (hierarchische) Verfeinerung (Detaillierung und Spezifizierung) des Konzepts, bleibt der Gesamtüberblick, der sich auch auf angrenzende Programmsysteme erstreckt (verbunden über "interfaces", d. h. Übergänge bzw. Anschlußpunkte), erhalten. Dadurch wird auch eine vernünftige Arbeitsaufteilung der einzelnen Programmierabschnitte auf die beteiligten Programmierer(gruppen) erleichtert. Diese Vorgehensweise muß so weit vorangetrieben werden, bis der Programmierer in der Lage ist, auf Grund der HIPO-Charts und ergänzender (Daten-)Aufstellungen das Programm zu kodieren.

b) Die Arbeitsweise der Chef-Programmierer-Gruppe

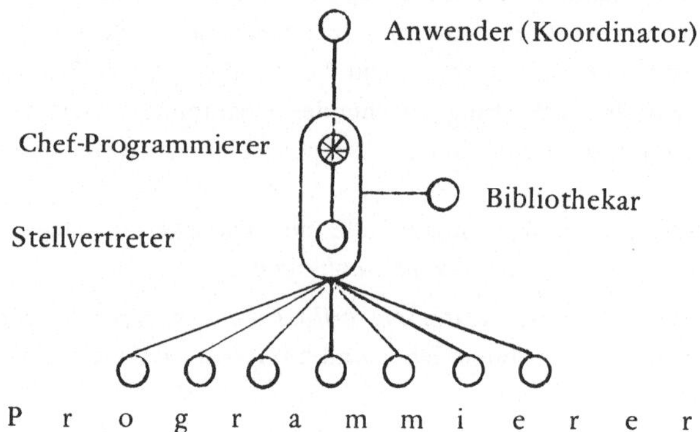

Die *Chef-Programmierer-Gruppe* ("Chief Programmer Team" — Baker, F. T., in: Hackl, C. E. — 1975, S. 46 ff.) ist eine *Kleingruppe* (s. Erstes Kapitel, Abschnitt III. D.), die um den Chef-Programmierer (einen erfahrenen und fachlich qualifizierten Programmierer) und seinen Stellvertreter ("backup programmer") herum gebildet wird. Der federführende *Chef-Programmierer* und sein *Stellvertreter* legen die Aufgaben fest, führen einzelne *kritische Programmierschritte* selbst durch und *überwachen* die Ausführung der Programmierung durch die Programmierer. Für das Funktionieren der Projektgruppe ist es von entscheidender Bedeutung, daß die *Dokumentation* immer *aktuell* bleibt und alle wichtigen Vorgänge und Ergebnisse festgehalten werden. Daher ist ein *fachlich qualifizierter Bibliothekar* notwendig.

Die Arbeit der *Programmierer* wird von fachlich kompetenten Gruppenmitgliedern während sogenannter "structured walk-thrus" (*Arbeitssitzungen*) genau beobachtet und im einzelnen verfolgt. Jeder Programmierer *informiert* vor und während dieser Arbeitssitzungen *gründlich* über sein Programm (bzw. den gerade von ihm bearbeiteten Programmabschnitt), so daß alle Einzelheiten offen liegen und von den übrigen Teilnehmern des Arbeitskreises beurteilt werden können. Sinn und Zweck der "structured walk-thrus" ist es, in Form einer *offenen* 1- bis 2stündigen *Aussprache* unter *Fachleuten Fehler* oder falsche Entwicklungsrichtungen *frühzeitig* zu *entdecken*, um sie möglichst zu verhindern. Das erfordert allerdings auch, die Arbeitssitzungen auf *rein sachbezogene Fachprobleme* zu begrenzen, damit *alle* entwickelten *Programmeinzelheiten* und Vorstellungen *zutage* gebracht werden können, um sie gegebenenfalls zu korrigieren oder aber auch als richtig zu bestätigen.
Innerhalb der Chef-Programmierer-Gruppe wird die *Gruppenarbeit rationell gesteuert:*
Arbeitsteilige Lösung der Gesamtaufgabe durch Zerlegung in sinnvolle Teileinheiten, die auf die einzelnen Programmierer entfallen.
Die *Varietät* (s. Erstes Kapitel, Abschnitt I. B. und C.) wird zunächst *abgebaut*, weil der Chef-Programmierer und sein Stellvertreter den *Informationsfluß* zweckvoll *kanalisieren*, damit die einzelnen Programmierer mit den sie interessierenden Informationen versorgt werden. Andererseits finden wir eine *geplante Varietätsentfaltung* während der *Arbeitssitzungen* ("structured walk-thrus"), die allerdings auf ein paar Stunden begrenzt ist.

c) Die Programmiertechniken

aa) Strukturierte Programmierung

(1) Das "GOTO Statement" (unbedingtes Verzweigen)

Wenn man „unstrukturiert" in der bisherigen Form programmierte, war bekanntlich das "GOTO", das (unbedingte) Verzweigen zu einer anderen Adresse — auch das *„unbedingte Sprung-Statement"* genannt (Winkler, H. — 1967, S. 68) —, eine übliche und *häufig verwendete Instruktion* (die eigentlich bei keiner Programmiersprache wegzudenken ist). Diese Sprungadressen, die beispielsweise auch durch Änderungen („hineinflicken") von Programmen hervorgerufen werden, machen u. a. das *Programm unübersichtlich.*
Professor E. W. *Dijkstra,* mit dessen Namen der Begriff der strukturierten Programmierung verbunden ist (Dahl, O.-J./Dijkstra, E. W./Hoare, C. A. R.: "Structured Programming", Academic Press, London 1972), hat diese Programmierpraxis kritisiert und neben anderen Fachleuten aus Theorie und Praxis die sogenannte „strukturierte Programmierung" empfohlen.

(2) Das strukturierte Programm
■ Die Programmsegmente ("modules")
  Das strukturierte Programm soll in kleine, durch eng zusammenhängende Instruktionsfolgen gebildete Teileinheiten, die *Programmsegmente,* aufgeteilt wer-

den (z. B. etwa im Umfang von 60 Instruktionen). Jedes dieser Programmsegmente hat nur *einen* Eingang und *einen* Ausgang. Da es sich um *sinnvoll zusammenhängende* Elemente (im allgemeinen Sinne) eines Programms handelt, die *zweckvoll strukturiert* sind, ist die Funktion leichter zu verstehen.

■ Die *Strukturelemente:*

- **F o l g e** (Sequenz), d.h. die grundsätzliche Programmgestaltung: die Anweisungen (oder Programmteile, die auch „Programmodule" genannt werden) werden nacheinander in der angegebenen Reihenfolge ausgeführt:

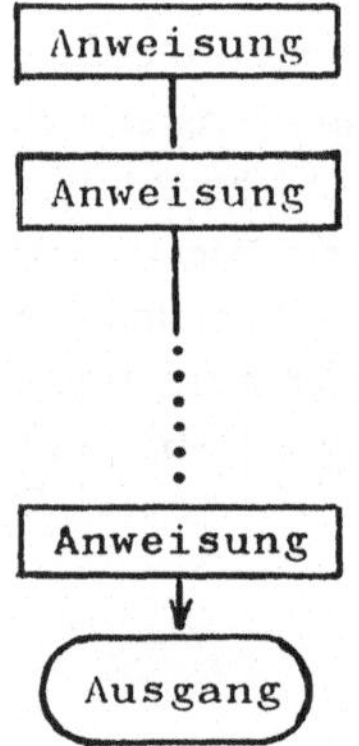

- **Entscheidung** (bedingtes Verzweigen)
  - **Alternativ** ("IF-THEN-ELSE")

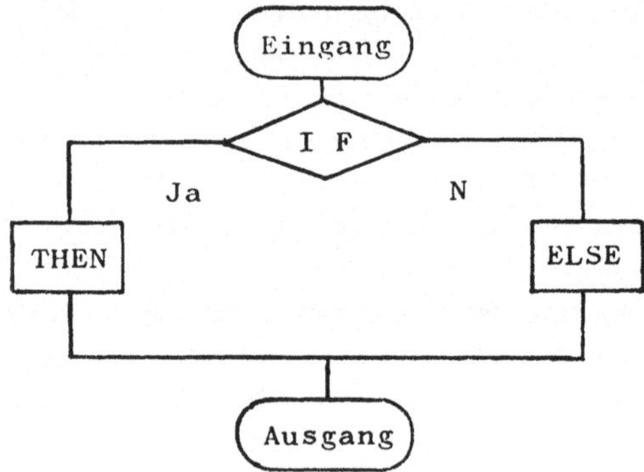

- Mehrfaches Verzweigen ("CASE"):

> 2 Verzweigungsmöglichkeiten

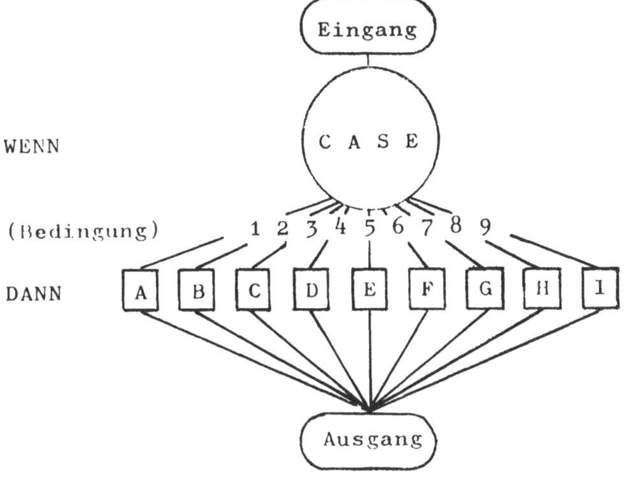

- <u>Wiederholung</u> (Iteration)

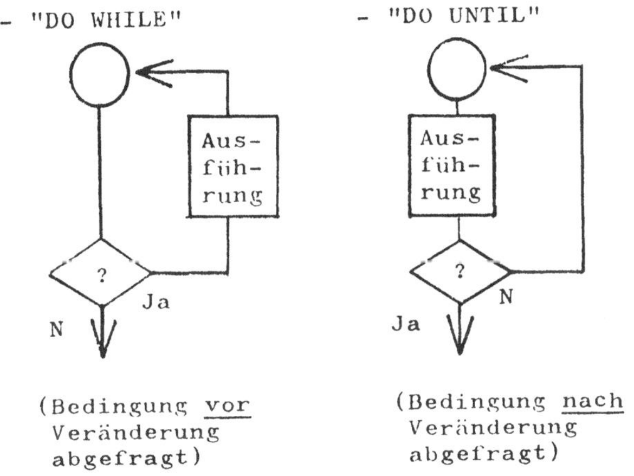

(Bedingung <u>vor</u>
Veränderung
abgefragt)

(Bedingung <u>nach</u>
Veränderung
abgefragt)

Es leuchtet ein, daß Programme nur mit diesen elementaren Bausteinen besser strukturiert sind (die unbedingte Verzweigung ist nur in Ausnahmefällen erlaubt), als es bei der bisherigen Praxis, die das "GOTO"-Statement in großem Umfange verwendete, möglich war. Damit wird auch zugleich das (klein gehaltene) Programmsegment durchsichtig, was die Wartung erleichtert.

bb) Programmieren und Testen im Dialog

Zu den wichtigsten modernen Programmierhilfen gehört auch die Möglichkeit, das Programm an der Datenstation zu entwickeln und zu testen. Das erspart dem Programmierer nicht nur Wege und Wartezeit (für die Abwicklung der Programmumwandlung im Stapelbetrieb), sondern bietet auch für die *Programmierung* selbst erhebliche *Erleichterungen.*

Mit Hilfe des Dialogsystems TSO (''Time Sharing Option'') der IBM (s. Bode, G., in: Bode, G. (Hrsg.) — November 1976, S. 12 ff.) beispielsweise können die Programme Zeile für Zeile an der Datenstation kodiert werden. Es können nicht nur leicht Anweisungen neu eingefügt, verändert oder gelöscht werden, sondern auch der Suchprozeß ist relativ einfach (so genügt die Eingabe des Suchbefehls ''find'' und danach das 1. Wort der gesuchten Anweisungszeile, deren Nr. man nicht kennt, um aus einer u. U. langen Programmliste die in Frage kommende(n) Anweisung(en) sofort angezeigt zu erhalten!).

Der besondere Wert der Dialogprogrammierung liegt jedoch im *interaktiven Austesten.* Beispielsweise untersucht der „PL/1 Checkout Compiler" (IBM Deutschland (Hrsg.) — 1974) das Quellen-Programm auf *Syntaxfehler* (Schreibfehler usw.) und *korrigiert* sie — soweit möglich — automatisch. Weitere Fehler (z. B. fehlende Adressen oder END-Anweisungen) werden an der Datenstation angezeigt, so daß sie unmittelbar vom Programmierer richtig gestellt werden können. Die Kompilierung wird unterbrochen, wenn sogenannte „dynamische Programmierfehler" (Manowski, G., in Bode, G. — November 1976, S. 24), wie z. B. eine fehlende Dateizuordnung oder eine Division durch ∅, auftreten. Der Fehler wird an der Datenstation angezeigt und kann ebenfalls sofort korrigiert werden.

Der besondere Nutzen des Programmierens und Testens im Dialog ist also vor allem in der *unmittelbaren Einwirkungsmöglichkeit* des Programmierers zu sehen, der *sofort reagieren* kann. Das erleichtert seine Arbeit erheblich — nicht nur bei der Programmerstellung, sondern auch bei der Wartung von Programmen.

4. Dialogsprachen für die Fachabteilung

Anders verhält es sich dagegen mit sogenannten „Dialogsprachen", mit denen man an der Datenstation arbeiten kann. Diese zeichnen sich dadurch aus, daß sie meistens leicht zu erlernen und einfach zu *handhaben* sind.

Diese Dialogsprachen sind in erster Linie für den (nicht EDV-)*Spezialisten* in der *Fachabteilung* gedacht. Er soll seine Probleme damit *selbst lösen* können.

Bei APL (''A Programming Language") z. B. kann man von einer „universellen Formulierungstechnik" (Sieber, D. M./Urmes, N. M. — 1977, S. 7) sprechen. Obgleich (von Haus aus) mathematisch strukturiert, ist sie — eine vielseitige und leistungsfähige Dialogsprache — nicht nur zur Lösung technisch-wissenschaftlicher, sondern auch *betriebswirtschaftlicher Aufgabenstellungen besonders* geeignet. So bestehen Einsatzmöglichkeiten (s. Eckhardt, Th./Fuchs, J. — 1975) in der Umsatz- und Kostenplanung, Rentabilitätsrechnung, Finanzplanung und Investitionsrechnung, mathematischen Statistik (Multiple Regression, Korrelationsrechnung, Chi-Quadrat, Varianzanalyse u. a. m.), graphische Darstellungen, NPT, LP, Ökonometrie usw. Besonders wichtig ist die Möglichkeit, über einen gemeinsamen (Haupt-) Speicherplatz (''shared variable" — '' VS APL", IBM Deutschland 1976) mit Datenbestanden und (,,Partner"-)Programmen außerhalb des APL-Programms Verbindung aufzunehmen, so daß z. B. auch auf Datenbanken zugegriffen werden kann. So besitzen wir in APL, das auf Systemen aller Größenordnungen installierbar ist, ein *wirkungsvolles Werkzeug* nicht nur in der Hand des Planers oder betriebswirtschaftlichen Spezialisten, sondern auch des kaufmännischen Sachbearbeiters, dem es beispielsweise darauf ankommt, mehr oder weniger umfangreiche Listen und Aufstellungen möglichst schnell zu erstellen.

Dieser Dialog kann mit der eigenen EDV-Anlage geführt werden. Wenn (noch) *keine eigene Anlage* installiert ist, kann man sich an ein *Service-Zentrum* (eines EDV-Herstellers oder anderer Rechenzentrums-Unternehmen) anschließen. U. U. findet man nach einiger Zeit heraus, daß es sich lohnt, selbst eine EDV-Anlage zu betreiben — eine *Investitionsentscheidung*, die nicht unvorbereitet getroffen, sondern *begründet* werden kann, weil man bereits mit EDV-Programmen gearbeitet hat und ihr betriebswirtschaftlicher Nutzen auch in der Fachabteilung erkannt worden ist.

5. Lizensierte Anwendungsprogramme

EDV-Hersteller und Software-Firmen bieten fertige Programmpakete für die meisten Anwendungsgebiete an. Es kann vermutet werden, daß die Übernahme und die Anpassung eines fertigen Anwendungsprogramms, für das man eine Lizenzgebühr entrichtet, weniger Kosten verursacht als ein selbst erstelltes Programm, vor allem wenn die meisten benötigten Funktionen vom Programm geleistet werden.

Allerdings muß eine *genaue Analyse* zeigen, daß nicht nur die wesentlichen Funktionen vom Lizenzprogramm geleistet werden, sondern z. B. auch ob die vorgesehenen Datenformate für die eigenen betriebswirtschaftlichen Belange ausreichend dimensioniert sind, welche Überleitungsprogramme geschrieben werden müssen usw.

V. Die Durchführung der EDV-Organisationsumstellung

A. Die Projektorganisation

Organisatorische Umstellungen werden — vor allem wenn es um die Einführung von EDV-Systemen geht — zweckmäßig in Form von *Projekten* abgewickelt. Eine EDV-Organisationsprojektgruppe ist eine *organisatorische Einheit*, die für die *Lösung* einer bestimmten, mehr oder weniger *einmaligen Aufgabe*, innerhalb einer *begrenzten Zeit* gebildet wird. Wesentlich ist, daß eine klar *definierte Aufgabe* einer Projektgruppe zur Lösung übertragen wird (keine Routineaufgabe!). Nach Erledigung dieses Auftrags wird (normalerweise) diese Projektgruppe wieder aufgelöst.
Ein Projekt wird gebildet, um eine bestimmte Aufgabe und damit auch das *Risiko* aus der bestehenden Organisationsstruktur *auszugliedern*. Ein EDV-Organisations-

projekt insbesondere (s. Abbildung 3) ist ursprünglich in der EDV-Organisationsabteilung, die auch den größten Teil des Personals stellt, beheimatet — drängt jedoch von der Aufgabe her in die Fachabteilung. Bei umfangreichen Projekten (großen Informationssystemen, die weite Bereiche der Betriebswirtschaft umfassen) empfiehlt es sich, das Projekt aus der EDV-Organisationsabteilung herauszulösen und es einem unmittelbar der Geschäftsleitung verantwortlichen „I. S. Kommittee" (Koreimann, D. S. — 1972, S. 124 ff.) oder einer ähnlichen Institution, in der die Interessen der Anwender- und EDV-Abteilungen vertreten sind und zentral koordiniert werden, zu unterstellen.

B. Die Entwicklungsstufen der Organisationsdurchführung (s. Abbildung 66)

1. (Re-) Organisationsidee

Von interessierter Seite wird ein Organisationsprojekt angeregt, damit anschließend der *Auftrag* auf die Durchführung einer *Projektstudie* gegeben werden kann.

2. Überlegung des Organisationsvorhabens

Es handelt sich um eine „Vorstudie" (Knopf, H./Pfau, W. — 1973, S. 25): Ein oder mehrere Systemanalytiker ist (sind) mit der Ausarbeitung einer (nicht zu umfangreichen) *Projektstudie* betraut, wofür meistens nur einige Wochen Zeit zur Verfügung stehen. Es ist daher zweckmäßig, mit dem speziellen *Anwendungsgebiet vertraute* Systemanalytiker (Anwendungskoordinatoren) einzusetzen, weil sie sich schneller in den Sachzusammenhang einfinden und sich leichter einen Überblick verschaffen können, als auf diesem Anwendungsgebiet unerfahrene Organisations-Fachleute.
Ausgehend von einer *Problemanalyse* sollten — ohne einer späteren gründlicheren Systemanalyse und -planung vorzugreifen — EDV — *unterstützte Lösungsmöglichkeiten* überlegt sowie Aufwands- und Nutzenerwägungen über die verschiedenen „Alternativen" angestellt werden.
Die Projektstudie bildet eine *Entscheidungsgrundlage* für die kompetente Führungsebene: Es ist über die *weitere Projektentwicklung* zu befinden. Fällt der *Entscheid positiv* aus, wird eine *Projektgruppe gebildet* und beauftragt, eine oder mehrere Lösungsalternativen weiterzuverfolgen (für die Ist-Analyse und Grob-Sollkonzept-Entwicklung wird eine Zeitvorgabe festgelegt). *Andernfalls* wird die weitere Projektentwicklung *abgestoppt*.

3. Ist-Zustandsanalyse und Grob-Sollkonzept-Entwicklung

Die Untersuchung und Darstellung des *Ist-Zustandes*, einschließlich einer *sorgfältigen Informationsbedarfsanalyse*, die auch die *zukünftigen Entwicklungen* nach

<u>ENTWICKLUNGSSTUFEN :</u>   <u>DOKUMENTATION :</u>

ORGANISATIONSIDEE

ORGANISATIONSVORHABEN   PROJEKTSTUDIE

IST-ZUSTANDSANALYSE

SOLL-KONZEPTENTWICKLUNG
                               SYSTEMVORSCHLAG
-    GROBPLANUNG   (Organisationsvorschlag)

-    FEINPLANUNG   PROGRAMMIERANWEISUNG
                               (einschl. DB-Spezifikationen)

PROGRAMMIERUNG und   PROGRAMMUNTERLAGEN
DB-ERSTELLUNG   (einschl. DB-Pläne)

TESTS

-    PROGRAMM(EINZEL)TESTS

-    INTEGRATIONSTESTS   TESTPROTOKOLLE
     (mehrere Programme
      einschl. DB)

-    ANWENDUNGSTESTS
     (echte Daten)

EINFÜHRUNG (Umstellung)   ORGANISATIONSANWEISUNG
                               (Systemanweisung)

WARTUNG   ÄNDERUNGSPROTOKOLLE

<u>ORGANISATIONSDURCHFÜHRUNG</u> : Die wichtigsten Entwicklungs-
                          stufen nebst Dokumentation

Abb. 66: Organisationsdurchführung: Die wichtigsten Entwicklungsstufen nebst Dokumentation

Möglichkeit berücksichtigt, bildet die *Grundlage* für die Gestaltung des Soll-Konzepts. Der *Systemvorschlag* ist ein weiterer *Kontrollpunkt* (auch ein "milestone" eines eventuellen Netzplanes) für die kompetente Führungsebene: Sie hat jetzt zu entscheiden, ob das Projekt weiterverfolgt wird (danach ist das Projekt nur noch unter großen Schwierigkeiten abzustoppen!) — und wenn es durchgeführt wird, *welcher Lösungsweg* zu beschreiten ist.

Daher muß der *Systemvorschlag* übersichtlich und in verständlicher Sprache abgefaßt sein und folgende *Hauptpunkte* eingehend behandeln:

- Detaillierte Darstellung des Ist-Zustandes (insbesondere auch Abläufe, Entscheidungstabellen, verbale Beschreibungen usw.)
- Eingehende Informations- und Datenanalyse (einschließlich tabellarischer Darstellungen)
- Grob-Sollkonzepte für die verschiedenen Lösungsvorschläge (dargestellt mit Hilfe einer modernen Dokumentationstechnik wie HIPO) einschließlich Überlegungen über
    - Umfang und Datenstrukturen für die geplante(n) Datenbank(en)
    - Hinweis auf Anwendungsprogramme (soweit erkennbar)
    - Wirtschaftlichkeit der verschiedenen Lösungen
    - Ausführungszeiten (geschätzt) für die einzelnen Entwicklungsstufen der verschiedenen Lösungsalternativen (in Mann-Monaten).

Der Systemvorschlag muß so *ausgereift* sein, daß eine *fundierte* Entscheidung an diesem wichtigen Verzweigungspunkt über den weiteren Fortgang oder den Abbruch des Projektes möglich ist.

Weil auch der *Anwender* an der Entwicklung des Soll-Konzepts aktiv mitarbeitet, sind ihm bzw. den zuständigen Führungskräften der Fachabteilungen die *Anforderungsprofile* der neuen *Arbeitsplätze* bekannt, so daß er *personelle Umdispositionen frühzeitig* planen bzw. mit den betroffenen Mitarbeitern lange Zeit vorher in einer sachlichen Atmosphäre besprechen und regeln kann.

4. Feinplanung

Das wichtigste Ergebnis der Feinplanung ist die *Programmieranweisung,* die im Interesse der besseren Kommunikation zusammen mit den in Frage kommenden Programmierern erarbeitet wird. Die Programmieranweisung spezifiziert insbesondere die Einzelheiten für die Ausführung der Programme: Eingabe-/Ausgabeformate (einschließlich Auflistung und Spezifikation der Datenelemente), Verarbeitungsregeln (Algorithmen), Daten- und Kontrollfluß (HIPO- bzw. Grobblock- und Datenbankdiagramme, Datenverzeichnis).

5. Programmierung und Datenbankerstellung

Wegen der Größe der Programme und Datenbanken für die EDV-Organisation ist der sinnvollen Abwicklung, die von Spezialisten (oft Anwendungs- und Datenbankprogrammierern) getragen wird, besondere Beachtung zu schenken. Die *enge Ko-*

operation zwischen Systemanalytikern und Programmierern — sie sollten sich als *gleichwertige Partner* betrachten — ist wichtig, vor allem die *Kommunikation,* damit *Fehlentwicklungen vermieden* bzw. frühzeitig abgestoppt werden können.

Die *Programmunterlagen* (HIPO-/Feinblockdiagramme, Datenbankpläne einschließlich Zugriffsberechtigungen, Fehlermeldungen, Bedienungsanleitungen usw.) sind sorgfältig und verständlich auszuführen — auch Änderungen dürfen nicht unberücksichtigt bleiben, damit die Programme und Datenbanken ohne Schwierigkeiten betrieben und später auch ungehindert gewartet werden können.

6. Tests

Für die verschiedenen Tests sind in Zusammenarbeit mit der Fachabteilung (Anwendungskoordinator) *Testdaten und -pläne* zu entwickeln.

7. Einführung

Bis zur erfolgreichen Einführung muß die *Organisationsanweisung,* in der alle Einzelheiten des neuen Organisationsablaufs[4] — einschließlich der Datenschutz- und -sicherheitsvorkehrungen — festgehalten sind, fertiggestellt sein. Vor der Einführung ist eine *Schulung* der Anwender erforderlich. Auch müssen die *technischen Einrichtungen* und *Organisationshilfsmittel* (Anleitungen, Vordrucke, Lochkarten usw.) zur Einführung zur Verfügung stehen.

8. Wartung

Da jedes sozio-technische System stark *Änderungen* ausgesetzt ist, kommt der *Wartung,* d. h. der *laufenden Anpassung* (der Programme und organisatorischen Abläufe) an die veränderten Bedingungen, eine *besondere Bedeutung* zu. Die Dokumentation kann z. B. mit HIPO stets auf einen *aussagefähigen Stand* gehalten werden.

C. Die Planung des Projektfortschritts

1. Die Problematik

Die einzelnen Aktivitäten sind (mehr oder weniger) *kreativer Natur,* abhängig von den Qualifikationen der eingesetzten Mitarbeiter. Vieles ist erlernbar — wenn man

---

4 Für das EDV unterstützte *Rechnungswesen* gelten insbesondere die gesetzlich geforderten *Grundsätze ordnungsmäßiger Speichbuchführung,* die strenge Maßstäbe für ein *sorgfältig dokumentiertes Abrechnungsverfahren* setzen (Nagel, K. — 1977).

von einer bestimmten erforderlichen *Grundinteressenlage* und einem vorhandenen logischen Denkvermögen ausgeht. Man braucht Mitarbeiter, die Ideen haben und andere, die sie sorgfältig prüfen und ausführen — der eine arbeitet schnell und gründlich, der andere langsamer und nicht weniger gründlich. Wir brauchen die kombinatorischen Möglichkeiten nicht weiter aufzuzählen, um uns vorzustellen, wie *unterschiedlich* das Ergebnis — auf die *Zeitachse* bezogen — ausfallen kann (wenn auch bei großen Projektgruppen sich diese Unterschiede ausgleichen, so daß man bei der Zeitvorgabe dort von einigermaßen verläßlichen Erfahrungswerten ausgehen kann).

Hinzu kommt nicht nur die anfängliche Unsicherheit über den Umfang der Arbeiten, die erst nach Vorliegen des Systemvorschlags einigermaßen übersehen werden können, sondern danach auch bei der *Abschätzung der Programmierzeit* der „unverwüstliche Optimismus" ("pervasive optimism") der Programmierer, auf den ein hervorragender Praktiker, *F. P. Brooks Jr.* (er entwickelte das erste Betriebssystem für das IBM-System /360 — Brooks, F. P. Jr. — Dezember 1974, S. 46) hinweist: „Weil unsere Ideen fehlerhaft sind, kommt es zu Programmierfehlern; also ist unser Optimismus ungerechtfertigt." Brooks rechnet daher als Zeitvorgabe für das Austesten der Programme und Programmsysteme „wegen der sequentiellen Natur der Fehlerbeseitigung" wesentlich mehr als normalerweise eingeplant.

Gerade wegen dieser unbekannten und schwierig abzuschätzenden Größen ist eine *Zeitvorgabe wichtig*, die — wenn *nicht* eingehalten (was nicht selten der Fall ist) — eine vernünftige Begründung erfordert, und zwar möglichst (wahrheitsgemäß) *sobald* man erkennt, daß die Termine nicht mehr gehalten werden können.

Zeit- und Personalplanung bedingen sich insofern gegenseitig, als ein Projekt — in bestimmten Grenzen — kürzere Zeit für die Ausführung benötigt, wenn es mit mehr Personal ausgestattet ist, als ein vergleichbares Projekt, dem weniger Personal zur Verfügung steht. Diese *gegenläufige Abhängigkeit* der Abwicklungszeit von der Anzahl eingesetzten Personals läßt sich *nicht* beliebig variieren — so gibt es eine Mindestzeit, die nicht unterschritten werden kann, so viel Personal auch in das Projekt gesteckt wird. Der schon erwähnte Brooks (S. 46) führt hierzu aus, daß selbst bei Programmieraufgaben, die auf verschiedene Programmierer aufgeteilt werden können, nicht unerhebliche zusätzliche Zeit für Schulung und „Interkommunikation" aufgewandt werden muß. Wenn die Programmierer sich wegen ihrer Teilaufgaben untereinander abstimmen müssen, so steigt dieser *Kommunikationsaufwand* (der Zeit beansprucht) *unverhältnismäßig* stark an, je mehr Teilaufgaben zu koordinieren sind. Dies ist auf die uns bereits bekannte Systemvarietät (s. 1. Kapitel, Abschnitt 1. B. und C.) zurückzuführen. — Das als Kleingruppe organisierte "Chief Programmer Team" (s. Abschnitt IV. C. 3 b. dieses Kapitels) trägt diesem Tatbestand Rechnung.

Dies kann — auch das ist in der Praxis erwiesen — im Extremfall zu einer Zeitverlängerung führen, wenn *zu viele* neue Leute in ein Projekt gesteckt werden. Diese Tatsache führte zur Formulierung von *Brook's Law* (S. 48):

„Wenn man mehr Personal in ein schon überfälliges (verspätetes) Programmier- ("software")-Projekt hineinpumpt, so wird es sich noch mehr verzögern." (Im Original farbig herausgestellt.)

2. Die Zeitplanung

Die Durchführungszeiten für die einzelnen Aktivitäten und Entwicklungsstufen sollten somit in Verbindung mit den eingesetzten Personalqualifikationen angegeben werden.

Die Grund-Einheit ist der Mann-Monat (M/M), also die angenommene (geschätzte) Arbeitsleistung eine(s/r) Mitarbeiter(s/in) in einem Monat.

Dabei ist davon auszugehen, daß nur 10 M/M je Kalenderjahr verplant werden können — die restlichen 2 Monate gehen für Urlaub, Krankheit, Schulung usw. ab. Wenn man also für eine bestimmte Aktivität 10 M/M einplant, so kann diese Aktivität von 1 Mitarbeiter(in) innerhalb 1 Kalenderjahres oder von 2 Mitarbeiter(inne)n — unter bestimmten Voraussetzungen — *etwa* innerhalb 1/2 Kalenderjahres erledigt werden.

Eine der folgenden Situationen kann gegeben sein:

- Personal ist in jedem erforderlichen Ausmaß verfügbar
  - Im Optimalfall wird eine Projektbesetzung angestrebt, die innerhalb eines vernünftigen Zeitrahmens eine personell und sachlich ausgewogene Projektdurchführung gewährleistet.
  - Oft steht man unter Termindruck, dem durch eine Aufteilung der Aktivitäten auf mehrere Mitarbeiter(innen) — dort wo es angängig ist (beachte Brook's Law!) — begegnet wird.
- Personal ist knapp (Normalfall). In diesem Falle muß sich die Zeitplanung auf das dem Anforderungsprofil entsprechende verfügbare Personal einstellen.

3. Die Personalplanung

Die Qualifikation, insbesondere die Erfahrung des einzusetzenden bzw. verfügbaren Personals ist von großer Bedeutung für die Personalplanung. Wenn man einem amerikanischen Fachmann (Burton, B. J. — Januar 1975, S. 33) folgt, so kann man folgende Abstufungen feststellen:

	Gewicht
Systemanalytiker:	
- Hat bereits viele Systeme entwickelt und ist auf dem anstehenden Arbeitsgebiet erfahren	1 — 2
- Hat einige Systeme entwickelt oder bei der Entwicklung mitgearbeitet, besitzt jedoch keine einschlägige Erfahrungen auf dem anstehenden Arbeitsgebiet	1/3 — 1
- Besitzt nur begrenzte Systemerfahrungen	1/2 — 1/4
Programmierer:	
- Hat bereits viele Programme geschrieben und implementiert und ist mit der einschlägigen Software und Hardware erfahren	1 1/3 — 2
- Hat einige Programme geschrieben und implementiert und ist mit der einschlägigen Hard- und Software bekannt	2/5 — 1
- Ist ein Trainee, der nur über begrenzte Hard- und Softwareerfahrungen verfügt	1/4 — 1/2

Daraus geht hervor, daß — wie die praktische Erfahrung immer wieder bestätigt — gravierende Unterschiede in der Leistungsfähigkeit von einzusetzenden Systemanalytikern und Programmierern bestehen. Der „Normal"-Systemanalytiker hat danach bereits eine Reihe (mehrere, nicht nur einige) Systeme entwickelt und bekäme die Gewichtung „1". — Ein sehr erfahrener Systemanalytiker, der viele Systeme entwickelt hat und auf dem betreffenden Arbeitsgebiet erfahren ist, kann bis zu max. 2 „normale" Systemanalytiker (rechnerisch) ersetzen. Dagegen kann man max. 2—4 Anfänger mit nur begrenzten Systemerfahrungen gegen 1 normalen, d. h. voll ausgebildeten und erfahrenen Systemanalytiker rechnen. Natürlich sind das nur rein rechnerische Planungsüberlegungen. Da die Systemanalytiker und Programmierer verhältnismäßig teure Fachkräfte sind und sie langfristig angesetzt werden, müssen solche grundsätzlichen Überlegungen angestellt und von Zeit zu Zeit aufs neue wiederholt werden.

4. Planung und Kontrolle im kybernetischen Regelkreis

Die *Planung* bleibt als solche von geringem Wert, wenn sie nicht durch die *Kontrolle* ergänzt wird. Man kann (ähnlich wie bei der Kommunikation, s. Zweites Kapitel, II. Abschnitt) von einem *kybernetischen Regelkreis* sprechen:

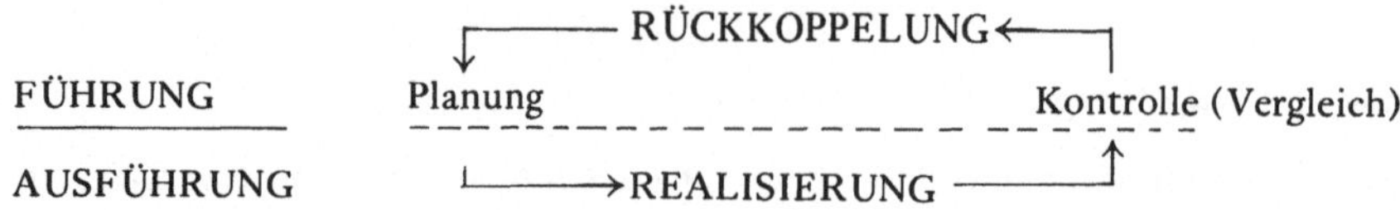

Es wird eine Zeit für eine bestimmte Aktivität eingeplant — tatsächlich wird weniger/mehr oder gleichviel Zeit für die Realisierung dieser Aktivität benötigt. Hier setzt die Kontrolle ein: Abhängig vom Ergebnis des Vergleichs der tatsächlich benötigten mit der geplanten Zeit wird nun die Planung revidiert. Im Sinne dieses kybernetischen Regelkreises ist die Projektplanung zu verstehen und nutzbringend einzusetzen.

5. Projektfortschrittsmeldungen

Es ist wichtig, daß dieser kybernetische Regelkreis so bald wie möglich geschlossen wird, d. h. daß die Kontrollinformationen wirksam und die weitere Planung angepaßt werden kann. Wenn ein Projektleiter für die Ist-Analyse und die Grobplanung z. B. 5 Monate Zeitvorgabe hat, kann er den Projektfortschritt in Form eines Balkendiagramms (Histogramms) an seine vorgesetzte Instanz melden:

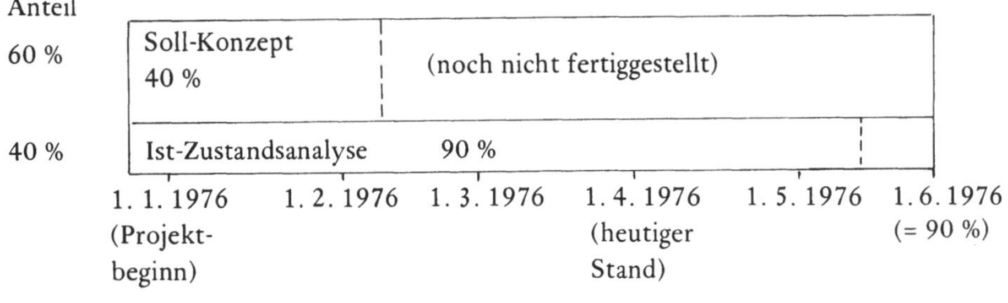

Projektfortschritt per 1. 4. 1976:

SOLL: 3 Monate von 5 Monaten   = 60 %

IST: Soll-Konzept   = 40 % von 60 % = 24 %

         Ist-Analyse   = 90 % von 40 % = 36 %

                                       60 %

Soll-Ist-Abweichung   = ± 0 %

Damit entspricht der Projektfortschritt — insgesamt gesehen — der Zeitvorgabe — es brauchen also normalerweise keine korrektiven Maßnahmen wegen einer eventuellen Plananpassung getroffen zu werden. Der Projektleiter sollte sich jedoch vor Abgabe der Meldung über den genauen Stand jeder einzelnen geplanten (und nicht geplanten) Aktivität vergewissert haben.

Gleich nach Übernahme des Projektes hatte er sich die Vorgehensweise genau überlegt: Zunächst sollte die Ist-Analyse vorrangig vorangetrieben werden, dann aber auch bereits Teile der Soll-Konzeptentwicklung einsetzen. Mit diesen Einzelaufgaben, die er — sinnvoll zeitlich aufeinanderfolgend — größtenteils an die Mitglieder seiner Projektgruppe weitergibt, müssen Zeitvorgaben verknüpft sein, denn darin besteht eine wichtige Führungsaufgabe des Projektleiters.

6. Projekt-Mitarbeiter Meldungen

Der einzelne Mitarbeiter — auf seine Meldungen stützt sich der Projektleiter bei seinen Fortschrittsberichten — sollte nur mit einem Minimum an Schreibarbeit für Berichte und dergleichen mehr belastet werden. Daher folgender

WOCHENSTUNDENNACHWEIS   Woche: *17. 5. — 21. 5. 1976*

Name: *Müller, Adolf*   Personal-Nr.: *048128*   Abt. Nr.: *583*

Qualifikation: S. A./PR./Sonst. (Nichtzutreffendes streichen)

*(Forts. Wochen-
stundennachweis
nächste Seite)*

(Forts. Wochenstun-
dennachweis)

Proj. Nr.:	Auf- gab. Nr.:	Sonstiges (spezifizieren): (keine Aufgaben-Nr.)	Zeit- Aufw. (h):	Grad Fertig- stellg.	Auf. erled. (Dok. Nr.)
384	*1102*		*12*	*80 %*	
384	*1214*		*15*	*100 %*	*0294*
384	*1423*		*7*	*30 %*	
—	*—*	*Berichte und Kommunikation*	*6*	*—*	

Der einzelne Mitarbeiter hat vorher eine Liste der von ihm zu erledigenden Aufgaben mit Zeitvorgaben erhalten, aus der auch die Projekt-Nr. und Aufgaben-Nr. ersichtlich sind. Sobald eine Aufgabe abgeschlossen ist, hat er ein Exemplar der vollständigen Dokumentation — Abläufe, Listen, Aufzeichnungen usw. — dem Projektbüro (bzw. dem Bibliothekar der Chef-Programmierer-Gruppe) zu übergeben, das registriert und mit einer Dokumenten-Nr. versehen wird. Dies verbürgt eine gewisse Sicherheit der Berichterstattung (s. Khtaian, G. A. — August 1976, S. 14 unten).

7. Bewertung der Projektfortschrittsberichte und Möglichkeiten

Bei der Projektplanung sieht es anfangs so aus, daß nur der kleinste Teil der zur Verfügung stehenden Zeit mit konkreten Aufgaben (Aktivitäten) belegt ist — es steht verhältnismäßig viel Zeit für noch unbekannte Einzelaktivitäten zur Verfügung. Die rücklaufenden Informationen der beauftragten Mitarbeiter helfen dann nicht nur, neue Aktivitäten (Aufgaben) zu erschließen, sondern auch bessere Planungsansätze zu schaffen. Der Regelkreis schließt sich zunächst nur intern, d. h. innerhalb des Projekts. Nach „oben" würden — falls nicht außergewöhnliche Ereignisse eingetreten sind, die den Projektablauf verzögern — in der ersten Zeit nur Berichte abgegeben werden (können), die einen Projektablauf entsprechend dem Planungsansatz melden. Diesen Tatbestand sollte man jedoch bei der Beurteilung von Projektfortschrittsberichten berücksichtigen.
Je weiter das Projekt fortschreitet, umso besser kann die Projektleitung die Situation überschauen, um genauere Meldungen an die übergeordnete Instanz über den tatsächlichen Stand der Arbeiten abgeben zu können. Da es sich um kostspielige Vorhaben handelt, ist es erforderlich, allgemein das Bewußtsein zu schärfen und ein personelles Klima (Vertrauensverhältnis) zu schaffen mit der Wirkung, daß erkennbare Abweichungen so früh wie möglich gemeldet werden müssen, damit die vorgesetzten Stellen gemeinsam mit der Projektleitung überlegen können, wie Abhilfe zu schaffen ist.
Man kann sich auch leicht vorstellen, wie mit Hilfe eines EDV-Programms die über Datenstationen o. ä. eingegebenen Wochenstundennachweise und Vorgabezeiten usw. für die einzelnen Projekte und Aufgaben ein Bericht für die Projektleitung erstellt werden kann, der die wichtigsten Einzelheiten, wie Zeitabweichungen, Fertig-

stellungen usw. enthält (erst dann wäre eine echte Entlastung der Beteiligten von Verwaltungsarbeiten erreicht). Diese Angaben können auch für die Fortschreibung eines Netzplans verwandt werden.

8. Netzpläne

Von einer bestimmten Projektgröße an wird es zweckmäßig, die Planung und Kontrolle mit Hilfe der *Netzplantechnik* (NPT) durchzuführen. Die Teilaufgaben, die sich bei der Projektdurchführung ergeben, werden als *Vorgänge* (Tätigkeiten) bezeichnet, für die eine bestimmte Zeit eingeplant wird (Tage/Wochen/Monate).
Am Ende eines jeden Vorgangs ist ein sogenanntes *Ereignis* eingeplant, was ganz allgemein den Abschluß eines Vorgangs (einer Aktivität, Tätigkeit) bezeichnet. Die Vorgänge werden in einen *Zusammenhang logischer* (und tatsächlicher) *Abhängigkeiten* gebracht, d. h. man stellt fest, welche Vorgänge nicht ausgeführt werden können, bevor nicht andere, vorhergehende abgeschlossen sind und stellt diesen Netzplan graphisch dar.
Bedeutet die Feststellung der auszuführenden Aktivitäten und die Ermittlung der Zeitvorstellungen schon eine wichtige planerische Leistung (im weitesten Sinne, da die genauen Zusammenhänge erschlossen werden), so ist die wichtigste Funktion des Netzplans in der *laufenden Überwachung* des Projekts zu sehen. Jeder Vorgang, der abgeschlossen ist, muß abgemeldet und im Netzplan berücksichtigt werden. Wenn der „kritische Weg" ("critical path") betroffen ist, verzögern sich nicht nur die Anfangs- und Endtermine der einzelnen Vorgänge, sondern es wird auch der Abschlußtermin des Projektes in Frage gestellt.
Die laufende Netzplanung und -kontrolle kann durch EDV-Programme wirkungsvoll unterstützt werden (IBM Deutschland – PROJACS – 1975). Wir möchten in diesem Zusammenhang auf eine breitere Darstellung der Netzplantechnik verzichten und verweisen auf die einschlägige Fachliteratur (z. B. Gläss, S./Bamesreiter, A. – 1977).

Zusammenfassung

(1) Der Mensch, die *Person,* ist wichtigster Bezugspunkt und *Träger* der betriebswirtschaftlichen *Organisation,* die arbeitsteilig funktioniert. Sein Verhalten ist jedoch *nicht nur zweckrational* im Sinne eines „homo oeconomicus" zu erklären, sondern seine Einstellung und sein Handeln wird von verschiedenen weiteren Beweggründen und Interessen her bestimmt. Dem wichtigsten Bedürfnis nach Selbstverwirklichung (A. H. *Maslow*) des Menschen sollte bei der Gestaltung der betriebswirtschaftlichen Organisation nach *Möglichkeit Rechnung* getragen werden. Andererseits kann auch vom *Mitarbeiter* erwartet werden, daß er sein Streben nach Selbstverwirklichung den *Zielen der Organisation* gemäß

ausrichtet, so daß er eine *nützliche Leistung* für die Betriebswirtschaft erbringt. Er muß sich bei organisatorischen Umstellungen anpassungsfähig zeigen, die — in Zukunft noch mehr als heute — immer wieder erforderlich werden.

(2) Die betriebswirtschaftliche *Organisation* ist das *System* der persönlichen und sachlichen *Produktivkräfte* zum Zwecke der Verwirklichung betriebswirtschaftlicher *Zielsetzungen.* Sie muß daher den in der *Praxis* tätigen *Betriebswirt unmittelbar* angehen und interessieren.

Die *Systemanalyse* hat in diesem Zusammenhang nicht nur die *Ist-Analyse* bestehender Organisationsabläufe zum Gegenstand, sondern sie befaßt sich vor allem mit der *Planung* und *Umstellung* auf *EDV gestützte Ablauforganisationen.* Die grundsätzlichen *Unterschiede* zwischen *Sozial-* und *EDV-Systemen* (siehe Abbildung 50) sind bei der Organisationsarbeit zu berücksichtigen. Aus der *Verschiedenartigkeit* beider Systeme ergeben sich *Spezialisierungen* des *Systemanalytikers,* je nachdem ob er mehr *EDV-System* orientiert ist oder seine Interessen hauptsächlich auf den Menschen und die *personelle Organisation* gerichtet sind, in die das EDV-System einzugliedern ist.

Das erste Problem bei einer solchen Umstellung ist die genaue *Aufgabendefinition,* die sich zwar auf ein bestimmtes Sachgebiet beziehen soll, aber (zunächst) *nicht zu eng* gefaßt werden darf, damit u. U. (ebenfalls) wichtige Rationalisierungsaspekte und Verbesserungsmöglichkeiten des betriebswirtschaftlichen Informationssystems nicht außer Betracht bleiben.

(3) Die *gründliche Ist-Zustandsanalyse* ist eine *unabdingbare Voraussetzung* für die Einführung einer EDV unterstützten Organisation.

- Aufzunehmen bzw. zu erfassen ist alles, was für die *Lösung* der Organisationsaufgabe *von Bedeutung* sein kann. Vor allem
  - sind die *Organisationsabläufe* im einzelnen genau zu beschreiben,
  - ist das *Mengenvolumen,* das bei den einzelnen Stellen der Organisation durchläuft, zu erfassen,
  - sind Art und Umfang der von den sachbearbeitenden Personen, die in den Organisationsablauf eingeschaltet sind, benötigten *Informationen* zu ermitteln.

  Die Ist-Aufnahme sollte sich nicht nur auf den gegenwärtigen Stand erstrecken, sondern auch (erwartete) *zukünftige Entwicklungen* berücksichtigen.

- Folgende *Vorgehensweisen* (wichtigste Methoden der Ist-Analyse):
  1. *Bestandsaufnahme* („Inventur") aller vorhandenen *schriftlichen Unterlagen* und Ermittlung des *Mengengerüsts,*
  2. *Interviews,* d. h. *mündliche Befragungen* der kompetenten sachbearbeitenden Personen und Führungskräfte,
  3. *Fragebogen* bei *bestimmten* (nicht zu vielen) *Fragen,* die an eine Vielzahl von Personen zu richten sind,
  4. *Direkte Beobachtung* der Abläufe durch den Systemanalytiker.

- *Entscheidungstabellen* dienen der genauen Erfassung organisatorischer Abläufe und der Aufklärung aller Möglichkeiten eines bestimmten Problemfeldes.

216

Eine Entscheidungstabelle ist eine *tabellarische Zusammenstellung* (Matrixform) von *Bedingungen* und ihnen entsprechende *Entscheidungen* (Aktionen). Das Zusammentreffen verschiedener Bedingungen führt zu einer *Entscheidungsregel,* aus der sich *Vorgehensweisen* (Aktionen) ableiten (Spalten der ET).

Die Ja/Nein-ET hat *einfache Eintragungen* (nämlich „Ja" oder „Nein") und führt zu *vollständigen Regeln,* weil alle denkbaren Regeln in den Spalten dargestellt sind (siehe Abbildung 56).

Die *konsolidierte* ET mit *komplexen* Regeln weist dagegen weniger Entscheidungsregeln (Spalten) auf, weil Bedingungen, die *unerheblich* für eine bestimmte Folge (Aktion) sind, zu einer Entscheidungsregel zusammengefaßt werden (durch Querstrich „ — " gekennzeichnet).

Die ET mit *erweiterten* Eintragungen ist noch gestraffter, weil in den einzelnen Spalten die Bedingungen qualitativ und quantitativ *abgestuft* sind, also durch *sprachliche* oder *Zahlen-Begriffe* genauer gekennzeichnet werden, als dies durch das schlichte „Ja" oder „Nein" der einfachen Eintragungen möglich ist.

Durch *Ausklammerung* bestimmter Problemkreise und Bildung einer (kleineren) *Haupttabelle* und weiterer *Untertabellen* kann die *Übersichtlichkeit* der ET gewahrt werden.

- Ein wichtiger Teil der Ist-Aufnahme besteht in der *Informationsbedarfsanalyse. Operative Informationen,* die in größerem Umfange auftreten, sind meistens verhältnismäßig *einfach* zu *erfassen* und können in ihren wesentlichen Merkmalen sinnvoll durch einen Allgemeinbegriff zusammengefaßt werden.

Bei *Führungsinformationen* ist die Unterordnung unter einen Allgemeinbegriff, der programmäßig verarbeitet werden kann, oft wenig sinnvoll, weil sie nur einmal oder selten benötigt werden (es sind immer wieder *andere* Informationen für anstehende Entscheidungen interessant!).

Folgende Arten von *Führungsinformationen:*
- operative Informationen, und zwar weniger in Form regelmäßiger Berichte (Informationsflut!) als durch *Ausnahmeberichte,*
- *summarische* (absolute) Zahlenangaben (z. B. Monats-/Jahresumsätze),
- *Kennziffern* (z. B. Rentabilität),
- *Ist-* und *Sollgrößen* (Planwerte),
- Textinformationen (z. B. Auskunft).

Ihre Ermittlung — vor allem wenn es um den zukünftigen Informationsbedarf geht — ist schwierig (Berichtsanalyse, Befragungen usw.). Günstigenfalls kommt dem *Systemanalytiker* die Rolle eines *sachverständigen Partners* zu, dem es gelingt, die eventuell übertriebenen Informationswünsche der Führungskräfte auf ein vernünftiges Maß zurückzuschrauben.

(4) Die *Soll-Konzept-Entwicklung* strebt die möglichst *optimale* Gestaltung des EDV gestützten Informationssystems an. Sie wird *stufenweise* entwickelt:

- Die *Grobplanung* des Soll-Konzepts kann zweckvoll mit Hilfe einer (begriffs-)hierarchischen Problemlösungsmethode wie HIPO entwickelt werden.

Man schreitet von einem *allgemeinen Begriff* — einer betriebswirtschaftlichen Funktion — fort zu *speziellen Unterbegriffen* (-funktionen), die sich sinnvoll davon ableiten lassen. Hierfür ist die Sach- und Fachkenntnis, welche die *Ist-Analyse* erbracht hat, unbedingt erforderlich. Außerdem sind *gründliche EDV-Kenntnisse* notwendig (vor allem auf Seiten des System-Analytikers), um Lösungen zu erarbeiten, die den *Möglichkeiten* der EDV gerecht werden können.

Am Beispiel von HIPO wird ersichtlich, wie ein *Problem* der Systemanalyse *methodisch* und *zweckvoll* gelöst werden kann. Eine solche Vorgehensweise, die den zukünftigen Anwender von *Anfang an* mit in die Systemplanung einbezieht, ist geeignet, die *menschlichen* Probleme der späteren Umstellung zu *erleichtern*, nachdem Ausmaß und Art der organisatorischen Änderungen frühzeitig bekannt sind, so daß sich die betr. Mitarbeiter *rechtzeitig* darauf *einstellen* können. Andererseits bieten vielfach *angereicherte Arbeitsinhalte* auch die *Chance*, sich auf den neuen Arbeitsplätzen mit *interessanten* Aufgabenstellungen zu *identifizieren*.

- Für *den* Lösungsvorschlag, über den befunden worden ist, daß er weiterverfolgt werden soll, muß nunmehr die *Feinplanung* des Sollkonzepts entwickkelt werden. Auch hier wird HIPO für die Darstellung der *genauen* Datenflüsse und -abläufe — ergänzt durch *Datenspezifikationen* — zweckvoll eingesetzt.

  Hinzu kommt noch die Methode der *Anwendungssimulation* für *Bildschirmein-* und *-ausgaben*. Hierunter versteht man die Nachbildung (Simulation) — besser die *Vor*bildung — von Ein- und Ausgabefunktionen bzw. *Bildschirmformaten* mit Hilfe der Autorensprache COURSEWRITER (IBM). Anschließend erfolgt die Anwendungsprogrammierung. Das Bildschirmformat kann mit Hilfe der Anwendungssimulation bei Benutzung der Autorensprache Coursewriter nicht nur *schnell* entwickelt werden, sondern Anpassungen an die Anwendererfordernisse sind *direkt* und *einfach* durchzuführen. Dadurch wird Programmierzeit *eingespart*, weil das *endgültige* Bildschirmformat schneller gefunden wird und erst dann die eigentliche Anwendungsprogrammierung (mit einer festen Vorgabe) einsetzt.

- Die *Programmierung* ist eine spezielle Aufgabenstellung. Weil Programme das *Kernstück* EDV gestützter Informationssysteme darstellen, muß ihre Entwicklung auch vom Systemanalytiker mit besonderem Interesse verfolgt werden. Hier kommen *moderne* Programmiermethoden zur Wirkung, wie die *strukturierte* Programmierung und die *Dialogprogrammierung* an der Datenstation.

  Die *strukturierte Programmierung (Dijkstra, E. W.)* verzichtet auf die (von höheren Programmiersprachen her bekannte) "go to"-Anweisung, die Sprungadresse. Das strukturierte Programm baut sich aus kleinen, logisch zusammenhängenden und transparenten Teileinheiten, *Modules,* auf, die während des Programmablaufs aufgerufen werden.

Das *Programmieren und Testen im Dialog* an der Datenstation reduziert die Programmierzeit erheblich, vor allem weil sie es dem Programmierer erlaubt, im Time-Sharing Betrieb unmittelbar auf die Kodierung, maschinelle Interpretation und Umwandlung des Programms Einfluß zu nehmen (anstelle der meist langwierigen und umständlichen Stapelverarbeitung im Rechenzentrum).

Durch *moderne Programmiermethoden* und -hilfen wird die Programmierung und das Austesten der Programme *deutlich verbessert* und erleichtert.

Die Programmierung im Dialog mit dem Computer von Seiten der Fachabteilung mit Hilfe einer *Dialogsprache* (APL usw.) entlastet die EDV-Organisationsabteilung und bietet eine schnelle und wirksame *Problemlösungshilfe* durch die EDV.

Nachdem der Programmier- und Testaufwand einen nicht zu unterschätzenden Anteil an der EDV-Organisationsentwicklung ausmachen, ist zu prüfen, ob nicht *Lizenzprogramme* der EDV-Hersteller und Software-Firmen angemietet und gekauft werden können, welche geeignet sind, die zu programmierenden Aufgaben zu übernehmen.

Sowohl im Falle der Dialogprogrammierung als auch bei der Überlegung, ob eine bestimmte Hard- oder Software eingesetzt werden kann, sollte man die Dienste eines *Rechenzentrums* (RZ bzw. SZ „außer Haus") in Anspruch nehmen, um zunächst einmal versuchsweise zu prüfen, welcher Nutzen die EDV für die Betriebswirtschaft erbringen kann, bevor man eine eigene Anlage installiert.

(5) *Projekte* sind zeitlich begrenzte Aufgaben mehr oder weniger *einmaliger* Natur, hier speziell *EDV-Organisationsprobleme*, die *stufenweise* gelöst werden:
— (Re-)Organisationsidee
— Projektstudie
— Ist-Zustandsanalyse
— Soll-Konzeptentwicklung
  — Grobplanung
  — Feinplanung
— Programmierung
— Tests
— Einführung

Da es sich meistens um *kostspielige* Vorhaben handelt, ist die *Planung des Projektfortschritts* wichtig. *Zeit-* und *Personalplanung* (Hauptkostenfaktoren) sind schwierig und mit Unsicherheiten belastet. Daher ist eine *laufende Kontrolle* unabdingbar.

Der *Arbeitsfortschritt* der einzelnen Aufgaben kann vom *Mitarbeiter* an den Projektleiter wöchentlich gemeldet werden — der *Projektleiter* berichtet monatlich an die ihm vorgesetzte(n) Stelle(n) über den (Gesamt-)*Projektfortschritt*. Die Berichte können durch EDV-Programme erstellt werden, wodurch die Verwaltungsarbeit erleichtert wird. Bei größeren Projekten empfiehlt sich der Einsatz von *Netzplänen*, die ebenfalls EDV unterstützt sind.

Übungsfragen zum Fünften Kapitel

1. Was wird als das wesentlichste Bedürfnis (Motiv) der in der Betriebswirtschaft wirkenden Person angesehen?
2. Weshalb kann die betriebswirtschaftliche Organisation diesem ursprünglich-menschlichen Bedürfnis nur in begrenztem Umfange gerecht werden?
3. Definition der betriebswirtschaftlichen Organisation.
4. Interessiert den System-Analytiker mehr die Aufbau- oder die Ablaufsorganisation? (Warum?)
5. Erkläre die wesentlichen Unterschiede zwischen dem EDV-System und dem betriebswirtschaftlichen Sozialsystem.
6. Aus welchem Grunde ist eine sorgfältige Ist-Zustandsanalyse eine wichtige Voraussetzung für die Einführung einer EDV-gestützten Organisation?
7. Was ist bei der Ist-Analyse zu erfassen?
8. Erläutere kurz die wichtigsten Vorgehensweisen bei der Erfassung des Ist-Zustandes.
9. Was ist eine Entscheidungstabelle (ET)?
10. Wie überprüft man die Vollständigkeit einer einfachen „JA/NEIN"-ET?
11. Welches sind die wichtigsten Typen (Arten) von ET?
12. Welche Funktion erfüllen ET bei der Ist-Zustandsanalyse, wie können sie bei der Soll-Konzeptentwicklung eingesetzt werden?
13. Wodurch unterscheiden sich operative Informationen von Führungsinformationen?
14. Welche Probleme entstehen bei der Bedarfserhebung von Führungsinformationen?
15. Was ist ein "Data Element Dictionary"?
16. Erkläre das Wesen der HIPO-Problemlösungstechnik und der Anwendungssimulation.
17. Worin besteht die "TOP-DOWN"-Vorgehensweise?
18. Beschreibe die Arbeitsweise der „Chef-Programmierer Gruppe" ("chief programmer team").
19. Was ist „strukturierte Programmierung"?
20. Worin bestehen die wichtigsten Vorteile der Dialog-Programmierung an der Datenstation gegenüber der herkömmlichen Programmierweise?
21. Nenne die Hauptpunkte eines Systemvorschlages (Organisationsvorschlags).
22. Was ist aufgrund des Systemvorschlags zu entscheiden?
23. Welche Vorteile bietet die Anwendungssimulation bei der Bildschirmfunktionsentwicklung?
24. Inwiefern besteht ein Zusammenhang zwischen der Zeit- und Personalplanung für ein EDV-Projekt?
25. Warum ist die Kontrolle des Projektfortschritts sehr wichtig?
26. Die Netzplantechnik ist ein vorzügliches Planungs- und . . . . .instrument für (große oder kleine?) EDV-Organisationsprojekte.

Literatur zum Fünften Kapitel

Baker, F. T.: "Organizing for Structured Programming", in: *Hackl, C.* (Hrsg.): "Programming Methodology", 1975, (Lecture Notes in Computer Science, Vol. 23), S. 38–68.
Baum, W.: „Entscheidungstabellen", Mai 1969 (IBM-Form 81570).
Bode, G. (Hrsg.): „Neue Methoden und Techniken der Programmierung", Nov. 1976 (IBM-Form F 12-0008).
—: „Dialogprogrammierung auf IBM-Systemen", in: *Bode, G.* (Hrsg.); „Neue Methoden und Techniken der Programmierung", Nov. 1976.
Brooks, F. P. Jr.: "The Mythical Man-Month", Datamation, Dez. 1974, S. 44–52.

Burton, B. J.: "Manpower estimating for systems projects", Journal of Systems Management, Jan. 1975.

Daniels/Yeates/Erbach: „Grundlagen der Systemanalyse", 1970.

Eckhardt, Th./Fuchs, J.: „APL im Spiegel seiner Anwendungen", Sept. 1975 (IBM-Form F-1608).

Fassbinder, E.: „Anwendungssimulation am Bildschirm (1)", IBM Nachrichten Nr. 226, Juli 1975, S. 203 ff.

Feeney, W./Sladek, F.: "The Systems Analyst as a Change Agent", Datamation, Nov. 1977, S. 85–88.

Fischer, R. J.: „Anwendungssimulation am Bildschirm (2)", IBM Nachrichten Nr. 227, Okt. 1975.

Fischer, U. E.: „Dialog-Programmierung erhöht Produktivität um 35 Prozent", Computer-Woche vom 5. Nov. 1976.

Flechner, H. J.: „Grundbegriffe der Kybernetik", 5. Aufl. 1970.

Gaitanides, M./Staehle, W. H./Trebsch, K.: „Reorganisationsprobleme bei der Einführung formalisierter Informationsverarbeitungs- und Entscheidungssysteme – Zur Neotaylorismus-kritik". In: Zeitschrift für Organisation (ZO), Jg. 1978, Heft 2, S. 61–72.

Gläss, S./Bamesreiter, A.: „NETZ-PLAN-TECHNIK", 1977.

Grabinski, W./Muthig, W./Stein, A.: „Neue Methoden und Techniken der Programmierung – Teil 8: Projektplanung mit HIPO", IBM Nachrichten Nr. 231, Juli 1976, S. 195 ff.

Hiemann, P.: "A New Look at the Program Development Process", in: Hackl, C. (Hrsg.): "Programming Methodology", 1975, (Lecture Notes in Computer Science, Vol. 23), S. 11–37.

IBM Deutschland (Hrsg.):

„Fragebogen zur Untersuchung von Fertigungsbetrieben", (IBM Form 71366).

„Fragenkatalog zum Organisationsbereich Lagerbestandsführung und Disposition", (Aktion EDV nach Maß), 1974.

„IBM System /360 und System /370. Entscheidungstabellenumwandler (DECTAT) für COBOL und PL/1. Anwendungsbeschreibung", 1974 (IBM Form H 12-3084-0).

„IBM System /360 Betriebssystem – PL/1 Checkout Compiler – Allgemeine Information", April 1974, (IBM Form GC 12-1032-2).

„DB/DC Data Dictionary – Allgemeine Information", 1977 (IBM Form GH 12-1290-1).

„HIPO – Eine Design-Hilfe und Dokumentationstechnik", 1977 (IBM Form GC 12-1296-0).

„Einführung in Coursewriter", Programmierte Unterweisung, 1974 (IBM Form GR 12-1730 0).

„IBM Call – Systembefehle Handbuch", Juli 1975 (IBM Form GH 12-1161-0).

„Anwendungssimulation", 1976 (IBM Form GE 12-1395-0).

„VS APL – Überblick", 1976 (IBM Form GH 12-1244-0).

"Project Analysis and Control System (PROJACS) – Allgemeine Information", 1975 (IBM Form GH 12-3140-1).

„Handbuch der EDV-Organisation", Febr. 1972 (IBM Form 71523-2).

Khtaian, G. A.: "Computer Project Management – Proposal, Design, and Programming Phase", Journal of Systems Management, August 1976, S. 12 21.

Kirsch, W.: „Entscheidungsprozesse", 3 Bde., 1971 ff.

Koreimann, D. S.: „Anwendungsanalyse – ein pragmatischer Ansatz für den Entwurf komplexer Datenbankorganisationen", Angewandte Informatik, Heft 1/74, S. 1–5.

–: „HIPO – eine Entwurfs- und Dokumentationstechnik für komplexe Programme", Angewandte Informatik 4/76, S. 175 ff.

–: „Systemanalyse", 1972.

–: „Planung und Steuerung komplexer Informationssysteme", Betriebswirtschaftliche Forschung und Praxis, Jg. 1978, Heft 1, S. 77–92.

Lehmann, M. R.: „Grundfragen und Sachgebiete der industriellen Betriebsstatistik", 1953.

Lindemann, P.: „Die Arbeitswelt von morgen", 1976.

Manowski, G.: "PL/1 Checkout Compiler", in: *Bode, G.* (Hrsg.): „Neue Methoden und Techniken der Programmierung", S. 19–25.

Mayntz, R.: „Bürokratische Organisation", 1968.

Mertens, P. (Hrsg.): „Prognoserechnung", 1973, inbes. Beitrag *Mertens, P.:* „Zur Simulation als Hilfsmittel der Prognose" (S. 287 ff.).

Melekian, N.: „Methodische Programmentwicklung", in: *Bode, G.* (Hrsg.): „Neue Methoden und Techniken der Programmierung", S. 39–54.

Meybak, K.: „Entscheidungstabellen-Technik", 1975.

Montalbano, M.: "Decision Tables", SRA 1974.

Nagel, K.: „Richtlinien zur Ordnungsmäßigkeit der Speicherbuchführung", Vortragsunterlage IBM Deutschland 1977.

Peirlberger, H.: „Sind unsere Informationssysteme human?", ADL-Nachrichten, Hefte 100 und 101, Jg. 1976.

Pfau, W./Knopf, H.: „EDV-Informationssysteme", 1973.

Radke, M.: „Die Große Betriebswirtschaftliche Formelsammlung", 3. Auf. 1969.

Rosenstiel, L. v./Molt, W./Rüttinger, B.: „Organisationspsychologie", 1975.

Rütschi, K.: „Marketing-Modelle", Winterthur 1972.

Schütte, K.: „Anwendungssimulation am Bildschirm (3)", IBM Nachrichten Nr. 228, Dez. 1975, S. 355 ff.

Schweitzer, W.: „Wie man Leute ausfragt", Stuttgarter Zeitung vom 21. 8. 1976.

Vershofen, W.: „Die Stufen zur Sozietät", 1931.

—: „Wirtschaft als Schicksal und Aufgabe", 2. Aufl. 1950.

Wiedemann, H.: „Das Unternehmen in der Evolution", 1971.

Winkler, H.: „Anleitung zum praktischen Gebrauch von PL/1", 1967.

Sechstes Kapitel:
Das Ergebnis — die Beurteilung der EDV

Lehr- und Lernziele

Da mit der Einführung der EDV nicht (nur) ein gezielter Erfolg erreichbar ist, sondern meistens davon eine Breitenwirkung ausgeht, die sich auf fast alle betriebswirtschaftlichen Funktionen und Bereiche erstreckt, genügt es *nicht*, sie auf Grund ihres Nutzens, der sowohl dem einzelnen Mitarbeiter als auch der gesamten Betriebswirtschaft zugute kommen kann, *summarisch* als positiv einzustufen. Obgleich eine solche Bewertung generell — im großen und ganzen — zu rechtfertigen ist, muß vor allem auch den berechtigten Interessen der *betroffenen* Mitarbeiter (aber nicht allein dieser Gruppe!) Rechnung getragen werden. Das erfordert u. a. auch eine *sachlogische* Begründung des EDV-Einsatzes, die *verstanden* wird.

Dieses Kapitel befaßt sich daher mit

- der Begründung,
- der Wirtschaftlichkeit und
- den Risiken

des EDV-Einsatzes.
Die menschlich-sozialen *Auswirkungen*, die volkswirtschaftliche und betriebswirtschaftliche *Bedeutung* der EDV, sind daher neben der Nutzenanalyse und den *verschiedenen* Investitionsrechnungen sowie den *besonderen* Risiken der EDV wichtigste Lern- und Erkenntnisziele — das *Ergebnis* und die wesentliche Konsequenz dieser Arbeit:
BETRIEBSWIRTSCHAFTLICHE DATENVERARBEITUNG.

I. Die Begründung des EDV-Einsatzes

A. Die gebotene kritische Grundhaltung des Betriebswirts

Die öffentlichen Medien führen immer wieder die gegenwärtige Arbeitslosigkeit der westlichen Industriestaaten u. a. auch darauf zurück, daß der Computer in verschiedener Form verstärkt in der Wirtschaft Eingang gefunden hat. Allerdings wird — neben anderen wichtigen Zielsetzungen — (vor allem im Falle operativer Verfahren) durch den Einsatz der EDV die Einsparung menschlicher Arbeitskraft (sie ist bekanntlich sehr teuer) nicht selten *angestrebt*. Organisationsvorschläge behandeln oft diese Frage eingehend, weil sie für die Wirtschaftlichkeit des neuen Verfahrens von Bedeutung sein kann.

Aber ob die dadurch freigesetzten Mitarbeiter (wenn dieses Ziel erreicht wird) aus der Betriebswirtschaft ausscheiden müssen, ist eine Frage, die von *weiteren* Einflußfaktoren, wie z. B. die allgemeine wirtschaftliche Lage, Zukunftsaussichten, Einsatzmöglichkeiten an anderer Stelle innerhalb der Betriebswirtschaft, nicht zuletzt auch der Anpassungsfähigkeit des einzelnen an veränderte Arbeitsbedingungen u. a. m. abhängen. Die Befürchtungen jedenfalls, durch die Einführung der EDV werde in größerem Umfang Personal *arbeitslos*, haben sich *bisher* — wenigstens auf dem betriebswirtschaftlichen Anwendungsfeld — *nicht* bewahrheitet. Weil das Thema allgemeines Interesse findet, ist es notwendig, daß sich der Betriebswirt und insbesondere der Systemanalytiker gründlich damit auseinandersetzt[1].

Auch darf die Hilfe, welche die EDV in vielfältiger Form bieten kann, vom Betriebswirt nicht *bedenkenlos* genutzt werden, damit man sich Enttäuschungen erspart. Der in der Praxis tätige Betriebswirt muß also *kritisch* und unparteiisch beurteilen, *was* die EDV leisten kann, insbesondere auch welche *Auswirkungen* die Einführung der EDV haben wird.

Schließlich sollte der mit der EDV vertraute Betriebswirt aufklärend einer *Mystifizierung* („unheimliche" Möglichkeiten der EDV und ähnliche unsinnige Behauptungen) — eben gerade weil eine nüchterne, die Tatsachen klar abwägende Haltung geboten ist — im engeren und weiteren Kreis seiner Umgebung entgegenwirken.

B. Die menschlich-sozialen Auswirkungen der EDV

Das Wort „sozial" wird hier im neutralsten Sinne verstanden, nämlich direkt von der lateinischen Wortbedeutung hergeleitet: *socius* = Genosse, Gefährte, Mitmensch, d. h. das *menschliche Miteinander* betreffend. Wenn wir also von den sozialen Auswirkungen im Zusammenhang dieses Buches sprechen, so meinen wir (ohne Unterschied der Klasse und politischen Herkunft) die (zwischen-)*menschlichen Bezüge* der EDV.

Seit eh und je (wenn man diese Ausdrucksweise auf eine so junge technische Einrichtung wie die EDV anwenden darf) war und ist die EDV als *Hilfe* für den Menschen anzusehen. Die EDV nimmt den Menschen, die durch zwischenmenschliche Beziehungen miteinander verbunden sind, Routinearbeiten ab. Darüber hinaus erweitert sie die geistigen Möglichkeiten und Fähigkeiten des Menschen. Für den einzelnen in der Wirtschaft tätigen Mitarbeiter bedeutet das vor allem eine *Bereicherung* der Arbeitsinhalte.

---

1 Ein anders gelagertes Problem ist die Frage des Bedarfs an EDV-Fachkräften. Hier besteht ein ausgesprochener *Mangel* an *qualifiziertem* EDV-Personal, der sicher behoben sein wird, wenn eine breit angelegte und gründliche EDV-Ausbildung in unserem Bildungssystem den ihrer Bedeutung *angemessenen* Platz gefunden hat.

Wiedemann stellt auf Grund empirischer Untersuchungen in Kreditinstituten hinsichtlich der Arbeitssituation folgendes fest:

„2.1 Die positive Grundhaltung

a) die Jüngeren kennen die Arbeit ohne EDV überhaupt nicht mehr

b) die Älteren haben sich in der überwiegenden Mehrzahl daran gewöhnt.

Die eindeutigen Verbesserungen sprechen für sich."

Allerdings wird diese positive Aussage im weiteren Verlauf seines Referats (Wiedemann, H. – 11.–13. Juni 1975, Ziffer 3.4, letzter Absatz) eingeschränkt:

„ . . . die durch Rationalisierung befürchteten organisatorischen *Folgewirkungen* (vom Verfasser durch Kursivschrift hervorgehoben – J. S. Werner) werden überwiegend als negativ betrachtet."

Es ist also die *Angst* vor etwas Ungewissem, die es zu beseitigen gilt. Hier muß der mit der EDV vertraute Betriebswirt *aufklärend* wirken, will er nicht seine Rationalisierungsvorhaben gefährden. Während der Umstellung einer Betriebswirtschaft auf die EDV findet hauptsächlich eine Verlagerung der Aufgaben statt. Der einzelne Mitarbeiter wird die betr. EDV-Anwendung kennen lernen (müssen), damit er sie beherrscht.

Um dieses Ziel zu erreichen, ist sicher ein Grundlagenwissen der EDV, das bereits in der höheren Schule bzw. Berufs(fach)schule vermittelt werden sollte, nützlich. Während des (Fach-)Hochschulstudiums müßte dieses Grundlagenwissen vertieft und auf die Anwendungsgebiete der betreffenden Lehr- und Lernfächer bezogen werden. So ist über die Vermittlung und den Erwerb *tatsächlicher* Kenntnisse über die EDV die Angst abzubauen.

Sind erst einmal die wissensmäßigen Voraussetzungen geschaffen, ist die Basis für eine *sachliche* Diskussion gelegt. Es müssen in gemeinsamen Gesprächen Wege gefunden werden, die eine *wirtschaftliche* Lösung unter Wahrung der *menschlichen* Belange der Mitarbeiter ermöglichen. Die Erhaltung der Wirtschaftlichkeit ist für die *Existenz* der Betriebswirtschaft und – im großen und ganzen – auch für die Wettbewerbsfähigkeit der Gesamtwirtschaft unabdingbar. Daß die menschlichen Belange der betr. Mitarbeiter – vor allem das Erfordernis, sie im Rahmen der Möglichkeiten innerhalb der arbeitsteiligen Wirtschaftsorganisation sinnvoll und nutzbringend einzusetzen – (mindestens) gleich wichtig sind, ergibt sich schon aus der Einsicht, daß die Wirtschaft dem (allen) Menschen zu dienen bestimmt ist (siehe *Vershofen*, W., der sein Buch treffend mit „Wirtschaft als Schicksal und Aufgabe" betitelt hat). Auch die EDV kann nicht *mehr* sein als ein Werkzeug, eine *nützliche* Hilfe in der Hand des wirtschaftenden Menschen!

C. Die volkswirtschaftliche Bedeutung der EDV

Mit Hilfe der EDV können sich die Betriebswirtschaften schneller an veränderte gesamtwirtschaftliche Bedingungen anpassen. Das kann volkswirtschaftliche Verluste und Schäden verhüten helfen.

Volkswirtschaftlich sinnvoll (und nicht nur betriebswirtschaftlich interessant!) sind im großen und ganzen die durch Systemanalyse erreichbaren zweckvolleren Nutzungen der persönlichen und sachlichen Produktivkräfte. Die Volkswirtschaft zu einem System integriert, in dem viele Einzelwirtschaften, insbesondere die Betriebswirtschaften (aber auch die öffentlichen Haushalte) zusammenwirken, wird als Ganzes umso *effizienter*, je wirtschaftlicher die persönlichen und sachlichen Produktivkräfte eingesetzt werden können. Über die Betriebswirtschaften unterstützt die EDV auch diese volkswirtschaftlichen Ziele.

Darüber hinaus können gesamtwirtschaftliche Steuerdaten schneller und leichter gewonnen werden als mit konventionellen (statistischen) Verfahren. Infolge der verbesserten Transparenz, die dadurch ermöglicht wird, sind wirtschaftspolitische Maßnahmen wirkungsvoller einzusetzen.

Ein weiteres Feld zweckvoller Einsatzmöglichkeiten bietet sich auch bei der Verbesserung der *Infrastruktur*, wie z. B. EDV Anwendungen im Verkehrswesen und bei der Nachrichtenübermittlung, die Auswirkungen auf die Effizienz der Gesamtwirtschaft zeitigen: *„Informationsnetze sind das Nervensystem einer Industriegesellschaft“* (Scheuten, W. K. — 1977, S. 164).

Die Möglichkeiten der EDV, die sich auch für die Unterstützung der staatlichen Wirtschaftspolitik einer freiheitlichen Wirtschaftsordnung bieten (man denke z. B. an Datenbanken mit wichtigen gesamtwirtschaftlichen Daten), sind allerdings noch längst nicht ausgeschöpft.

D. Der betriebswirtschaftliche Nutzen der EDV

Für diese Arbeit von zentralem Interesse ist jedoch der betriebswirtschaftliche Nutzen der EDV. Viele, gleichartige Daten können maschinell wesentlich schneller und exakter bearbeitet werden, als dies Menschen zu leisten vermögen. Diese Funktion ist hauptsächlich für operative EDV Systeme von Bedeutung.

Führungs-EDV-Systeme beruhen dagegen größtenteils auf der mehr oder weniger komplexen Verknüpfung bzw. der mathematischen und/oder statistischen Aufbereitung der Daten. Operative EDV-Systeme bringen daher vor allem Einsparungen an menschlicher Arbeitskraft, während Führungs-Informationssysteme ein mehr an (mehr oder weniger brauchbarer) Führungsinformation bieten. Der Wert dieser Führungsinformation ist weitaus schwieriger zu bemessen, als die (meist offen zu Tage liegenden) Einsparungen an Personal u. a. Kosten, wie sie durch die Einführung operativer EDV Systeme möglich sind. Typisch für den operativen Einsatz der EDV ist der Bildschirm-Dialog des Sachbearbeiters in Versicherungsunternehmen, durch die der Arbeitsaufwand für den Geschäftsvorfall gegenüber der aktenlosen Sachbearbeitung im Stapelbetrieb um beispielsweise ca. 20 % reduziert werden kann (IBM CALL DVPROFIT, IBM Deutschland (Hrsg.) — Juni 1976, S. 39 ff.).

Bei genauerer Betrachtung wird man nach der Umstellung auf operative Systeme weitere Details erkennen:

Man kann mit (zahlenmäßig) *weniger* Personal zur Abwicklung des *gleichen* Arbeitsvolumens auskommen (oder mit der *gleichen* Personalzahl *mehr* bewältigen, was sich prinzipiell gleich bleibt), weil bestimmte Arbeiten und Funktionen vom Computer *abgenommen* werden. Das EDV-Programm führt die abgenommenen (Routine-)Aufgaben schneller und zuverlässiger aus, als das vorher der Fall war. Oft auch erfüllt sie — darüber hinaus noch — zusätzliche Aufgaben und Funktionen. Außerdem können weitere vielfach außerordentlich vorteilhafte Wirkungen erzielt werden — Optimierungswirkungen im weitesten Sinne, die nur mit Hilfe der EDV erzielbar sind —, wie Reduktion der Sach- und Finanzkapitalbindung, Erhöhung der Auskunftsbereitschaft und schnelle Reaktionsfähigkeit des Systems.

II. Die Wirtschaftlichkeit der EDV

A. Die Kosten der EDV

1. Umstellungskosten

a) Hardwarekosten

Hierunter fallen

- *Kaufpreis der Hardware oder Monatsmiete*
    - Zentraleinheit (ZE), Hauptspeicher
    - Periphere Einheiten
        - Externe Speicher
        - Eingabe-/Ausgabegeräte
        - usw.

    Aufgrund einer Projektstudie werden der Umfang des EDV-Systems, die Kapazität der Anlage, die Art der verschiedenen Systemeinheiten u. a. m. festgestellt. Diese Projektstudie muß davon ausgehen, *wie* die EDV-Anlage in der betr. Betriebswirtschaft nutzbringend eingesetzt werden kann, wobei auch zukünftige Erweiterungs- bzw. Anbaumöglichkeiten in Betracht zu ziehen sind.

Die Hardware kann gekauft oder angemietet (oder in Form eines Leasing übernommen) werden — das ist Gegenstand besonderer Wirtschaftlichkeitsuntersuchungen.

Da die Wahl der Computer-Hardware wesentlich von den *Einsatzmöglichkeiten* beeinflußt wird, dürfen die Hardware-Kosten nicht isoliert von der Software und dem daraus sich ergebenden Nutzen betrachtet werden. Diese Komponenten bilden ein Ganzes, das nur im Zusammenhang zu beurteilen ist. So wäre es z. B. nicht zweckmäßig, den (die) Hersteller mit der billigsten (und durchaus technisch leistungsfähigen) Hardware auszuwählen, wenn die in Frage kommende Software nicht auf diesem System laufen oder nur mit Schwierigkeiten (und Kosten) selbst erstellt werden kann.

Andererseits ist zu überlegen im Hinblick auf zu erwartende technische Verbesserungen usw., ob nicht bestimmte Einheiten gekauft und andere nur angemietet werden. Betriebswirtschaftlich relevant sind auch Fragen der Kapitalbeschaffung und steuerliche Möglichkeiten (Abschreibungen oder Miete? usw.), wenn man beurteilen will, ob ein System gekauft *oder* angemietet werden soll.

- ■ *Einrichtungskosten:*
  - Baukosten (Rechenzentrum)
  - Klimaanlage (nicht für Kleinsysteme!)
  - elektrische Installationen
  - Aufstellung und Nebenkosten
  - Ausstattung (Panzerschränke usw.)

  Jede Anlage muß an einem bestimmten Ort (meistens Rechenzentrum) aufgestellt werden, es muß eine entsprechend ausgestattete Räumlichkeit zur Verfügung stehen, Anschlüsse sind zu installieren usw.

b) Computer-Software Kosten

Die Computer-Software muß vor dem eigentlichen Betrieb der EDV-Anlage installiert werden.

- ■ *Kosten der Systemsoftware*
  Betriebssysteme werden meistens von den Computer-Herstellern kostenfrei zur Verfügung gestellt. Bestimmte (oft interessante) Compiler sowie Interpreter sowie DB-Software und Datenfernverarbeitungssoftware werden dagegen von einigen EDV-Herstellern und Software-Häusern entgeltlich abgegeben.

- ■ *Kosten der Anwendungssoftware*
  - Fertige Programmpakete
    der Computer-Hersteller oder Software-Firmen werden entweder kostenfrei (Hersteller)
    oder lizenzpflichtig – d. h. gegen Zahlung einer einmaligen oder laufenden (monatlichen) *Lizenzgebühr* (EDV Hersteller oder Software-Firmen) zur Verfügung gestellt.
  - Für die Betriebswirtschaft speziell entwickelte Anwendungsprogramme:
    Wenn diese Programme von Computer-Herstellern, Software-Firmen, EDV-Beraterfirmen usw. erstellt werden, handelt es sich um sogenannte „Fremddienstkosten", für die Rechnungen vorliegen.
    In der eigenen Betriebswirtschaft erstellte Programme verursachen hauptsächlich folgende Kosten:
    Personalkosten – Systemanalyse, Programmierung usw.
    EDV-Maschinenstunden – Programmtests usw. (vor allem anteil. Abschreibungen oder Miete, Operator-, Betriebsmittel-, Gemeinkosten usw.)

c) Kosten der organisatorischen Umstellung

Hierbei handelt es sich in erster Linie um *Personalkosten* sowie um *Fremddienstkosten* (soweit es sich um Schulungen bzw. Beratungen durch EDV Hersteller oder andere Firmen handelt). Geschult wird meist das EDV-Personal (Operator, System-Analytiker, Programmierer, Führungskräfte), aber auch das Personal der Fachabteilung.

d) Planung und Kontrolle der Umstellungskosten

Hierunter verstehen wir die *Projektkosten* bzw. *-ausgaben*. Unabhängig von der Frage der Aktivierung (in der handels- und steuerrechtlichen Bilanz) ist vor allem bei *größeren Projekten* eine solche *Investitionsplanung* und *-kontrolle* über den Zeitablauf erforderlich. Das Berichtsformat könnte etwa wie folgt aufgebaut sein:

Projektkostenbericht zum 30. 06. 78

Projekt-Nr.: ....

Projektbezeichnung: ....

II. Quartal 1978

	Quartals-Werte		aufgelaufen 30. 06. 78		Soll-Ab-weichung + Überzieh. − Untersch.	Insgesamt
	Ist	Plan	Ist	Plan		Plan
Investitionskosten	TDM	TDM	TDM	TDM	%	TDM
Sachkosten:						
EDV-Hardware (Spezifikation)	....	....	....	....	...	....
EDV-Software (Spezifikation)	....	....	....	....	...	....
Maschinenzeit	....	....	....	....	...	....
Personalkosten:						
Systemanalyse	....	....	....	....	...	....
Programmierung und Testen	....	....	....	....	...	....
Schulung	....	....	....	....	...	....

usw.

2. *Laufende Kosten*

■ Hardware
– (monatliche) Anlagenmiete oder Abschreibungen (für gekaufte Anlagen)
– Wartung und Reparaturen
■ Rechenzentrum
Raum(-miete), Energie, Bedienungspersonal, Betriebsmittel, anteil. Gemeinkosten

■ Datenerfassungskosten
z. B. Ablocharbeiten, Datenerfassung über Disketten-Recorder oder Datenstationen, optisch lesbare Belege erstellen usw.
■ Datenverteilungskosten
z. B. Listen versenden
■ Software-Kosten
– Lizenzprogramme (Monatsmiete, Pauschalbetrag usw.)
– eigene Programme: Wartung von Programmen
(Programmierstunden, EDV Maschinenzeit)
neue Anwendungsprogramme erstellen
(Systemanalyse/Programmierung/Testen, also Personalkosten und Maschinenzeit)
■ Kosten der ,,DV außer Haus"
– Service-Zentrumsleistung (Fremddienstkosten)
(CPU-Zeit, Externe Speicherbelegung, Anschlußzeit der Datenstation u. ä.)
– Bundespost
(laufende Fernsprechgebühren, Modem-Miete usw.)

B. Der Nutzen der EDV

1. Definition

Unter dem Nutzenbegriff wird nachfolgende hauptsächlich ,, . . . die in Geldwert ausgedrückte Erwartung eines Vorteils" (IBM Deutschland (Hrsg.) – Sept. 1974, S. 5) verstanden. Man *kann* den Nutzen und die Vorteile der EDV – wenn auch nicht selten mit großen Schwierigkeiten und nur *schätzungsweise* (annäherungsweise) – in Geld (DM) bewerten. Es ist allerdings wichtig, sich – auch bei sorgfältiger Ermittlung der Zahlenwerte – stets der *Problematik* eines solchen Verfahrens bewußt zu bleiben, um die Ergebnisse richtig beurteilen zu können.

2. Konkret feststellbarer Nutzen

a) Einsparungen an Aufwand

Die Aufwendungen (Kosten) gehen normalerweise dem Ertrag voraus – daher sind sie viel genauer bekannt. Wir wissen meistens, was das bisherige System an Aufwand verursacht und können mit Hilfe einer sorgfältigen Systemanalyse angeben, welcher Aufwand nach der Umstellung *ent*fallen wird und welche Kosten zusätzlich *an*fallen. Weil die Einsatzgebiete der EDV außerordentlich *vielseitig* sind, gibt es sehr viele unterschiedliche Bedingungen, unter denen Einsparungen an Aufwand möglich sind. Daher können hier nur einige wichtige Fälle angeführt werden.

b) Personalaufwand

Personalkosten sind eine wichtige Aufwandsart, bei der Einsparungen durch das neue System erreicht werden können. Das kann verschiedene Ursachen haben:

- Das EDV-System nimmt Arbeit *ab,* die früher von Menschen ausgeführt werden mußte (z. B. Adressen oder Listen ausdrucken, die vorher von Hand oder mit der Schreibmaschine geschrieben wurden).
- In Verbindung mit der EDV (über eine vorhergehende Systemanalyse) werden Arbeitsabläufe *zweckmäßiger* gestaltet (z. B. im Versandhandel werden die Verpackungslisten und Versandpapiere vorbereitet, nach Lagerstätten gruppiert, so daß die kurzfristigste Abfertigung einer jeden Sendung gewährleistet ist — s. Rupp, W. — 1977, Nr. 2, S. 87 ff.).
- Die EDV arbeitet *zuverlässiger* als Menschen, so daß sich eine Kontrolle erübrigt bzw. dieser Arbeitsaufwand unnötig wird (z. B. Vermeidung von Übertragungsfehlern im Rechnungswesen).
- Die *Kontrolle* von Arbeitsvorgängen selbst ist mit Hilfe der EDV wesentlich *wirkungsvoller* als nur manuell durchzuführen (z. B. Arbeitszeiterfassung und Messung unproduktiver Zeiten).

Konkret geht es darum: Welche Arbeitsplätze werden umgestaltet, neu geschaffen, fallen fort? — Einzelheiten, die man auf Grund der Systemanalyse ermitteln kann. Hieraus sind gegebenenfalls die Pesonalkosteneinsparungen abzuleiten bzw. auszurechnen. Dabei darf der Tatbestand nicht übersehen werden, daß es sich meistens um *Personalverschiebungen* innerhalb der gleichen Betriebswirtschaft handelt, wie folgende Aussage (aus der Praxis) bestätigt:
„Eine Entlassung des betreffenden Mitarbeiters ist in der Regel nicht möglich, oft auch nicht erwünscht. Bezogen auf das Gesamtunternehmen fallen dann die Personalkosten auch nach der Umstellung noch an.
Ein Ertrag im betriebswirtschaftlichen Sinne liegt also nicht vor — wohl aber ein Nutzen, denn für das betreffende Arbeitsgebiet wird die Arbeitskraft des Mitarbeiters frei." (IBM Deutschland (Hrsg.) — Sept. 1974, S. 8.)

c) Maschinenzeit

Mit Hilfe eines Kapazitätsterminierungsprogramms (IBM Deutschland (Hrsg.) — PICS, April 1970) wird eine äußerst (extrem) *rationell* geplante, prioritätsgerechte Belegung der verfügbaren Kapazitäten und dadurch eine (wesentlich) bessere Nutzung der Produktionseinrichtungen erzielt. Weil Leerlaufzeiten weitgehend vermieden werden, beschleunigt sich nicht nur die Durchlaufzeit der Aufträge, sondern auch die *anteiligen* Kosten vermindern sich.

d) Zinskosten (Kapitalkosten)

Die zu erwartende Senkung der Lagerbestände an Roh-, Hilfs- und Betriebsstoffen sowie an Halb- und Fertigfabrikaten und die bessere Nutzung der Produktivkräfte mit Hilfe der EDV führt bei Einsatz geeigneter Programme zu einer Senkung der Zinsaufwendungen (z. B. die Material- und Fertigungssteuerungsprogramme im Industriebetrieb).

e) Materialkosten (Einkaufsteile, Waren)

Einkaufssysteme (IBM Deutschland (Hrsg.) — „ On Line Beschaffung — 1977) ermöglichen — in Verbindung mit Fertigungssteuerungssystemen — eine *vorausschauende* Disposition des Einkaufs. Darüber hinaus ist mit Hilfe der Lieferanten- und Angebotsdatenbank eine schnelle Reaktion auf unvorhergesehene Bedarfsfälle gegeben. Dies führt zu erzielbaren Preisermäßigungen beim Einkauf von Materialien, Einkaufsteilen und Waren.

3. Grob geschätzter Nutzen

Im Gegensatz zum konkret feststellbaren Nutzen, der entweder direkt nachweisbar oder doch mit Hilfe von Erfahrungswerten ermittelt werden kann, ist der darüber hinausgehende Nutzen nur annäherungsweise anzugeben — *daß* er existiert und *worin* er im Einzelfalle zu sehen ist, *weiß* man allerdings. Nachdem die Wirtschaftspraxis *erkannt* hat, daß die EDV *konkreten* Nutzen auf verschiedenen Einsatzgebieten bringen kann, werden gerade diese der Höhe nach schwierig zu bemessenden Vorteile in Zukunft für die Ausweitung der EDV-Anwendungen wichtig sein (wir denken dabei an die EDV gestützten Informationssysteme).
Welche Vorteile sind gemeint? Wir können nur einige wenige anführen, um den Nutzen der EDV herauszustellen (es gibt sehr viel mehr nutzbringende Einsatzmöglichkeiten!).
Führungsinformationen ermöglichen ein schnelleres Reagieren des Systems Betriebswirtschaft auf Änderungen der Umweltbedingungen (z. B. ein Auftrag droht verloren zu gehen, weil der Preis der Konkurrenz, die eine technisch andersartige Maschine anbietet, niedriger liegt. An der Datenstation ist eine schnellstmögliche Umdisposition (Stücklistenänderung und neue Kalkulation) unmittelbar bzw. ganz kurzfristig möglich. Da auch die Konkurrenz mit EDV gestützten Informationssystemen arbeitet, wird eine so schnelle Reaktion *erwartet*).
Durch ein Kapazitätsterminierungsprogramm kann die *Termintreue* gewährleistet werden. Man weiß z. B. bei der Einzelfertigung von Maschinen genau im voraus, zu welchem Termin man bei der gegebenen Belastung des Produktionsapparates die Auslieferung zusagen kann (u. U. ist es auch möglich, den Liefertermin zu *verkürzen*, wenn man andere Aufträge, deren Ausführungstermine verschoben werden können, zurückstellt).
Die genaue Ermittlung der *Stellung* des Unternehmens im Markt. Man kennt die wichtigsten Marktdaten und kann mit einem computergesteuerten Simulationsmodell (eventuell auch mit einem *ökonometrischen* Modell) ausprobieren, welche Möglichkeiten sich bei einer Änderung der Marktstrategie ergeben.

Im Rahmen der *Unternehmensplanung* können dadurch, daß Teilpläne in den Gesamtplan einfließen, z. B. genaue Vorgaben für die Fertigung und den Finanzbedarf gemacht werden.

Die *Einführung* eines neuen Produktes und die Fertigung können wesentlich schneller realisiert werden (Stücklisten, Arbeitspläne, Fertigungs- und Materialsteuerung usw.), wenn entsprechende Fertigungsplanungs- und -steuerungssysteme eingesetzt sind, weil die *abgeleiteten* Daten (wieviel und welche Einzelteile zu fertigen, einzukaufen usw.) wesentlich früher zur Verfügung stehen.

4. *Nutzenanalyse*

Um den Schwierigkeiten der geldwerten Bemessung aus dem Wege zu gehen, kann man die Nutzenanalyse einsetzen. Hierbei geht es um eine *Punktbewertung* des Nutzens.

Bei der Nutzenanalyse werden zunächst einmal die wichtigsten *Kriterien* zusammengetragen, die für die EDV-Anwendung (allgemein und speziell) als *nützlich* angesehen werden. Die Beurteilung erfolgt vom Standpunkt des zukünftigen Systembenutzers aus sowie durch Systemanalytiker, die mit der Materie vertraut sind. Man stellt also eine *Reihe* von Kriterien zusammen, die nach Ansicht der *Beteiligten* (allerdings sollte man sich auch durch das Studium der einschl. Fachliteratur zusätzlich darüber informieren, was von einem derartigen System erwartet werden *kann*) erfüllt sein müssen, um den gestellten Anforderungen an ein solches System zu genügen.

Lassen sich die wichtigsten Kriterien noch relativ leicht und problemlos zusammenstellen, so bedeutet der nächste Schritt demgegenüber schon eine Anforderung an das *vernünftige* Urteilsvermögen der Beteiligten. Sie müssen nämlich nunmehr festlegen, als *wie* wichtig die einzelnen qualitativ gegebenen Kriterien anzusehen sind — eine Fähigkeit, die dem *homo oeconomicus* zugeschrieben wird (Kirsch, W. — Bd. 1, 1970, S. 30), der — wie wir wissen — ein Phantasiegebilde, nicht einen Menschen dieser realen Welt vorstellt. Immerhin darf man unterstellen, daß der *vernunftbegabte* Mensch schon einen mehr oder weniger erheblichen Anteil jenes *Idealtyps* des homo oeconomicus in sich trägt, was ihn befähigt, *Werturteile* darüber abzugeben, ob ein bestimmtes Kriterium wichtiger ist als ein anderes. Es wird unmittelbar verständlich, daß eine solche Beurteilung von Mensch zu Mensch *unterschiedlich* sein kann. Da in unserem Falle die Systemanalytiker *und* die zukünftigen Anwender zum Urteil aufgefordert sind (Außenstehenden fehlt die notwendige Detailkenntnis) und sie *nicht* unabhängig urteilen, sind auch zwischenmenschliche Beeinflussungsmöglichkeiten gegeben und der *Gruppenvorteil* kann im Einzelfall nicht unbeträchtlich *zurücktreten*.

Trotz aller dieser Bedenken sollten wir uns einmal ansehen, wie man bei der Nutzenanalyse vorgehen kann (frei erfundenes Beispiel: EDV-System):

Eigenschaften (Kriterien)	Gewicht
Wirtschaftlichkeit (aufgrund der Investitionsrechnung)	50 %
Anwenderbedürfnisse erfüllt?	20 %
Verfügbarkeit des Systems?	10 %
Anpassung an zukünftige Anforderungen	10 %
Sicherheit des Systems	5 %
Sonstige (z. B. Liquiditätsbeanspruchung)	5 %
	100 %

Das „Gewicht" stellt die Bedeutung dar, die man den einzelnen Eigenschaften (Kriterien) zumißt. Hierüber muß zunächst einmal Einigkeit unter den Beteiligten erzielt werden.

In einem zweiten Schritt müssen die konkret gegebenen Sachverhalte „benotet" werden, indem man etwa eine Bewertungsskala wie folgt aufstellt:

Beurteilung	Bewertung
ausgezeichnet	4
gut	3
befriedigend	2
ausreichend	1

(Ungenügende Problemlösungen werden nicht bewertet.)

Die Rangfolge ist genau entgegengesetzt der in deutschen Schulen üblichen Leistungsbewertung, was im weiteren Verlauf der Entwicklung unseres Beispiels noch verständlich wird. Die beurteilende Gruppe muß jetzt aufgrund der genauen Untersuchung etwa der Angebote für das zu beschaffende EDV-System herausfinden, *in welchem Maße* die geforderten Eigenschaften von den Anbietern *erfüllt* werden. Man kann sich vorstellen, daß die Ergebnisse der Investitionsrechnung — sie würde nur die geldwerten Vorteile und die Kosten des Systems berücksichtigen — eindeutiger zu klassifizieren sind (da ein Zahlenwert vorliegt), als z. B. die „Gretchenfrage" nach der Erfüllung der Anwenderbedürfnisse, vor allem wenn verschiedenartige Systemlösungen zur Diskussion stehen.

Nachdem eine Notenbewertung erfolgt ist, können die verschiedenen zur Beurteilung anstehenden Fälle gegenübergestellt und verglichen werden.

Die Nutzenanalyse — mit allen Vorbehalten, die auf eine kritische Beurteilung des Verfahrens hinauslaufen —, sorgfältig vorbereitet und durchgeführt, ist eine sinnvolle Entscheidungsgrundlage, vor allem wenn sich die Beteiligten einer (möglichst) *objektiven* Urteilsfindung befleißigen. Sie kann dann die Ergebnisse der Wirtschaftlichkeitsrechnung (Investitionsrechnung) *ergänzen*, u. U. sogar korrigieren.

Eigenschaften	Gewicht	EDV-Systeme			
		A		B	
		Bewertung	Punkte	Bewertung	Punkte
Wirtschaftlichkeit	50 %	3	150	2	100
Anwenderbedürfnisse	20 %	2	40	4	80
Systemverfügbarkeit	10 %	3	30	2	20
Zukünftige Anforderungen	10 %	2	20	4	40
Systemsicherheit	5 %	2	10	3	30
Sonstige	5 %	2	10	4	220
	100 %		260		290

C. Wirtschaftlichkeitsrechnungen (Investitionsrechnungen)

1. Ein Beispiel: Kauf oder Miete

Anhand des Beispielfalles (Abbildung 67) sollen die wichtigsten Methoden und Verfahren der Investitionsrechnung erklärt werden. Es geht dabei um den Einsatz einer EDV-Anlage, die entweder gekauft oder gemietet werden soll. Da es eine wichtige Voraussetzung für eine derartige Entscheidung bedeutet, ob man die zu beschaffende EDV-Anlage auch *voll nutzen* kann, ist zunächst gründlich zu überlegen, für welche Anwendungen sie zweckvoll *eingesetzt* wird (Projektstudien). Daraus sind Zahlen für die Wirtschaftlichkeitsrechnung ableitbar.

Im Beispielsfalle rechnet man mit einem „Vorab-Aufwand" von DM 300 000,— für die Einrichtung des Rechenzentrums, die organisatorische Umstellung usw. (Einführungskosten vor dem Systemeinsatz). — Die Nutzung der EDV-Anlage wird auf 6 Jahre begrenzt, der Abschreibungszeitraum beträgt 5 Jahre. — Wegen des außerordentlich schnellen technischen Fortschritts auf dem Gebiet der EDV wird angenommen, daß die Monatsmiete nach Ablauf von 4 Jahren um 24 % herabgesetzt wird, weil leistungsfähigere Anlagen auf dem Markt erscheinen.

Weil auch Informationssysteme einem steten Wandel unterworfen sind und daher veralten, haben wir eine Nutzenminderung um DM 100 000,— in unser Beispiel eingebaut, die sich nach Ablauf von 5 Jahren zeigt. Als Steuersatz wurde der Einfachheit halber mit 50 % gerechnet, obgleich tatsächlich die vom Ertrag und Vermögen abhängigen Steuern um einige Prozent höher liegen.

Alles in allem handelt es sich also um ein frei erfundenes Beispiel, das weniger den Sinn hat, den tatsächlich in der Praxis vorherrschenden Bedingungen und Verhältnissen zu entsprechen, als die u. E. wesentlichen Gesichtspunkte für die Beurteilung der Wirtschaftlichkeit einer solchen Investition hervortreten zu lassen.

B E I S P I E L

P r o b l e m :   Kauf oder Miete eines E D V - Systems

A n n a h m e n :   Umstellungskosten vor Systemeinsatz
DM 300.000, - (1 Jahr Vorlauf)

Anschaffungskosten DM 1.000.000, -

Marktwert der Anlage nach 6 Jahren DM 150.000, -

Abschreibungszeitraum 5 Jahre

Jahresmiete : 1. bis 4. Jahr DM 360.000, -
ab 5. Jahr DM 270.000, -

Netto-Einsparungen (außer Monatsmiete) :
1. bis 5. Jahr : DM 500.000, -   (bzw. <u>Variante:</u>
ab 6. Jahr :   DM 400.000, -   10 % weniger)

Wartung und Versicherung (nur bei eigener Anlage):
DM 50.000, -

Steuersatz 50 %

Abb. 67: Beispiel: Wirtschaftlichkeitsrechnungen
(Kauf oder Miete)

2. Wichtige statische und dynamische Investitionsrechnungsverfahren

Anhand des Beispiels sollen die verschiedenen Investitionsrechnungen, die für die Beurteilung der Wirtschaftlichkeit von EDV-Investitionen in Frage kommen, erläutert werden.

Eine verhältnismäßig einfache Rechnung besteht in der sogenannten *"pay-off"*-*Methode:* $$\frac{\text{Investitionsaufwand}}{\text{Jahres-Nettoertrag}}$$

	Miete	Kauf
"Pay-off"-Periode	etwas über 2 Jahre	knapp 3 Jahre

Im Falle der Miete würde sich also der Aufwand um knapp 1 Jahr früher amortisiert haben als beim Kauf (Technisches Fortschrittsrisiko niedriger im Mietfalle!). Dann ist die nicht selten in der Praxis anzutreffende ebenfalls einfache *Kosten-/*

Ertrags-Vergleichsrechnung zu erwähnen (s. Spalten „Aufwand" und „Einsparungen" der Abbildung 68):

	Miete	Kauf
Einsparungen	2 900 000,–	3 050 000,–
Aufwand	2 280 000,–	1 600 000,–
Netto-Erträge	620 000,–	1 450 000,–

Ein Vergleich der Netto-Erträge spricht für den Kauf der ins Auge gefaßten EDV-Anlage.

Jahr	Aufwand	Einsparungen	Netto-Erträge	Auf-/Ab-zinsung	Barwert
MIETE					
- 1	300.000	-	-300.000	1,3	-390.000
0	-	-	-		-
1	360.000	500.000	140.000	0,769231	107.692
2	360.000	500.000	140.000	0,591716	82.840
3	360.000	500.000	140.000	0,455166	63.723
4	360.000	500.000	140.000	0,350128	49.018
5	270.000	500.000	230.000	0,269329	61.946
6	270.000	400.000	130.000	0,207176	26.933
	1.980.000	2.900.000	920.000	30 %	(302.152)
KAUF:					
- 1	300.000	-	-300.000	1,24	-372.000
0	1.000.000	-	-1.000.000		-1.000.000
1	50.000	500.000	450.000	0,806452	362.363
2	50.000	500.000	450.000	0,650364	292.664
3	50.000	500.000	450.000	0,524487	236.019
4	50.000	500.000	450.000	0,422974	190.338
5	50.000	500.000	450.000	0,341108	153.499
6	50.000	400.000 ⟩ + 150.000	500.000	0,275087	137.544
	300.000	3.050.000	2.750.000	24 %	1.372.427

Abb. 68: Beispiel: Interner Zinsfuß
(Kauf oder Miete)

Dem widersprechen jedoch die genau entgegengesetzt ausfallenden *internen Zinssätze:* Für die Mietentscheidung spricht eine interne Verzinsung von 30 % gegenüber nur 24 % im Falle des Kaufs (darauf zurückzuführen, daß DM 1 000 000,– Kaufpreis „vorgestreckt" werden müssen, während die Mietbeträge später – bei Fälligkeit – zu zahlen sind).

Dies scheint auch der *Barwertrechnung* zu widersprechen (s. Abbildung 69), denn hier wird mehr als doppelt so viel erwirtschaftet, wenn man sich zum Kauf entschließt wie bei einer Anmietung der Anlage.

Jahr	Aufwand	Einspar.	Netto-Ertrag	Auf-/Ab-zinsung	Barwert
M I E T E					
- 1	360.000	-	-	1,08	-324.000
0	-	-	-	-	-
1	360.000	500.000	140.000	0,925926	129.630
2	360.000	500.000	140.000	0,857339	120.027
3	360.000	500.000	140.000	0,793832	111.136
4	360.000	500.000	140.000	0,735030	102.904
5	270.000	500.000	230.000	0,680583	156.534
6	270.000	400.000	130.000	0,630170	81.922
				(8 %)	702.153
					- 324.000
					378.153
					=======
K A U F					
- 1	300.000	-	-	1,08	-324.000
0	1.000.000	-	-	-	-1.000.000
1	50.000	500.000	450.000	0,925926	416.667
2	50.000	500.000	450.000	0,857339	385.802
3	50.000	500.000	450.000	0,793832	357.224
4	50.000	500.000	450.000	0,735030	330.763
5	50.000	500.000	450.000	0,680583	306.262
6	50.000	400.000 ⎱ +150.000 ⎰	500.000	0,630170	315.085
				(8 %)	2.111.803
					- 1.324.000
					787.803
					=======

Abb. 69: Beispiel: Barwert (Gegenwartswert)
(Kauf oder Miete)

Wir haben dieses (wegen der Höhe des Netto-Ertrages) außergewöhnliche Beispiel ausgewählt, um die *Problematik* der internen Zinsfuß-Methode und anderer Investitionsrechnungen zu erläutern.

3. *Barwert-Rechnung und Interne Zinsfuß-Methode*

Zunächst die Barwertrechnung — in unserem Beispiel wurde ein Kalkulationszinsfuß von 8 % zugrunde gelegt. Der Zinsfuß wurde — für normale Zeiten — etwas hoch angesetzt, was sich unter dem Gesichtspunkt des *vorsichtigen* Kaufmanns empfiehlt. Offensichtlich ist dieses Verfahren richtiger als der einfache Kosten-/Ertragsvergleich, weil es auch den Umstand *mit* berücksichtigt, daß der Netto-Ertrag erst in Zukunft erwirtschaftet werden kann und daher zum gegenwärtigen Zeitpunkt (Jahr „0") entsprechend weniger wert ist. (Würde man sich den Barwert-Betrag zu 8 % bei einem Kreditinstitut ausleihen, so könnte man Auszahlungen in Höhe der Netto-Erträge in den einzelnen Jahren leisten. Der Barwert — *Gegenwartswert* repräsentiert somit den Gegenwert der zukünftigen Netto-Erträge).
Nun liegt die *echte* Verzinsung sicher *über* 8 % — die Betriebswirtschaft erwirtschaftet in unserem Beispielsfalle mit der Investition voraussichtlich einen wesentlich höheren Gewinn als 8 %. Die Rechenaufgabe lautet: Es ist der Zinsfuß zu errechnen, welcher der Verzinsung des eingesetzten Kapitals (in unserem Beispiel von DM 300 000,— zuzüglich 1 Jahr Verzinsung + DM 1 Mio. im Falle des Kaufs der Anlage) durch die erwarteten Netto-Erträge entspricht. Hierfür gibt es ein mathematisches Verfahren, eine unter der Bedingung gleich hoher jährlicher Erträge anwendbare vereinfachte Rechenmethode (Korndörfer, W. — 1974, S. 267 und Vogler, G. — 1976, S. 194 f.) und eine näherungsweise Interpolation (Radtke, M. — 1949, S. 147) zur Lösung der Aufgabenstellung, auf die wir in diesem Zusammenhang nicht näher eingehen möchten. Im Endergebnis muß der Zinssatz *gefunden* werden, zu dem die Erträge *abgezinst* und die Zahlungen aufgezinst werden (s. Abbildung 68). Der Gegenwartswert der (Netto-)Erträge muß also dem aufgezinsten Betrag der Zahlungen zum Zeitpunkt des Jahres „0" entsprechen, wie es aus unserem Beispiel hervorgeht. Während die *Barwertmethode* (s. Abbildung 69) einen *angemessenen* (landesüblichen o. ä.) Zinssatz — in unserem Beispiel 8 % — als feststehende *Vorgabe* in der Rechnung verwendet, wird bei der internen Zinsfußmethode der %-Satz *gesucht*, zu dem sich die Investition verzinst. Da dieser Suchprozeß langwierig sein kann, hat man EDV-Programme entwickelt (IBM Deutschland (Hrsg.) — CALL-AS, Okt. 1975), die diese Rechenarbeit übernehmen und die relativ unproblematisch zu handhaben sind (s. Abbildung 70).
Nun zurück zu der Frage, aus welchem Grunde die interne Verzinsung in unserem Beispielsfalle zugunsten der *Miete* einer EDV-Anlage spricht. Es ist — rein rechnerisch gesehen — die Auswirkung eines wesentlich höheren Investitionsbetrages, der für den *Kauf* einer EDV-Anlage aufgewandt werden müßte (fast 1,4 Mio. DM — gegenüber nur ca. 400 TDM im Mietfalle). *Weil* die Erträge in der Rechnung auf eine unverhältnismäßig *höhere* Kaufinvestition treffen, fällt der %-Satz niedriger aus als im Falle der Anlagenmiete. Im Ergebnis ist festzuhalten, daß in unserem Beispiels-

<u>M I E T E</u>

PERIOD (Jahr) ======	CASH FLOW (Zahlung) =========	CUM FLOW (kumulative Zahlungen)	NET PV (Barwert) ======	CUM NET PV (kumulativer Barwert)
1	-300000.00	-300000.00	-300000.00	-300000.00
2	0.00	-300000.00	0.00	-300000.00
3	140000.00	-160000.00	82605.84	-217394.16
4	140000.00	-20000.00	63452.99	-153941.17
5	140000.00	120000.00	48740.89	-105200.28
6	140000.00	260000.00	37439.91	-67760.36
7	230000.00	490000.00	47247.19	-20513.17
8	130000.00	620000.00	20513.17	0.00

THE INTERNAL RATE OF RETURN IS 30.184%
(der interne Zinsfuß beträgt   30,184 %)

<u>K A U F</u>

1	-300000.00	-300000.00	-300000.00	-300000.00
2	-1000000.00	-1300000.00	-806273.72	-1106273.72
3	450000.00	-850000.00	292534.79	-813738.93
4	450000.00	-400000.00	235863.11	-577875.82
5	450000.00	50000.00	190170.23	-387705.58
6	450000.00	500000.00	153329.16	-234376.32
7	450000.00	950000.00	123625.35	-110750.97
8	500000.00	1450000.00	110750.97	0.00

THE INTERNAL RATE OF RETURN IS 24.027%
(der interne Zinsfuß beträgt   24,027 %)

Abb. 70: Beispiel: Interner Zinsfuß
(Errechnet mit dem EDV-Programm CALL-AS (IBM))

falle die Anlagenmiete einen höheren internen Zinsfuß erbringt, was unbestreitbar ist. Dies würde unter folgenden Bedingungen *zugunsten* einer Mietentscheidung sprechen:

(1) Der angenommene Nutzen ist höchstwahrscheinlich, wenn nicht mit Sicherheit zu erwarten[2].

(2) Wenn 1 Mio. DM zur Verfügung stehen, lassen sie sich zu einem höheren Zinssatz als 24 % (auch mit großer Wahrscheinlichkeit) anderweitig anlegen (denn 24 % erbrächte ja schon der *Kauf* einer EDV Anlage!).

---

2 Allerdings ist gerade die Unsicherheit in der Beurteilung der Erträge einer EDV-Investition ein wichtiger Grund, sich *nicht* für den Kauf, sondern für einen — kündbaren — Mietvertrag zu entscheiden.

Wir haben das Beispiel insofern *modifiziert*, als wir — gedanklich oder tatsächlich —
von der Annahme ausgegangen sind, daß wir für den Kaufbetrag von DM 1 000 000,—
einen Kredit in gleicher Höhe aufnehmen mußten, der in gleichen Raten von jährlich DM 200 000,— — ab Ende des 1. Nutzungsjahres — zurückgezahlt wird (s. Abbildung 71). Wir finanzieren also unsere Investition mit Fremdkapital und erzielen — obgleich Zinsen und Rückzahlungsraten den Netto-Ertrag ermäßigen — eine
interne Verzinsung von 43 %. Damit wird die Kaufentscheidung — allein unter dem
Gesichtspunkt der Verzinsung betrachtet — wieder attraktiver als die Anmietung
einer EDV-Anlage.

Jahr	Einmal-Aufwand (Abschr)	8 % Zinsen	Wartung	Aufwand insges.	Einspar.	Netto-Ertrag	Auf-/Ab-zinsung	Barwert
K A U F :								
- 1	300.000	-	-	-	-	-	1,43	-429.000
0	(1.000.000)	-	-	-	-	-	-	-
1	1.000.000	80.000	50.000	130.000				
	- 200.000			200.000	500.000	170.000	0,699301	118.881
2	800.000	64.000	50.000	114.000				
	- 200.000			200.000	500.000	186.000	0,489021	90.958
3	600.000	48.000	50.000	98.000				
	- 200.000			200.000	500.000	202.000	0,341973	69.079
4	400.000	32.000	50.000	82.000				
	- 200.000			200.000	500.000	218.000	0,239142	52.133
5	200.000	16.000	50.000	66.000				
	- 200.000			200.000	500.000	234.000	0,167232	39.132
6	-	-	50.000	50.000	400.000			
					150.000	500.000	0,116946	58.473
							43 %	428.656

Abb. 71: Beispiel: Interner Zinsfuß
(Kauf — modifiziert)

Befürchtet man — und das ist angesichts der außergewöhnlich hohen Netto-Erträge
nicht unrealistisch —, daß die Einsparungen um 10 % niedriger ausfallen (im Sinne
einer „Sensitivitätsanalyse"), so stellt sich der interne Zinsfuß ebenfalls zugunsten
einer Kauf- und nicht einer Mietentscheidung (s. Abbildung 72). Es muß allerdings
festgestellt werden, daß der Abstand zwischen beiden Zinsfüßen (19,5 % Kauf und
17,5 % Miete) verhältnismäßig klein ist. Berücksichtigt man noch die Unsicherheit,
die jeder derartigen Schätzung der Aufwands- und Ertragswerte anhaftet, so erscheint der Vorteil, den der Kauf gegenüber der Miete einer EDV-Anlage bieten
kann, in unserem Beispielsfalle noch weniger eindeutig.

Jahr	Aufwand	Einsparungen	Netto-Erträge	Auf-/Abzinsung	Barwert
MIETE					
- 1	300.000		- 300.000	1,18	- 354.000
0					
1.	360.000	450.000	90.000	0,847458	76.271
2	360.000	450.000	90.000	0,718184	64.637
3	360.000	450.000	90.000	0,608631	54.777
4	360.000	450.000	90.000	0,515789	46.421
5	270.000	450.000	180.000	0,437109	78.800
6	270.000	350.000	80.000	0,370432	29.635
				ca.17,5 %	350.541
KAUF					
- 1	300.000		- 300.000	1,2	- 360.000
0	1.000.000		- 1.000.000		- 1.000.000
1	50.000	450.000	400.000	0,833333	333.333
2	50.000	450.000	400.000	0,694444	277.778
3	50.000	450.000	400.000	0,578704	231.482
4	50.000	450.000	400.000	0,482253	192.901
5	50.000	450.000	400.000	0,401878	160.751
6	50.000	350.000 + 150.000	450.000	0,334898	150.704
				ca.19,5 %	1.346.949

Abb. 72: Beispiel: Interner Zinsfuß
(Kauf oder Miete — *Variante:* Einsparungen um 10 % ermäßigt)

Ohne auf alle Einzelheiten der internen Zinsfußmethode hier eingehen zu wollen (wir möchten aus den zahlreichen Publikationen nur den Aufsatz Perlitz, M. — zfbf-Kontaktstudium, Jg. 1976, S. 155 ff. erwähnen), sollte das Beispiel die Bedeutung des internen Zinsfußes verdeutlichen:

Der interne Zinsfuß stellt eine *abstrakte Kennziffer* dar, die zwar ein Maß für die (relative) Verzinsung des (vorgeschossenen) Kapitals ist, jedoch als solche keine Aussage über den absoluten Betrag macht, der erwirtschaftet werden *kann.* Wird ein geringer DM-Betrag investiert, so genügt — wie das Beispiel zeigt — ein verhältnismäßig niedriger(er) Nutzen, um eine höhere interne Verzinsung zu erzielen, als bei einem wesentlich höheren Kapitaleinsatz (Kauf). Das *Volumen* des zu erwirtschaftenden Nutzens kann dagegen die Kapitalwertrechnung (*Barwertrechnung*) aufzeigen, wenn sie *ergänzend* zur Methode des internen Zinsfußes eingesetzt wird.

4. Einfluß der Steuern auf die Wirtschaftlichkeit

Wir haben eine Rechnung durchgeführt, welche die Einkommen- bzw. Körperschaftssteuerbelastung berücksichtigt (s. Abbildung 73). Die hohe Steuerbelastung wirkt sich in unserem Falle so aus, daß die steuerlich als Betriebsausgaben abzugsfähigen Mietaufwendungen und die Abschreibungen sowie die angenommenen Beträge für die Wartung der EDV-Anlage nur zur *Hälfte* (in der Wirtschaftswirklichkeit wegen der höheren Steuerbelastung sogar noch geringer) zu Buche schlagen. Keine Wirtschaftlichkeitsüberlegung darf die steuerlichen Gesichtspunkte übersehen — sie müßte andernfalls als unrealistisch gelten. Wir sind davon ausgegangen, daß *mindestens* die angesetzten jährlichen Aufwendungen erwirtschaftet werden (tatsächlich muß man allerdings mit höheren Erträgen rechnen!).
Die hohen Steuerbelastungen bedeuten umgekehrt auch, daß die *Erträge* — soweit sie die Aufwendungen übersteigen — entsprechend zu *kürzen* sind, denn sie erhöhen ja den steuerbaren Reingewinn. Wenn wir im Beispielsfalle davon ausgingen, daß *mindestens* die Aufwendungen durch entsprechende Erträge ausgeglichen werden, so würde ein *Vergleich* (auch nur des Barwertes der Aufwendungen zu Beginn der Investition) *unsinnig* sein, der von jährlich erwirtschafteten TDM 360 im Mietfalle und nur TDM 250 beim Kauf ausginge. Wenn man etwas vergleichen will, muß man von vergleichbaren Größen ausgehen. Es handelt sich um die *gleiche* EDV-Anlage, die im einen Falle gekauft, im anderen Falle angemietet werden soll. Also muß auch der *gleiche* Ertrag in beiden Fällen angenommen werden.
Will man also beide Investitionen *sinnvoll* miteinander vergleichen, kann man von einem gleichhohen Ertrag von DM 360 000,—/Jahr in beiden Fällen ausgehen. Dann würde der Barwert der *Mietaufwendungen* DM 935 125,— ausmachen. Die Aufwendungen des *Kaufs* dagegen *ermäßigten* sich noch um die Barwerte der versteuerten jährlichen Reinertragsanteile:

		DM	360 000,—	
	—	DM	250 000,—	(Abschreibungen und Wartungskosten)
		DM	110 000,—	(Rein-)Ertrag vor Steuern,
davon 50 %	=	DM	55 000,—	jährlich.

	Betrag:	Abzinsungsfaktor	8 %ig abgezinster Barwert:
1. Jahr	55 000,—	0,925926	50 930,—
2. Jahr	55 000,—	0,857339	47 135,—
3. Jahr	55 000,—	0,793832	43 670,—
4. Jahr	55 000,—	0,735030	40 425,—
5. Jahr	55 000,—	0,680583	37 455,—
			219 615,—

Jahr	Ausgaben (Abschr.)	50 % Steuer- Ersparnis	8 % Auf-/Ab- zinsung	Barwert	50 % Wartung	Barwert Wartung

M I E T E :

Jahr	Ausgaben (Abschr.)	50 % Steuer-Ersparnis	8 % Auf-/Abzinsung	Barwert	50 % Wartung	Barwert Wartung
- 1	300.000	150.000	1,08			
0	-	-	-	162.000		
1	360.000	180.000	0,925926	166.667		
2	360.000	180.000	0,857339	154.321		
3	360.000	180.000	0,793832	142.880		
4	360.000	180.000	0,735030	132.305		
5	270.000	135.000	0,680583	91.879		
6	270.000	135.000	0,630170	85.073		
	(2.280.000)			935.125		

K A U F :

Jahr	Ausgaben (Abschr.)	50 % Steuer-Ersparnis	8 % Auf-/Abzinsung	Barwert	50 % Wartung	Barwert Wartung
- 1	300.000	150.000	1,08	162.000		
0	1.000.000)			1.000.000		
1	200.000	100.000	0,925926	92.593	25.000	23.148
2	200.000	100.000	0,857339	85.734	25.000	21.434
3	200.000	100.000	0,793832	79.383	25.000	19.846
4	200.000	100.000	0,735030	73.503	25.000	18.376
5	200.000	100.000	0,680583	68.058	25.000	17.014
6	-	-	0,630170	-	25.000	15.754
				399.271		115.572

+1.162.000 (Investition)

1.277.572

- 399.271 (Steuerersparnis)

878.301

Abb. 73: Beispiel: Steuerliche Auswirkungen
  (Kauf oder Miete)

Die Netto-Aufwendungen — bezogen auf das Jahr „0" — stellen sich also im Falle

der Miete auf		DM 935 125,–
des Kaufs auf	DM 878 301,–	
	– DM 219 615,– [3]	
	DM 658 686,–	DM 658 686,–
Differenz		DM 276 439,– (= 29,5 % v. 935 125,–)

Die Investition stellt sich also im Falle des *Ankaufs* der EDV-Anlage um fast *30 %* *günstiger* als bei einer Anmietung, was bei einer Gesamtbeurteilung des Vorhabens als wichtiger, *deutlicher* Unterschied zwischen den beiden Alternativen zu berücksichtigen ist.

III. Die Risiken des EDV-Einsatzes

A. Der Risikobegriff

Das betriebswirtschaftliche Risiko haben wir früher einmal als die *Möglichkeit* bezeichnet, daß der (geplante) Wirtschaftsablauf gestört oder behindert wird (Werner, J. – 1954, S. 8). Dies definierten wir damals in Fortführung der Auffassungen G. Mildebraths (Abschnitt „Risikolehre", HWB 1928, S. 931) und M. R. Lehmanns (1949, S. 116), der u. a. zwischen *Wirtschaftlichkeitsrisiken* (den bis zu der Zeit allgemein nur als Risiken erkannten und darunter verstandenen „Verlustgefahren" und ähnliche Formulierungen) und den von ihm so bezeichneten „Auskömmlichkeitsrisiken" (z. B. Liquiditätsrisiken, Beschaffungsrisiken usw.) unterschied.
Wir gehen daher mit *der* Auffassung einig, die das Risiko unter dem Aspekt der (heute vorherrschenden) entscheidungsorientierten Betriebswirtschaftslehre ganz allgemein als die *Möglichkeit* definiert, „ . . . ein gesetztes Ziel nicht zu erreichen" (Turner, B. E. – 1972, S. 46).

B. Die wichtigsten Risiken

Mit welchen Risiken ist nun die Planung und Einführung von EDV-Systemen behaftet? Da es sich um einen Eingriff in das äußerst komplexe System Betriebswirtschaft handelt, sind sie sehr vielfältig — aus diesem Grunde empfiehlt sich u. a. auch die Projektorganisation für die Durchführung derartiger Vorhaben.

---

3 Wenn nur 5 Jahre „Reingewinnanteil nach Steuern" abgezinst werden und der Restwert der Anlage unberücksichtigt bleibt.

Nur einige wichtige Risiken:

Definitionsrisiko:
Eine *unklare* Projektdefinition kann zu einer Verunsicherung der Systemanalytiker bzw. zu einer Zeitverschwendung während der Phase der Ist-Analyse und Grobplanung führen (man untersucht viele Zusammenhänge und Vorgänge mehr oder weniger gründlich. Wenn schließlich auf Grund des Systemvorschlags eine Alternative ausgewählt wird, stellt man — hinterher — fest, daß die Ist-Analyse noch nicht in allen Einzelheiten mit der erforderlichen Gründlichkeit durchgeführt wurde. Daraus können Planungsfehler für die nachfolgenden Phasen resultieren).
Bei der *falschen* Projektdefinition geht die Aufgabenstellung an den Bedürfnissen der Anwender vorbei (auf höhere Anweisung hin arbeitet man zunächst *mit* — später aber bleibt das neue System bei den Anwendern unbeachtet, weil es nicht benötigt wird). Wenn eine nur *unvollständige* Problemlösung angestrebt wird, übernimmt die EDV später zwar einige wichtige Aufgaben, aber längst nicht alle Möglichkeiten werden ausgeschöpft. Es muß später wieder ein neues Projekt aufgebaut werden, um die anstehenden Probleme (u. U. unter Einbeziehung der bereits gelösten Probleme) mit Hilfe der EDV zu lösen (teilweise Doppelarbeit).

Risiken der Projektdurchführung selbst:
In ungenügenden Erfahrungen und mangelnder Eignung der Systemanalytiker und Programmierer — sie können zu (in jeder Hinsicht) ungenauen Systemplanungen und schlechten Programmlösungen führen — ist das *menschliche* Risiko begründet. Hierzu gehört auch der unerwartete Ausfall von Mitgliedern der Programmierergruppe, die in jedem Falle erst nach einer mehr oder weniger langen Einarbeitungszeit wieder ersetzt werden können.
Die Leistungen eines EDV-(Hard- oder Software-)Systems können *überschätzt* werden, wie z. B. in der Vergangenheit im Falle der viel diskutierten Management-Informationssysteme (MIS). Ein MIS sollte den betriebswirtschaftlichen Führungskräften wenn nicht alle benötigten, so doch die wichtigsten Informationen liefern. Die befragten Führungskräfte konnten jedoch nicht angeben, *welche* Informationen sie in Zukunft benötigten. Die betriebswirtschaftlichen Führungsaufgaben bestehen eben darin, das System Betriebswirtschaft durch bekannte (in der Vergangenheit in ähnlicher Form schon erlebte) *und* unbekannte (völlig neuartige) Situation zu „steuern". Wegen der zu hohen Ansprüche mußte die Konzeption eines so verstandenen MIS scheitern. *Informations-Systeme* liefern Informationen, die ihrer Gattung und Art nach als erforderlich angesehen werden, um *bekannten* Entscheidungssituationen — vorwiegend einfach oder kompliziert gelagerte Routineentscheidungen (Lindemann, P./Nagel, K. (Hrsg.) — 1972, S. 92 und S. 111) — und *vorhersehbaren* Zukunftssituationen gerecht werden können. *Externe* Einflüsse und Bedingungen können eine *veränderte* Aufgabenstellung zur Folge haben, weil die betriebswirtschaftliche Organisation an eine neue Situation angepaßt werden muß (z. B. neue Produkte oder neue Fertigungsverfahren, welche die bisherigen ablösen). Hierzu sind auch *neue* EDV-Hard- und Softwarelösungen zu rechnen, die zwar *bessere* Systemlösungen ermöglichen, aber Anpassungen der Systemplanungen und -lösungen (z. B. an neue Maschinen oder die neueste Version der System-Software) erfordern. *Ungenügende*

Schulung vor der Systemeinführung kann den Nutzen eines gut konzipierten Informationssystems in Frage stellen, weil es nicht richtig eingesetzt wird. Durch *geeignete* Schulung muß der Anwender lernen (vor der Übergabe des Informationssystems), mit dem neu geschaffenen Werkzeug umzugehen, um mit ihm arbeiten zu können.

Risiken des neu eingeführten Projekts:
Da wir im Vorhergehenden schon auf einige wichtige Risiken eingegangen sind, können wir uns auf zusammenfassende Hinweise beschränken:
Zunächst ist das wichtigste Risiko darin zu sehen, daß das neue System nicht die Erwartungen erfüllen kann, die man daran geknüpft hat (diesem Risiko zu begegnen, bedarf es einer *sorgfältigen* System-Analyse, auf die wir besonderen Wert legen).

Technisches Fortschrittsrisiko — durch die Anmietung einer EDV-Anlage können wir diesem Risiko begegnen.

Wartungsrisiko — die EDV-Anlage kann ausfallen. Ist sichergestellt, daß der Wartungstechniker des EDV-Herstellers *sofort* (z. B. während der Laufzeit eines Gehaltsabrechnungsprogramms) zur Stelle ist und den Schaden behebt?

Programmwartung — Programmänderungen und -anpassungen können sich aus den verschiedensten Gründen ergeben. Sie stellen ein *schwerwiegendes* Risiko dar.
Alle diese Risiken — und noch einige mehr! — können unmittelbar Mehrkosten und/oder Nichtverfügbarkeit von Informationen zur Folge haben. Mittelbar können sich z. B. Gewinnschmälerungen ergeben.

C. Subjektive Wahrscheinlichkeiten

Diese Risiken sind leider *nicht* mit Hilfe von statistischen Verfahren o. ä. *meßbar*, sondern sie können nur *geschätzt* werden. Sie können somit nur mehr oder weniger genau beziffert werden, was von *subjektiven* Momenten abhängig und nicht als objektive (statistische o. ä.) Größe ermittelt worden ist. Da das Risiko in der *Möglichkeit* einer Störung oder Beeinträchtigung des wirtschaftlichen Ablaufs, d. h. in unserem Falle der Projektdurchführung und Systemeinführung besteht, haftet ihm Wahrscheinlichkeitscharakter an. Hierbei handelt es sich um *subjektive* Wahrscheinlichkeiten.

D. Die Risikoanalyse

1. Ein Beispiel

Wir haben ein einfaches und durchsichtiges Beispiel gewählt (s. Abbildung 74).

PROBLEM :   Entwicklung eines Anwendungsprogramm(paket)s

FORMEL :   (Kosten-/Gewinnvergleichsrechnung)

$$W = S L - K L - E$$

W = Wirtschaftlichkeit in DM (absoluter Betrag)
S = Einsparungen / Jahr
L = Lebensdauer neues Verfahren (3,5 Jahre)
K = Laufende Kosten / Jahr
E = Entwicklungskosten

ANNAHMEN :

		Wahr-scheinlichk.:	Wert (DM):
S		30 %	200.000, -
		50 %	250.000, -
		20 %	300.000, -
K		20 %	80.000, -
		60 %	100.000, -
		20 %	130.000, -
E		10 %	250.000, -
		50 %	300.000, -
		40 %	400.000, -

WERTTETABELLE :
(Wahrscheinlichkeitsverteilung)

TDM :	Wahrscheinlichkeit	
	p	Σ p
< -150	2,4 %	100,0 %
-149 bis 0	10,8 %	97,6 %
1 bis 150	37,2 %	86,8 %
151 bis 300	37,0 %	49,6 %
301 bis 450	10,2 %	12,6 %
> 451	2,4 %	2,4 %
	100,0 %	

Abb. 74: Beispiel: Risikoanalyse

Die drei Variablen: Einsparungen (S), laufende Jahreskosten (K) und Entwicklungskosten (E) nehmen je nach der Wahrscheinlichkeit ihres Eintritts verschiedene Werte an. Hieraus ergeben sich 3 x 3 x 3 = 27 verschiedene Kombinationen, d. h. Ergebnisse für die Wirtschaftlichkeit. Die „Sowohl-als-auch"-Wahrscheinlichkeit ergibt sich durch Multiplikation der zugrundeliegenden Einzelwahrscheinlichkeiten. So errechnet sich z. B. der erste Wert folgendermaßen:

Formel: (S x L)		—	(K x L)	—	E	
Wert: (200 000 x 3,5)		—	(80 000 x 3,5)	—	250 000	
DM: 700 000,—		—	280 000,—	—	250 000 = 170 000	
Wahrscheinlichkeit: 30 %	x		20 %	x	10 % = 0,6 %	

Das bedeutet, eine Wirtschaftlichkeit von 170 000,— DM wird mit einer Wahrscheinlichkeit von (nur) 0,6 % erwartet.

In dieser Art und Weise werden alle angegebenen Werte des Beispiels mit den dazugehörigen Wahrscheinlichkeiten ausgerechnet und zu Wertklassen (summarisch) zusammengefaßt, wie sie in der Wertetabelle des Beispiels angegeben sind. Diese Wertetabelle ist nun so zu lesen, daß mit einer Wahrscheinlichkeit von (nur) 2,4 % eine Wirtschaftlichkeit von mehr als 451 TDM zu erwarten ist, mit einer Wahrscheinlichkeit von 12,6 % ein Wert zwischen DM 301 000,— bis 450 000,— usw., also „von unten nach oben" gelesen. Mit einer Wahrscheinlichkeit von 86,8 % wird ein Reinertrag zwischen DM 1 000,— und 150 000,— erzielt (mehr als DM 150 000,— sind aber nur mit einer Wahrscheinlichkeit von unter 50 % zu erwartem! Die Wahrscheinlichkeitsverteilung (p) bildet — graphisch dargestellt (s. Abbildung 75) — eine *Gaussche Normalverteilung* („Glockenkurve"), die bei DM 150 000,— ihren Höhepunkt erreicht. Als Summenkurve (Σ p) ist sie noch aussagekräftiger, weil daraus hervorgeht, daß das Projekt mit einer *Verlustwahrscheinlichkeit* von (nur) 13,2 % belastet ist, mit einer Wahrscheinlichkeit von 86,8 % dagegen ein *Gewinn* (zwischen 1 und 150 TDM) erwirtschaftet wird.

Die *Gestalt* der Summenkurve ist auch aufschlußreich: Ein steiler Abfall kann darauf hindeuten, daß sich die Schätzenden über die Ausgangsannahmen besser im klaren sind, als im Falle einer flacher verlaufenden Kurve (Müller-Meerbach, H. — 1971, Bd. 5, S. 180). Die gestrichelte Linie der Abbildung 76 würde darauf hindeuten, daß für die entsprechende Projektvariante zwar mit größerer Wahrscheinlichkeit ein Verlustrisiko (ca. 20 %) besteht, dem aber eine Chance von immerhin noch ca. 20 % Wahrscheinlichkeit gegenübersteht, daß ein Gewinn von mindestens 450 TDM erzielt werden kann (im ursprünglichen Beispiel betrug diese Chance nur 2,4 %!).

2. Beurteilung der Risikoanalyse

Was bedeuten diese Aussagen? Rein mathematisch-formal betrachtet ist die Aussage, wonach z. B. mit einer Wahrscheinlichkeit von 86,8 % ein Gewinn zu erwarten ist, nicht mehr und nicht weniger als der zahlenmäßige Ausdruck der (sehr günstig beurteilten) *Möglichkeit* eines Gewinnes in entsprechender Höhe (mind. 1 TDM). Es *kann* auch ein Verlust eintreten (bis zu −151 TDM, dem Fall der 100 %igen Wahrscheinlichkeit), aber die Verlustwahrscheinlichkeit ist verhältnismäßig gering (13,2 %). Andererseits wird die Chance, *mehr als* 151 TDM Gewinn zu erzielen, mit 49,6 % Wahrscheinlichkeit errechnet. Die Wahrscheinlichkeit, einen Gewinn in *dieser* Höhe zu erzielen, wird also vergleichsweise wesentlich geringer eingeschätzt.
Zugrunde liegen unserem Beispiel mehr oder weniger *subjektive* Schätzungen von Experten oder anderen mit dem Sachverhalt vertrauten Personen. Da man davon ausgehen kann, daß diese Schätzer nicht nur von der Sache, d. h. in unserem Fall von

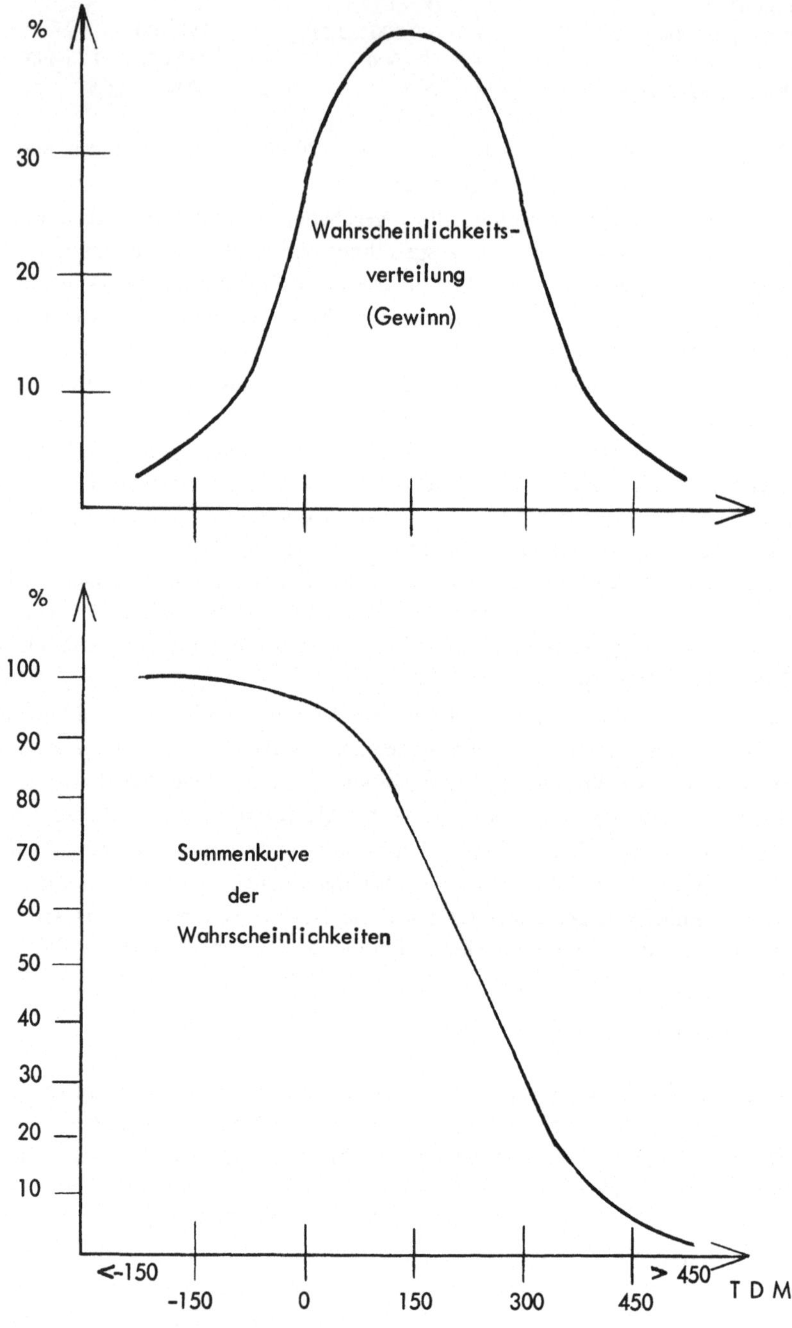

Abb. 75: Risikoanalyse (Beispiel)

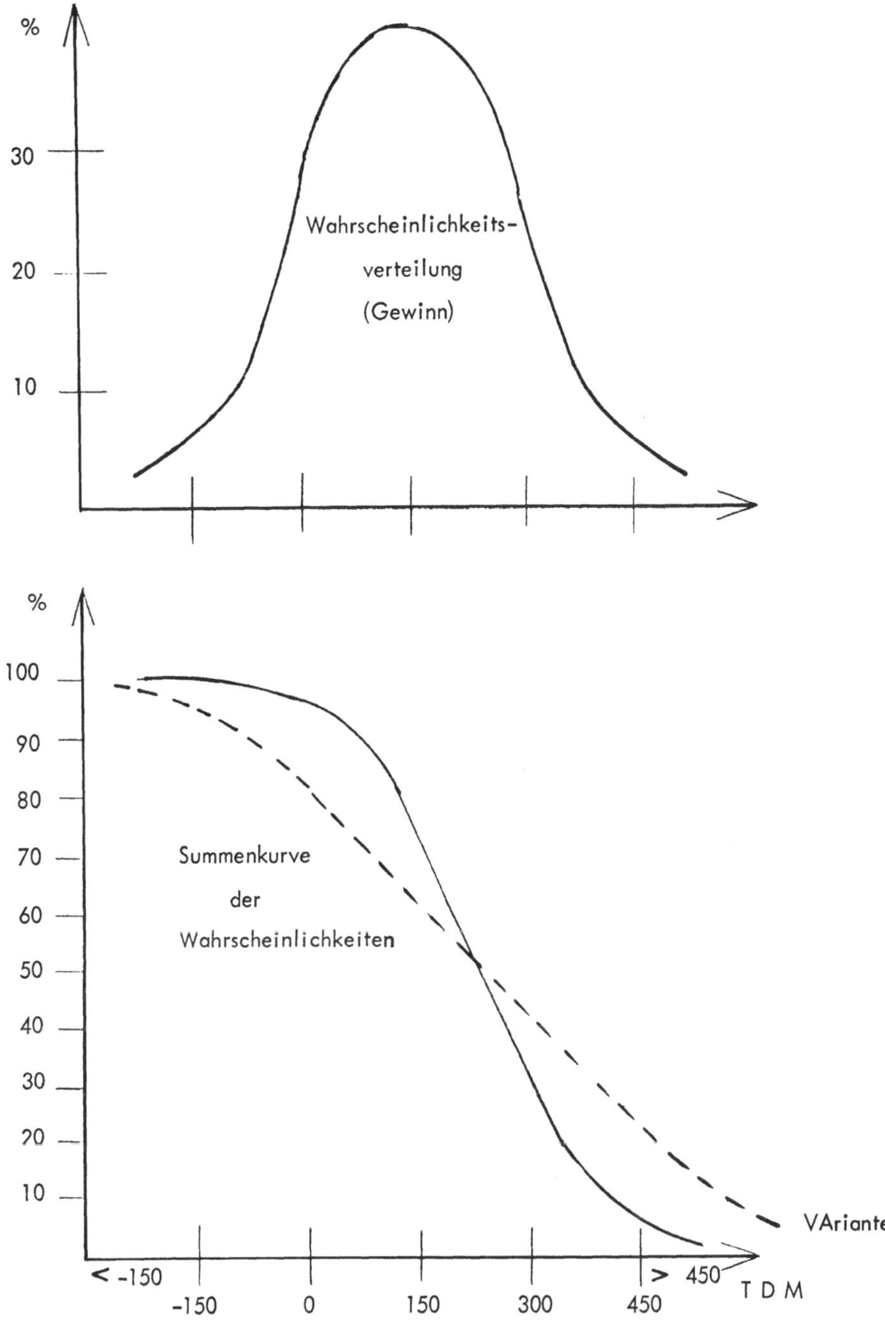

Abb. 76: Risikoanalyse (Beispiel): Flacher verlaufende Summenkurve (Variante)

251

dem anstehenden EDV-Projekt, sondern auch über die daran geknüpften *Zukunfts-erwartungen* mehr Kenntnis haben als Außenstehende, andererseits jedoch ebenfalls verständlich ist, daß derartige Schätzungen *nicht* mit Sicherheit abgegeben werden können, bittet man sie um nähere Spezifikation ihrer Angaben. Diese können dann mit (ebenfalls geschätzten) Eintrittswahrscheinlichkeiten belegt werden. So erhalten wir ein genaueres Bild von den *subjektiven Vorstellungen* der einzelnen an der Schätzung beteiligten Sachverständigen (nicht mehr und nicht weniger!). Es ist also nicht möglich, vorher *unbekannte* Einflußgrößen in die Risikoanalyse einzubeziehen. Auch ist der Schätzungsprozeß unter den Sachverständigen (soll man die Sachverständigen einzeln befragen und dann die Ergebnisse mitteln? Wie verfährt man mit Schätzungsergebnissen, die aus dem Rahmen fallen — vielleicht hat gerade *dieser* Sachverständige das Risiko genauer abgeschätzt?) nicht unproblematisch. Daher ist vor einer Überschätzung der Risikoanalyse zu warnen.

Bei EDV-Projekten könnte man sich vorstellen, daß *statistische* Zahlenangaben über die *Programm-Änderungen* nach der System-Einführung auf Grund der Mitarbeiter-Wochenberichte — mit Hilfe eines EDV-Programms ausgewertet — gewonnen werden. Da die übrigen Kosten- und Ertragswerte für eine Investitionsrechnung meist (grob oder fein) *geschätzt* sind, läuft eine Risiko-Analyse darauf hinaus, daß man die Schätzungen der Sachverständigen *festhält,* und zwar mit Hilfe von *Zahlensym-bolen* genauer, als es mit Worten (verbal) möglich ist. Wenn man sich der Herkunft der Ausgangswerte bewußt bleibt und die Bedeutung der immerhin noch überschaubaren wahrscheinlichkeitsrechnerischen Operationen erfaßt, kann die Risikoanalyse als eine Ausdrucksweise und Darstellungsform gelten, die zu einer klaren und eindeutigen Kommunikation beiträgt (was oft wegen der Schwierigkeit, die erkannten Risiken zu schätzen, wichtig ist).

Es ist zweckmäßig, die *Ergebnisse* der Risikoanalyse ein bis zwei Jahre nach Einführung des neuen Systems anhand der tatsächlich erzielten Erfolge zu *überprüfen.*

Zusammenfassung

Der *wirtschaftliche* ist der uns am meisten interessierende Aspekt, unter dem die EDV zu beurteilen ist. Vor allem dem *praktischen* Betriebswirt (nicht nur in der Rolle des Systemanalytikers!) wird sowohl eine Beurteilung der EDV und ihrer zweckmäßigen Einsatzmöglichkeiten abverlangt, als auch eine *kritische* Grundhaltung angemessen sein. *Weil* nicht nur die in Frage stehenden Arbeitsplätze betroffen sind, sondern darüber hinaus in vielen Fällen auch *wichtige* betriebswirtschaftliche Interessen (Notwendigkeit der Rationalisierung!) berührt werden, *muß* er sich ebenfalls der menschlich-sozialen Auswirkungen seiner Rationalisierungsbemühungen annehmen — um einerseits einer Mystifizierung der EDV entgegenzuwirken, andererseits auch die Angst vor ihren Folgewirkungen abzubauen. Dies erfordert Wissen um die *tatsächlichen* Möglichkeiten der EDV bei allen Beteiligten, um die anstehenden Probleme in einer *sachlichen* Diskussion (der nicht ausgewichen werden darf) einer Lösung zuführen zu können. Da die EDV eine zwar für viele Zwecke *nützliche* Hilfe, aber doch — nicht mehr und nicht weniger — ein *Werkzeug* in der Hand des Menschen darstellt, ist es unsere Aufgabe — und unser *Hauptanliegen* —, dieses *universelle* Werkzeug wirkungsvoll für *menschlich*-nützliche Zwecke einzusetzen.

Der *wirtschaftliche* Einsatz der EDV ist sicher eine nicht unwesentliche Voraussetzung für die *materielle* Existenzsicherung des Menschen[4] — die Zusammenhänge sind heute so schwierig zu übersehen und verwickelt, daß es mit anspruchsvollen Methoden und Verfahren gesteuerter Informationssysteme bedarf, um den notwendigen *Überblick* zu behalten. Das gilt für den betriebswirtschaftlichen *wie* für den volkswirtschaftlichen Einsatz der EDV — in beiden Fällen kann dadurch die *Effizienz* der Systemsteuerung (-regelung) verbessert werden.

Für den Betriebswirt ist jedoch die Frage nach der Wirtschaftlichkeit der EDV von *zentralem* Interesse. Während die Kosten (Aufwendungen) der EDV noch *hinlänglich* genau erfaßt bzw. angegeben werden können, ist man bei der *Vorhersage* der Erträgnisse, des Nutzens der EDV meistens auf mehr oder weniger *grobe* Schätzungen angewiesen. Unter den betriebswirtschaftlichen Investitionsrechnungen gibt es *brauchbare* Methoden zur Messung der Wirtschaftlichkeit. Sie können jedoch nur *insoweit* von Nutzen sein, als die zugrundeliegenden Zahlenangaben *zutreffend* (richtig) sind.

Wir müssen daher meistens — ergänzend zur Investitionsrechnung — den Nutzen — wenn er uns quantitativ nicht bekannt ist — *qualitativ* einstufen. Das *kann* mit Hilfe der Nutzenanalyse geschehen. Daß bei diesem Verfahren *gruppensoziologische* Faktoren mit in die Bewertung der Ergebnisse einbezogen werden müssen, sollte die Bedeutung der Nutzenanalyse als eine *methodische* Vorgehensweise bei der Beurteilung von EDV-Vorhaben grundsätzlich nicht schmälern.

Die Risiken — die Möglichkeiten, die mit der EDV-Einführung verfolgten Ziele nicht zu erreichen — sind *mannigfaltig.* Im Gegensatz zu einer kostensparenden Maschine für die Fertigung — hier muß hauptsächlich nur das Bedienungs- und Wartungspersonal eingewiesen werden — *betrifft* die Einführung der EDV unmittelbar und mittelbar einen viel *größeren* Mitarbeiterkreis, eigentlich fast *alle* Mitarbeiter einer Betriebswirtschaft. Sie müssen sich nicht nur soweit damit auseinandersetzen, um die EDV-*Ausgaben* verstehen zu können, sondern sie sollten auch *aktiven* Gebrauch von den EDV-unterstützten *Informationssystemen* machen. Denn erst dann *erschließen* sich die gebotenen Informationsmöglichkeiten, die so auch *wirtschaftlich* genutzt werden können. Diese *wünschenswerte* Verhaltensänderung äußert sich in einer interessierten, *positiven* Einstellung zur EDV und ihren Möglichkeiten. Daß dieses Ziel zu erreichen schwieriger sein muß (schon allein wegen der größeren Personenzahl), als die Umschulung des zahlenmäßig begrenzten Fertigungspersonals im Falle der Maschineninvestition, dürfte unmittelbar verständlich sein.

---

4 Es würde über den Rahmen dieser Arbeit hinausführen, eine Apologetik (Rechtfertigungslehre) der betriebswirtschaftlichen EDV zu entwickeln. Bestimmt gibt es aber genügend durch Fakten belegbare Argumente, die im Falle einer betriebswirtschaftlich notwendigen Rationalisierung ins Feld geführt werden können, um die betr. Mitarbeiter und Führungskräfte von Sinn und Zweck der Maßnahmen zu überzeugen.

Ganz anders wie bei einer Fertigungsumstellung sind allerdings im Falle der EDV viel mehr Möglichkeiten offen, nicht nur die Mitarbeiter für die EDV zu *begeistern* (s. APL), sondern auch neue Anwenderbedürfnisse zu *erschließen*, die erfüllt werden können. Da die Einsatzmöglichkeiten der EDV prinzipiell *universell* sind, ergeben sich u. U. Chancen, „schlagend" gewordene Risiken (d. h. auf dem einen Gebiet nicht erreichte Ziele) durch Erweiterung der Anwendungsgebiete auszugleichen.

Die Risikosituation ist also speziell gelagert und *nicht* mit anderen Investitionsentscheidungen vergleichbar. Weil die Risiken nicht unerheblich sind, wird ein tiefergehendes Verständnis der EDV-Zusammenhänge notwendig, um das Risikobewußtsein zu schärfen. Dadurch kann eine breitere Basis für die damit verbundene *Verantwortung* — Einsatz von Personal und Kapital — geschaffen werden. Da dies die fachliche Kompetenz der EDV-(Organisations-)Abteilung überschreitet, ist der in der Praxis stehende Betriebswirt gehalten, hier sein speziell *wirtschaftlich* (und — wie wir meinen — notwendigerweise auch *sozial*) orientiertes Wissen mit in die Waagschale zu werfen, damit Fehlentscheidungen vermieden werden.

Der *praktische* Betriebswirt soll die besonderen Zusammenhänge verstehen und *beurteilen* lernen, wie sie sich durch die Einführung der EDV in das betriebswirtschaftliche System ergeben, damit er u. a. auch die Risiken *richtig* einschätzen lernt — und darin besteht ein wesentliches Anliegen dieser Arbeit.

Übungsfragen zum Sechsten Kapitel

1. Weshalb sollte sich der praktische Betriebswirt kritisch und unparteiisch mit der EDV auseinandersetzen?
2. Was befähigt ihn zu einer kritisch-/unparteiischen Beurteilung der EDV?
3. In welcher Form dient die EDV dem wirtschaftenden Menschen?
4. Was gilt es im Hinblick auf eine EDV-organisatorische Umstellung abzubauen und wodurch kann den von den betroffenen Mitarbeitern befürchteten Folgewirkungen begegnet werden?
5. Begründe die Funktion der EDV in Bezug auf den wirtschaftenden Menschen.
6. Nenne die wichtigsten EDV-Kostenpositionen.
7. Welchen Zweck erfüllt ein Projektkostenbericht?
8. Ist der konkret feststellbare *oder* der nur grob zu schätzende Nutzen für die Beurteilung zukünftiger Informationssysteme wichtiger?
9. Welchen Nutzen können Führungsinformationen bringen?
10. Wie arbeitet die Methode der Nutzenanalyse?
11. Was ist der „interne" Zinsfuß?
12. Aus welchem Grunde ist der Einfluß der Steuern auf die Wirtschaftlichkeit einer EDV-Investition von nicht zu übersehender Bedeutung?
13. Das Risiko einer EDV-Investition besteht in der . . . . die mit der Einführung der EDV verfolgten . . . . . *nicht* zu erreichen.
14. Was sind subjektive Wahrscheinlichkeiten?
15. Worin besteht die Methode der Risikoanalyse?

Literatur zum Sechsten Kapitel

Hall, W. K.: "Why Risk Analysis Isn't Working", from: Long Range Planning, Dez. 1975, S. 25–29.

IBM Deutschland (Hrsg.):

„CALL Risiko-Analyse", Dez. 1973 (IBM Form GH 12-1464-0).

„Datenbank für ONLINE-Beschaffung", 1977 (IBM Form SB 10-6695).

„Datenverarbeitung — Gewinnquelle des Unternehmens", Sept. 1974 (IBM Form GE 12-1307-0).

„IBM CALL AS Statistik Handbuch", Okt. 1975 (IBM Form GE 12-1364-0).

„IBM CALL DVPROFIT Beschreibung eines Programms für Wirtschaftlichkeitsberechnungen von DV-Projekten", Juni 1976 (IBM Form GE 12-1407-0).

„Produktions-, Informations- und Steuerungs-System PICS Einführungsschrift", April 1970 (IBM Form E 12-1264-0).

„System /360 und System /370 (OS und DOS) Kapazitätsplanungs- und Arbeitsgangterminierungssystem Anwendungsbeschreibung" CAPOSS, 1973 (IBM Form H 12-1062-1).

„UPL — Unternehmensplanungs-System in APL", Nov. 1977 (IBM Form GE 12-1465-0).

Kirsch, W.: „Entscheidungsprozesse", Bd. 1: „Verhaltenswissenschaftliche Ansätze der Entscheidungstheorie", 1970.

Koreimann, D. S.: „Lexikon der angewandten Datenverarbeitung", 1977.

Korndörfer, W.: „Allgemeine Betriebswirtschaftslehre", 1974.

Lehmann, M. R.: „Allgemeine Betriebswirtschaftslehre", 2. Aufl. 1949.

Lindemann, P./Nagel, K.: „Management-Informationssysteme, Beiträge aus der Praxis", 1972.

Mildebrath, G.: „Risikolehre", in: HWB, 1. Aufl. 1928.

Müller-Meerbach, H.: „Risikoanalyse", in: „Management Enzyklopädie", Bd. 5, 1971, S. 176 ff.

Perlitz, M.: „Der interne Zinsfuß — ein Maß für die Vermögensstabilität?", in: Zfbf — Kontaktstudium, Jg. 1976, S. 155 ff.

Radtke, M.: „Die große betriebswirtschaftliche Formelsammlung", 3. Aufl. 1969.

Rupp, W.: „Eigene EDV oder Servicelösung", in: „Management-Zeitschrift io" 46 (1977), Nr. 2, S. 87 ff.

Scheuten, W. K.: „Rationalisierung heute — neue Wege im Dienste des Menschen", in: Rationalisierung, 28. Jg., 1977, S. 126–129 und S. 163–165.

Schmidt, R. B./Berthel, J.: „Unternehmungsinvestitionen", 1970.

Turner, B. E.: „Die Risikoanalyse als Entscheidungshilfe bei der betrieblichen Anwendung klassischer preistheoretischer Modelle, 1972.

Vershofen, W.: „Wirtschaft als Schicksal und Aufgabe", 2. Aufl. 1950.

Vogler, G.: „Allgemeine Betriebswirtschaftslehre", 1976.

Werner, J.: „Die Veranschlagung von Risiken im Rahmen der Treuhänder-Tätigkeit", Diss. Nürnberg 1954.

Wiedemann, H.: „Soziale Spannungsfelder bei der Einführung neuer Arbeitsmethoden in Kreditinstituten", Stichworte zu einem Referat, IBM Deutschland Seminar: „Computer Service in Kreditinstituten" (11.–13. Juni 1975)

Stichwortverzeichnis

Moderne Wirtschaftsbücher

erfüllen die Anforderungen, die an eine Lehrbuchreihe zur wirtschaftlichen Ausbildung und Weiterbildung zu stellen sind:

- wissenschaftlich verläßliche Bestandsaufnahme des heutigen betriebswirtschaftlichen, volkswirtschaftlichen und wirtschaftsjuristischen Wissens in Einzeldarstellungen der wichtigsten Themenkreise;

- rasche Orientierung über die wesentlichen Tatsachen, Zusammenhänge, Theorien und Methoden;

- Verknüpfung – soweit möglich – von wissenschaftlicher Erkenntnis und praktischem Interesse;

- leichte Lesbarkeit und klare Gliederung der Texte;

- das Fundament einer soliden Fachbibliothek des Studenten und des Praktikers, des Betriebes und der Verwaltung.

Bisher sind erschienen:

Werner Bantleon / Eugen Wendler / Jürgen Wolff
Absatzwirtschaft
Praxisorientierte Einführung in das Marketing
251 Seiten – ISBN 3 409 33441 6 – Broschur

Fritz Bisani
Personalführung
190 Seiten – ISBN 3 409 38441 3 – Broschur

Fritz Bisani
Personalwesen
Grundlagen, Organisation und Planung
159 Seiten – ISBN 3 409 38931 8 – Broschur

Rainer Bramsemann
Controlling
238 Seiten – ISBN 3 409 30591 2 – Broschur

Rudolf Bussert
Prozeß- und Zwangsvollstreckungsrecht für Betriebswirte
2., überarbeitete Auflage
166 Seiten – ISBN 3 409 73007 9 – Broschur

Andreas Csik
Revisions- und Treuhandwesen
176 Seiten – ISBN 3 409 35111 6 – Broschur

Günter Ebert
Kosten- und Leistungsrechnung
212 Seiten – ISBN 3 409 21114 4 – Broschur

Horst Friedrich
Stabilisierungspolitik
219 Seiten – ISBN 3 409 60334 4 – Broschur

Dieter Gaul
Gesellschaftsrecht
166 Seiten ·· ISBN 3 409 72094 4 — Broschur

Dieter Gaul
Handelsrecht
210 Seiten — ISBN 3 409 72131 2 — Broschur

Otto Grandi
Betriebliche Finanzwirtschaft
247 Seiten — ISBN 3 409 37241 5 — Broschur

Willi Gross
Arbeitsrecht
299 Seiten ·· ISBN 3 409 71061 2 — Broschur

Hans-Joachim Klein
Wirtschaftsprivatrecht
251 Seiten — ISBN 3 409 72121 5 — Broschur

Gerhard Kostka
Bilanzen
271 Seiten ·· ISBN 3 409 16051 5 — Broschur

Eduard Mändle (Hrsg.)
Praktische Wirtschaftspolitik
Willensbildung — Globalsteuerung —
Branchenpolitik ·· Umweltpolitik
232 Seiten ·· ISBN 3 409 60251 8 — Broschur

Udo Müller / Hartmut Pöhlmann
Allgemeine Volkswirtschaftslehre
Einführung und Mikroökonomik
253 Seiten ··· ISBN 3 409 60261 5 — Broschur

Klaus Reisch
Industriebetriebslehre
199 Seiten — ISBN 3 409 33221 9 — Broschur

Bodo Runzheimer
Operations Research I
Lineare Planungsrechnung und Netzplantechnik
199 Seiten ·· ISBN 3 409 30711 7 — Broschur

Bodo Runzheimer
Operations Research II
Methoden der Entscheidungsvorbereitung bei Risiko
200 Seiten ·· ISBN 3 409 30721 4 — Broschur

Heinrich Schanz
Betriebliches Ausbildungswesen
202 Seiten — ISBN 3 409 38461 8 — Broschur

Gerhard Vogler
Allgemeine Betriebswirtschaftslehre
242 Seiten — ISBN 3 409 33391 6 — Broschur

Weitere Titel sind in Vorbereitung.

Fordern Sie unseren ausführlichen
Prospekt zu der Reihe
„Moderne Wirtschaftsbücher" an.